戴世玫 主編

戴世玫 陳至心 王青琬
莊謹鳳 霜毅柔 黃心怡
陳怡青 陳玟如 李明鴻
蔡杰伶 張玉龍 合著

司法社會工作

FORENSIC SOCIAL WORK

巨流圖書公司印行

司法社會工作

國家圖書館出版品預行編目（CIP）資料

司法社會工作 = Forensic social work / 戴世玫，陳至心，王青琬，莊謹鳳，霜毅柔，黃心怡，陳怡青，陳玟如，李明鴻，蔡杰伶，張玉龍合著；戴世玫主編. -- 初版. -- 高雄市：巨流圖書股份有限公司, 2021.07

面；　公分

ISBN 978-957-732-625-6（平裝）

1. 社會工作 2. 法律社會學

547　　110012916

主　　編　戴世玫
作　　者　戴世玫、陳至心、王青琬、莊謹鳳、霜毅柔、黃心怡、陳怡青、陳玟如、李明鴻、蔡杰伶、張玉龍
責任編輯　張如芷
封面設計　曹淨雯

發 行 人　楊曉華
總 編 輯　蔡國彬

出　　版　巨流圖書股份有限公司
802019 高雄市苓雅區五福一路 57 號 2 樓之 2
電話：07-2265267
傳真：07-2264697
e-mail: chuliu@liwen.com.tw
網址：http://www.liwen.com.tw

編 輯 部　100003 臺北市中正區重慶南路一段 57 號 10 樓之 12
電話：02-29222396
傳真：02-29220464
郵撥帳號　01002323 巨流圖書股份有限公司
購書專線　07-2265267 轉 236

法律顧問　林廷隆律師電話：02-29658212

出版登記證　局版台業字第 1045 號

ISBN 978-957-732-625-6（平裝）
初版一刷 · 2021 年 7 月
初版二刷 · 2023 年 2 月

定價：480 元

「司法社會工作」（Forensic Social Work）在臺灣是一個既熟悉又陌生的社會工作領域，這本書的作者群含主編在內，總共有十一位作者，有不同學術研究專長的教師、公私部門的督導人員和法官等，可以看出司法社會工作最重要的跨領域專業知識的整合已經成形，加上從保護、司法歷程協助到矯治的完整視野，這使得本書的出版更具有劃時代的意義。記得去年 6 月我曾受邀出席由本書主編戴世玫老師負責籌辦在銘傳大學桃園校區舉行的「2020 Make Visible in Action：司法社會工作國際研討會」，那是一場由臺灣、澳洲及南韓跨時區的同步交流，線上與現場來自醫療、心理衛生、社會福利、司法、警政與矯治等領域參與者多達 260 餘人，可見雖然受 COVID-19 影響限制分流，但「司法社會工作」這個主題已是非常熱門。很高興過了一年，就能看到臺灣第一本以「司法社會工作」為題的專書出版問世！

觀察現今由於服務對象的廣泛，幾乎所有的社會工作領域都與法令及司法程序脫離不了關係，但司法社會工作更關注於：社會工作者如何在執行法令和司法情境中，運用社會工作專業進行服務與達成改變。如同本書各章所陳的工作都來自於法令規範，法令的更迭，每每都影響著社會工作的發展；而實務上，個案管理案件也都是依法令、以法律、與司法在工作，時至今日，社會工作實務的基礎與個案累積的經驗，往往成為倡議法令修改的重要依據，這種服務單元小至個案服務的司法協助，大至國家法令的倡議，甚至是從治療走到預防的胸襟，正是司法社會工作最美好的服務價值，也使司法社會工作獨立於其他社會工作場域，不再只是限縮於矯正的立場。本書編作者戴世玫博士是我指導的得意學生，我深引以為榮。也恭喜本書的出版鼓舞社會工作專業的發展，同時特別推薦本書給所有想要了解與認識「司法社會工作」的人！

詹火生
台灣社會工作督導服務協會榮譽顧問
私立弘光科技大學老人福利與長期照顧事業系講座教授
2021 於臺北市

為什麼要編輯出版這本書呢？是什麼讓所有的作者，不論是社工、輔導人員、教師、法官都心無懸念，投入寫作呢？真是上天巧妙的安排，司法社會工作本就是需要跨學科領域的工作，這本書的作者們大致年紀相仿，都是臺灣社會的中生代，經歷臺灣社會工作艱困卻蓬勃發展、司法改革的世代，在法令政策不斷推動、實務模式不斷精進、國際交流盛興的當代，每一位作者都有一段與司法社會工作的深刻交會，所以，是時代的使命吧！我們合作且眾志成城，不忍見到司法社會工作一詞眾說紛紜、各自解讀，於是盤點現在已有專職社會工作者職稱的場域，確立以社會工作專業範疇為主來區分，合力完成這一本「司法社會工作」專書。

身為作者也是編者，在時代集體的使命背後，寫作和彙編的過程，也讓我回想起在司法社會工作上有段漫長的歷史。猶記得大學時代就開始在少年輔導委員會做了兩年的義務輔導員，那時已經在校訪、家訪和開始與當時所謂的「偏差」少年工作。專職從一名縣市政府的兒童少年保護社工開始，輪值保護專線，進行兒童少年保護緊急安置、繼續安置、長期安置、改定監護權、收出養與監護權調查、性侵害個案、兒童少年性交易（現為性剝削）個案處遇，除了經常寫民事聲請狀，趕著要送法院裁定，也要準備陪同出庭，更是經常開著兒童保護專車上山下海往返案家、醫院、警局、學校、法院、安置機構及寄養家庭。再歷經非營利組織受暴婦幼庇護服務，到目睹暴力兒童服務、單親家庭服務、新住民服務實務督導與國際交流，乃至現今所推動的社區參與暴力預防，以及進行童年經驗影響的社會心理研究，觀想這二十餘年來，從第一份工作到現在，都在做社會工作，只不過是從公部門、非營利組織、自由的外部督導，到教學研究，我自嘲已經下不了社會工作專業這艘船了，也因此發現自己更關注社會工作專業這艘到達臺灣接近半世紀的船，將如何在臺灣靠岸。

本書的架構來自於國內外多元發展的司法社會工作內涵，擇選社會工作專業中，以司法程序及法律協助為主的專業服務，首先，介紹司法社會工作的發展與專業定位，接著，從現行司法社會工作在臺灣已經具體呈顯的「保護性社會工作」、「法院社會工作」及「矯治社會工作」三大面向的實務範疇出發，從法定通報專線服務、兒童少年保護、家庭暴力防治、老人和身心障礙保護、性暴力防治、庇護服務，到民事保護令與撰狀實務、法院家庭暴力服務處之服務與司法倡議、家事事件法之制度與訪查、社會工作者陪同出庭、收出養制度與實務，再到加害人工作、毒品危害防制、少年曝險與觸法之司法處遇、矯正學校社會工作、受刑人在監輔導及更生保護，總共十七章，可以說初步有系統地涵蓋了現今重要的司法社會工作相關法令、機制設計、流程與實務操作，我們想要呈現的並非僅是法律與社會工作之間的關聯密不可分，更是期待讓大家完整看見社會工作者確實在司法場域的服務崗位和奮鬥身影。

最後，這本書能夠順利出版，要非常感謝每一位作者融合自己的學理架構和實務經驗，真心無私地貢獻自己的時間辛勞寫作，感謝王以凡主任調查保護官推薦李明鴻法官協助書寫新修的少年事件處理專章，謝謝銘傳大學犯罪防治學系高婕和張家慈兩位同學，協助稿件的初步彙整。更要特別謝謝巨流出版社看重司法社會工作這個領域，信任並讓編者和作者們可以彈性呈現自己的書寫風格，使這本書讀來更有溫度，不致生冷，相信每一位讀者都能夠發現這份用心。希望本書的出版可以幫助司法領域工作的社工和已經開設司法社會工作相關課程的學校系所的師生們，感謝每一位和我討論過司法社會工作的前輩們，也歡迎前輩先進與讀者們不吝指正。

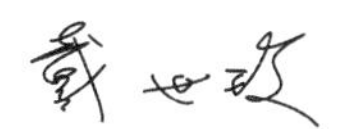

銘傳大學犯罪防治學系副教授
2021 於桃園

作者簡介

（依章節順序排列）

戴世玫

- **現職**：私立銘傳大學犯罪防治學系副教授
- **學歷**：國立暨南國際大學社會政策與社會工作博士
- **經歷概要**：
  - 社團法人台灣社會工作督導服務協會理事長
  - 美國密西根大學（University of Michigan, Ann Arbor）社會工作學院訪問研究
  - 財團法人天主教善牧社會福利基金會執行長室執行秘書、目睹暴力兒童服務區主任、北區婦幼業務主任督導
  - 兒童少年婦女及家庭專科社會工作師甄審合格、專門職業及技術人員高等考試社會工作師考試及格
  - 苗栗縣政府社會科兒童少年保護社工員
- **專長**：保護性社會工作、社區家庭暴力預防方案、社會工作督導、社會福利服務輸送與評核、社會工作跨領域實務研究

陳至心

- **現職**：私立銘傳大學犯罪防治學系兼任講師
- **學歷**：國立臺北大學社會工作碩士
- **經歷概要**：
  - 國立臺北大學社會工作學系講師級專門技術人員
  - 台灣世界展望會辦理全國 113 保護專線社工員、社工督導、總督導
  - 財團法人天主教善牧社會福利基金會婦幼庇護家園社工員、主任
  - 臺北市少年輔導委員會社工員
  - 專門職業及技術人員高等考試社會工作師考試及格
- **專長**：社會個案工作、專線實務與管理、婦幼庇護服務、直接服務方案督導、親職教育

王青琬

- **現職**：私立東海大學社會工作學系助理教授
- **學歷**：國立臺灣大學社會工作博士

- **經歷概要**：
  - 社團法人台灣社會政策學會理事
  - 澳洲雪梨大學（The University of Sydney）教育與社會工作學院訪問研究
  - 實踐大學社會工作學系、銘傳大學犯罪防治學系兼任講師
  - 財團法人臺北市婦女救援基金會社工督導、臺北市大安婦女服務中心主任
  - 財團法人天主教耕莘醫院永和分院社工組長、專門職業及技術人員高等考試社會工作師考試及格
- **專長**：兒童少年福利、家暴及性侵害防治、收出養與家外安置、反性別暴力研究、早療家庭親職壓力

莊謹鳳

- **現職**：臺中市家庭暴力及性侵害防治中心社會工作督導兼組長
- **學歷**：國立彰化師範大學輔導與諮商博士
- **經歷概要**：
  - 行政院衛生署嘉南療養院社會工作科社會工作師
  - 國立臺灣大學醫學院附設醫院社會工作室管理師
  - 桃園市政府家庭暴力暨性侵害防治中心督導兼組長、桃園縣政府家庭暴力暨性侵害防治中心社會工作師
  - 專門職業及技術人員高等考試社會工作師考試及格
- **專長**：家庭暴力與性侵害個案管理、保護性案件通報知能及辨識、案件分流與危機處理、保護性社會工作督導

霜毅柔

- **現職**：臺北市家庭暴力暨性侵害防治中心性侵害保護組社工督導
- **學歷**：私立中國文化大學社會福利學士
- **經歷概要**：
  - 專門職業及技術人員高等考試社會工作師考試及格
  - 臺北市家庭暴力暨性侵害防治中心兒童及少年保護組社工員
  - 臺北市家庭暴力暨性侵害防治中心性侵害保護組社工員
  - 新北市社會救助科失業急難救助社工員
  - 新北市政府北海岸社福中心社工員
- **專長**：保護性案件直接服務、性侵害防治工作督導、親職教育輔導、家庭社會工作、性侵害被害人創傷復原

黃心怡

- **現職**：現代婦女基金會社工督導
- **學歷**：國立臺北大學社會工作碩士
- **經歷概要**：
  - 現代婦女基金會司法社工部主任
  - 現代婦女基金會駐法院服務處社工督導
  - 私立銘傳大學犯罪防治學系兼任講師
  - 臺灣基督長老教會馬偕醫療財團法人馬偕紀念醫院醫務社工員
  - 專門職業及技術人員高等考試社會工作師考試及格
- **專長**：法院社會工作、陪同出庭實務、高衝突家庭親職教育、合作父母方案、家庭暴力被害人司法權益倡導

陳怡青

- **現職**：私立天主教輔仁大學社會工作學系助理教授
- **學歷**：國立中央警察大學犯罪防治博士
- **經歷概要**：
  - 私立台北海洋科技大學健康照顧社會工作系專案助理教授
  - 行政院衛生署立八里療養院社會工作師
  - 國軍北投醫院（現三軍總醫院北投分院）社會工作師
  - 台灣心理衛生社會工作學會副理事長、常務理事、台灣心理治療學會理事
  - 心理衛生專科社會工作師甄審合格、專門及職業技術人員高等考試社會工作師考試及格
- **專長**：精神醫療社會工作、個別與團體心理治療、酒癮與藥癮防治、家庭暴力加害人處遇、社會工作督導與實務研究

陳玟如

- **現職**：國立臺北大學社會工作學系助理教授
- **學歷**：國立臺灣大學社會工作博士
- **經歷概要**：
  - 國立臺灣大學社會工作學系兼任講師級專門技術人員
  - 社團法人台灣露德協會社工師、社工督導、副主任、主任
  - 行政院衛生署豐原醫院身心科社工師
  - 財團法人基督教主愛之家專案輔導員、專案研究員
  - 心理衛生專科社會工作師甄審合格、專門職業及技術人員高等考試社會工作師考試及格

- **專長**：物質使用與成癮戒治服務、精神醫療社會工作、愛滋感染與愛滋病防治、多元性別服務

李明鴻

- **現職**：臺灣高等法院臺中分院法官
- **學歷**：國立臺北大學法律碩士
- **經歷概要**：
  - 臺灣雲林地方法院法官
  - 臺灣高雄少年及家事法院法官
  - 司法院少年及家事廳調辦事法官
  - 美國約翰馬歇爾法律學院（The John Marshall Law School）訪問學者
  - 專門職業及技術人員高等考試律師考試及格
- **專長**：少年事件處理、刑事審判、觸法少年法制實務

蔡杰伶

- **現職**：新竹誠正中學專任輔導教師
- **學歷**：國立政治大學社會工作碩士
- **經歷概要**：
  - 臺北市立金華國中輔導科代理教師
  - 國立臺北大學社會工作學系專任助教
  - 專門職業及技術人員高等考試社會工作師考試及格
- **專長**：學生輔導工作、矯治社會工作、親職教育、生命教育

張玉龍

- **現職**：私立靜宜大學社會工作與兒童少年福利學系助理教授
- **學歷**：國立暨南國際大學社會政策與社會工作博士
- **經歷概要**：
  - 加拿大威爾弗里德·勞雷爾大學（Wilfrid Laurier University）社會工作學院訪問研究
  - 專門職業及技術人員高等考試社會工作師考試及格
  - 台灣社會政策學會理事、台灣社會工作管理學會常務監事
  - 新竹科學園區華晶集團顧問、華晶科技人力資源處經理
  - 財團法人台灣兒童暨家庭扶助基金會臺中家扶社工員
- **專長**：兒少家庭社會工作、長期照顧、非營利組織管理、人力資源管理

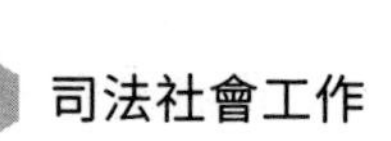

目錄

INTRODUCTION・緒論

PART 2・法院社會工作

PART 3・矯治社會工作

APPENDIX・附錄

INTRODUCTION

緒　論

Chapter 1
司法社會工作的發展與專業定位
戴世玫

司法社會工作的發展與專業定位

本章重點

- 檢視司法社會工作的定義。
- 認識司法社工的角色任務與工作內涵。
- 整合整體司法社會工作的專業知識體系圖像與未來展望。

「司法社會工作」(Forensic Social Work),是一份結合社會工作與法律兩項專業的跨領域專業工作,由社會工作者(簡稱社工),運用社會工作專業來協助處理法律和司法相關的議題,屬於社會工作專業發展的重要領域。為了完整司法社會工作領域的基礎專業脈絡,本書的第 1 章先行說明司法社會工作的意涵,希冀從本章得以看見司法社會工作重要的初始面貌與當代初步整合的基礎概念。

1.1 司法社會工作的意涵

司法社會工作,是社會工作目前發展中的專精領域之一,尤其在各國犯罪防治系統持續因為監獄擁擠、假釋後又重複犯罪,以及暴力基因傳遞等嚴重社會問題,亟待改善之際(Yamatani & Spjeldncs, 2011; Fenton, 2013),更突顯了當代司法社會工作發展的重要性。司法社會工作被視為一種在法律方面專業的社會工作實務,這是美國學者 Robert Barker 和 Douglas Branson 在 1993 年第一次出版 *Forensic Social Work: Legal Aspects of Professional Practice* 一書就已經明確指出的(Andrews, 1994)。其範疇則包含所有社會工作專業人員在司法實施場域內所做的服務。

一、司法社會工作的範圍與定義

根據美國司法社會工作組織（National Organization of Forensic Social Work，簡稱 NOFSW）最新對於司法社會工作的整合性定義：司法社會工作是應用社會工作專業來處理與法律和司法系統（law and legal systems）有關的議題，也特別強調這個專業早已超出對於司法社會工作的狹義定義。過往對司法社會工作的狹義定義是：對與刑事被告在行為能力和責任問題上進行評估和處理，像是在醫療院所和精神矯治機構能進行的鑑定工作，以及犯罪行為和監獄的矯治等；現今更廣泛的司法社會工作定義是：在任何與刑事和民事的法律問題和訴訟有關方面的社會工作實踐，因此，涉及分居、離婚、忽視、終止父母權利、虐待兒童和配偶、青少年和成人司法服務、懲戒和強制治療、兒童收養、監護權問題等，都屬於這個定義下的範圍（戴世玫、黃富源，2021）。由此司法社會工作定義來看，本書將司法社會工作的實務領域範疇涵蓋：保護性社會工作、法院社會工作，以及矯治社會工作三大面向的實務工作，如下圖 1-1 所示，缺一不可。

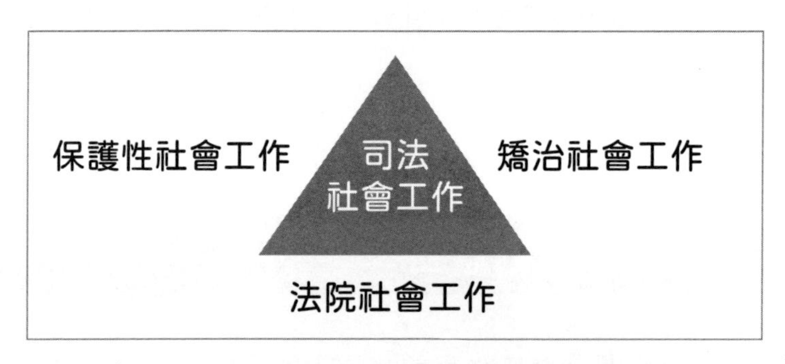

圖 1-1　司法社會工作的實務領域範疇三大面向

二、司法社會工作的知識體系

司法社會工作的知識體系所涉領域相當多，根據 Robbins、Vaughan-Eden 和 Maschi（2015）所言，司法社會工作的專業教育並非是要培養犯罪現場的偵查人員或探究犯罪的鑑識從業者，司法社工的重要性不是鎖在刑事領域，更重要的是補強傳統司法領域的不足和法律的有限性，在犯罪防治傳統的控制功能之外，彰顯照顧力量所帶來對於更理解、預防和解決犯罪問題的影響。司法社會工作的根基不脫離社會問題與人類服務的範疇，主要來自社會福利系統、社會政策、立法與社會工作專業，結合法律提供對於保護受虐待和傷害者的協助，以及整合犯罪防治系統對於犯罪成因及犯罪者家庭與社區的關懷。

一個基本的司法社會工作的知識體系建構，所涵蓋的範圍如圖 1-2 所示，由下而上：首先，社會工作專業和法律與犯罪防治共同的應有系統性學門知識，包含社會學、社會工作、社會福利、心理學、犯罪學、法學緒論、人類行為與社會環境、個案工作、團體工作、社區工作、社會統計、社會研究法等共十二門；再者是，基礎學科則包含從間接到直接服務上所需要的基本知能和技術，有社會政策與立法、社會行政、社會心理學、犯罪社會學、文化人類學、訪視與會談技巧、方案設計與評估、社會工作管理等八門偏向社會工作領域的基礎認識，以及刑事政策、犯罪偵查與調查、觀護與更生保護、刑法與刑事訴訟法、民法與民事訴訟法、監獄學、犯罪心理學、女性犯罪學等八門偏向犯罪防治領域的基礎認識，共十六門。最後，進階的精修課，必要包含心理衛生社會工作、保護性社會工作、法院社會工作、矯治社會工作、社會生活史調查、法醫學、倫理學、精神醫學、多元文化，和司法人權與倡導，共十門。總計各層次的司法社會工作知識體系，至少需要以上三十八門課，可見除了必要的實習之外，司法社會工作在專業養成教育上，身為一跨專業領域知識整合之浩繁。

三、司法社會工作相關名詞之使用與區隔

從 EBSCO 學術電子資料庫 Academic Search Premier（簡稱 ASP），搜尋關於司法社會工作的相關電子期刊，可以發現司法社會工作一詞在英文的使用上主要為三種不同的名詞，包含：Legal Social Work（Middleton, 1983）、Forensic Social Work（Whitmer, 1983）以及 Criminal Justice Social Work（Wilson, 2010），雖有這些不同名詞先後出現，卻都仍在持續被使用當中（戴世玫、黃富源，2021）。以下分別就司法社會工作領域經常使用的幾個相關名詞，說明其主要區隔如下：

司法社會工作

社會工作專業 ←→ 法律與犯罪防治

進階十門

社會工作專業	法律與犯罪防治
☆ 心理衛生社會工作	☆ 法醫學
☆ 保護性社會工作	☆ 倫理學
☆ 法院社會工作	☆ 精神醫學
☆ 矯治社會工作	☆ 多元文化
☆ 社會生活史調查	☆ 司法人權與倡導

基礎十六門

社會工作專業	法律與犯罪防治
◎ 社會政策與立法	◎ 刑事政策
◎ 社會行政	◎ 犯罪偵查與調查
◎ 社會心理學	◎ 觀護與更生保護
◎ 犯罪社會學	◎ 刑法與刑事訴訟法
◎ 文化人類學	◎ 民法與民事訴訟法
◎ 訪視與會談技巧	◎ 監獄學
◎ 方案設計與評估	◎ 犯罪心理學
◎ 社會工作管理	◎ 女性犯罪學

共同十二門

■ 社會學 ■ 社會工作 ■ 社會福利 ■ 心理學 ■ 犯罪學
■ 法學緒論
■ 人類行為與社會環境
■ 個案工作 ■ 團體工作 ■ 社區工作
■ 社會統計 ■ 社會研究法

圖 1-2　司法社會工作的知識體系

(一) 司法社會工作(Forensic Social Work)

早期用來指稱法醫社會工作,以完整證據為焦點,特別是法庭之舉證、保護性個案創傷檢驗與精神醫療方面的鑑識工作,以及對犯罪者的社會史和生活史進行調查,作為法院裁判各種案件和死刑執行之依據。近年司法社會工作專業組織崛起,普遍採用此一名詞來涵蓋與整合各種對於司法社會工作範圍的界定,強調司法社會工作以應用社會工作專業為基礎,擴及所有與法律和司法系統有關的社會工作處遇,包含「保護性社會工作」、「法院社會工作」,以及「矯治社會工作」三大面向。

(二) 刑事司法社會工作(Criminal Justice Social Work)

亦稱為犯罪防治社會工作,以刑事案件為焦點,從各級法院、看守所、監獄、矯正機構和矯正學校等相關矯治設施為基礎,一方面專注於犯罪系統中建立針對刑事司法案件犯罪者緩刑和假釋的有效制度和網絡,進行犯罪者本身的控制工作,另一方面則是針對犯行改善或弱勢的犯罪者,提供必要的關懷協助,近年更專注於改善監獄人滿為患的問題。

(三) 保護性社會工作(Protective Social Work)

相對於一般性社會工作(非保護性服務範疇)所稱,專注於依法保護之個人為焦點,保護性服務主要關注在遭受家庭暴力、性侵害、性剝削、性騷擾等各種暴力傷害的被害人保護和兒童、少年、老人、身心障礙者的權益維護,對於各種暴力所造成之傷害進行法律程序的調查評估紀錄、陪同偵訊、陪同出庭,以及法律訴訟歷程的社會福利資源整合協助和各式轉介服務。

(四) 法院社會工作(Legal Social Work)

也有直接譯為法律社會工作,以立法和法律的實施為焦點,針對法庭歷程的協助為主,指社工進入司法系統,提供法庭內、外各項與法律事項相關的協助,包含尋求法律諮詢、協助撰狀和證據取得、陪同出庭、家庭服務和轉介社會福利資源,實施場域經常是在法院的聽證、辯論及開庭的準備上,也用在指陳較為廣泛的民事法律協助,特別是在改善法院系統和修法、立法等議題倡議。

（五）矯治社會工作（Correction Social Work）

矯治社會工作是最早被列入社會工作實施領域，也是最為熟知的名詞，不區分民事或刑事等案件，以犯罪者本身為處遇焦點，針對監獄中的罪犯矯治、假釋、連結犯罪者與家庭成員保持聯繫、協助更生保護、社區復歸，運用團體課程和個別輔導，在監所內強化法律認知、訓練專業技能，以使犯罪者改過向善，並協助連結家屬探視活動，關懷犯罪者家庭，以及協助犯罪者就業、更生自立。

1.2 歐美澳洲司法社會工作的發展路徑

2010 年美國社會工作專業人員協會（National Association of Social Workers，簡稱 NASW），以「Criminal justice social work in the United States: Adapting to new challenges」為題，該報告指出刑事司法社會工作（Criminal Justice Social Work，簡稱 CJSW）的發展始於 1980 年代的蘇格蘭，於 1975 年後因美國的刑事司法制度逐漸與歐洲相對應，而引入美國；其後，澳洲的司法社會工作體系，則主要移植自美國司法社會工作系統的實施經驗（Green, Thorpe, & Traupmann, 2005）。各種名詞的用法不同和他們的起源有直接相關，司法社會工作主要來自兩個獨特又複合的發展路徑。

一、蘇格蘭和瑞典的監獄矯治取徑

在蘇格蘭模式中，司法社工是刑事司法系統的前線工作人員和行政人員，設置於廣泛的刑事司法系統中，如：聯邦和地方各級政府的監獄、假釋和緩刑機構、法院系統（包括毒品法院和精神衛生法院）、社區非營利機構、信仰機構和為低收入人群提供服務的初級保健組織，以及許多專業學科和輔助專業人員組成的刑事司法工作隊等，並依賴網絡工作來形成對於犯罪系統的防治，主要合作的網絡系統有：(1) 公共安全人員，如：警察和假釋官；(2) 法院（司法）人員，如：法官、公設辯護人、檢察官和觀護人、律師等；(3) 身心理和社會服務的提供者，如：醫療專業人員、心理健康專業人員和其他領域的社工（Wilson, 2010）。

最初司法社會工作的服務方案是由監獄中的矯治工作開始，北歐的司法社會工作發展稍晚，但幾乎與蘇格蘭同步，瑞典學者 Svensson（2003）重啟了 Jonathan Simon（1993）北歐與美國司法社會工作發展的對話，提出司法社會工作方案的發展，來自於北歐在歷史發展上四個經典的階段（戴世玫、黃富源，2021），包括：

（一）1820-1906 年間形成照顧力的階段

此時針對監禁的女性犯罪者，用仁慈的態度對待，主要係對於遵守監獄規範者的回報，以使其表現出在監獄內的順從行為。

（二）1906-1942 年間開始形成社會工作架構的階段

由於當時「社會工作幫助有需要的人」這種概念已經普及，犯罪者本身被協助的需要也被看見，因應法令的修整，加害人的緩刑和假釋措施開始出現。

（三）1942-1990 年間處遇意識型態的高峰階段

政府開始認定幫助犯罪者和控制他們一樣重要，且以非入獄服刑為最優先的犯罪判決考量，因此大量產生司法系統中觀護人的職位，其角色等同於社工，對於可欲的正向行為表現予以鼓勵，要求反省，給予必要協助，像是找工作和住處等。

（四）1990 年後設置社會工作專業人員的階段

社區處遇的判決更加盛行了，但對於犯罪者的照顧力卻是延續下來，一直都在。監獄中社工正式出現，也因為個別化程度和介入程度的高低，創造出威脅者（高個別化與高介入）、控制者（低個別化與高介入）、支持者（高個別化與低介入）、怠惰者（低個別化與低介入）四種社工在獄中不同的工作取向，也因之發展不同方案。

雖然瑞典斯德哥爾摩市早在 1899 年，就有第一位受僱幫忙犯罪者找工作的全職工作者出現（Svensson, 2003），然時至今日，隨著犯罪人口的增加、監獄設施的不足和社區處遇的必要性，使得以犯罪防治為基礎的社工大量增加，顯見傳統矯治領域中的司法社會工作已然面臨挑戰。

二、美國和澳洲的調查保護取徑

社工在整體司法系統中，歷史上也有更為積極行動的部分，特別是針對需要保護的弱勢和被害者提供諮詢，同時針對精神疾患被告提供鑑定和安排治療，這些具有特色的司法社會工作，可以從早期美國和澳洲近年的相關文獻上獲得證實。

(一) 聯合律師協助保障弱勢者

Brownell 和 Roberts（2002）曾指出在美國司法社會工作專業有超過一個世紀以上的歷史，像是芝加哥受虐婦女和兒童保護機構成立於 1885 年，伊利諾州的第一個少年法庭成立於 1899 年，而這兩處都有專業社工。近代更明確的司法社會工作則可以溯自美國的社工 Sara Lieber 女士（見圖 1-3），和律師一起工作，專門提供非法律的協助，她看到案家在法院進出，卻無助於問題的解決，因此，她在工作六年後，使用 Legal Social Work 一詞，在芝加哥附近的小城鎮，成立 Legal Social Work, Ltd 這家公司，和她的同事 Lynn Jacob 女士兩位專門為律師和弱勢案主群，進行社會工作的諮詢，從事調查、報告、聽證、轉介和督導等服務（Middleton, 1983）。如戴世玫、黃富源（2021）所提，從她的經驗中，我們看到透過律師為中介協助案主，社

圖 1-3 Sara Lieber（圖左）和 Lynn Jacob

資料來源：Middleton（1983）。

會工作得以更快速地協助非法律的事務，像是案主的弱勢狀態與社會福利資源整合，這是以社會工作在司法系統運作裡找到立基的先驅。Sara Lieber 女士等人（Middleton, 1983）與律師一起工作的法庭服務和各項暴力被害者的保護服務，陸續開展，使兒童、少年、婦女、老人、身心障礙者和他們的家庭，都受到幫助。

(二) 協助精神疾患犯罪者鑑定與司法處遇

社工成為法院調查和建議精神疾患被告處遇的重要推手，也有一個重要的開端。Whitmer（1983）提到在美國患有精神疾病的犯罪者，也就是精神疾患被告，通常有悠久的精神病史，在其所討論到的報告中指出：在精神疾患被告的樣本中，所有人都有過至少一到十五次精神疾患住院的歷史。平均入住率是一般人的 3.5 倍。但是，在被捕時，這些精神疾患被告中有 94% 的人，未經診療，也沒有在任何精神或心理衛生機構得到治療。由於長期以來，特別是在加利福尼亞州，很明顯地發現這種在社區之中和精神或心理衛生機構之間，長久令人不安的護理連續性失敗，使得許多精神疾患甚至出院後就沒有得到門診治療，這些因院外治療而流失的住院患者，最後通常又在監獄中被發現。為了解決這種精神疾患犯罪者的治療，美國從 1960 年代國家機構的羈押照護，轉移到 1970 年代刑事法庭提起訴訟。

Hughes 和 O’Neal 早在 1983 年在社會工作專業期刊上，發表了關於當時司法社工的調查發現精神疾患和犯罪的高度關聯，也就是當時，已經有精神疾患犯罪者處遇方案的存在。他們的調查研究結果指出：在 340 位的美國司法社會工作從業人員當中，發現有 75% 是屬於臨床工作者，且在處遇的團隊中扮演領導者的角色，平均在案量大約是 20 位，案量的落差很大，有從 5 案到 137 案者，當時的司法社工有 25% 回報他們需要如同精神科醫師或心理治療師一樣到法庭上陳述或作證，扮演專家證人的工作。為了因應 1970 年代後期醫院對於合法假釋犯的法律規範，加州舊金山開始讓所謂「被處罰的病人」（Forfeited Patient）頻繁進出精神醫療院所，工作者忙於院內和院外的服務方案，也開始協助鑑定工作，每案約需數週到數月才能有一個精神鑑定的結果（Whitmer, 1983）。

Green、Thorpe 和 Traupmann（2005）認為澳洲的司法社會工作體系，雖然主要移植自美國司法社會工作系統的實施經驗，但澳洲恐怕暫時無法達成這些系統性和整合性的期待，他們進行一項研究，針對社會工作專業的利壓團體（關心社會工作專業發展的倡議團體）區分兩種成員，辦了四次會議，發現司法社會工作的專業角色與發展，專注在下列幾項議題上：(1) 對於被害人、加害人和兩者家庭的持續照顧；(2) 案主死亡的處理：死因查詢、議題和其他考量；(3) 平衡對他人和自我的關懷；(4) 危險性風險的評估。他們形容這項在澳洲進行的會議如同蔓延叢林的一部分，是澳洲正式承認司法社會工作是一門專精領域的開始，並且倡議未來應該提供一個鼓勵司法社工技能培植和專業知識累積的環境。

從上述蘇格蘭、美國再到澳洲對於司法社會工作的發展路徑來看，我們可以知道 1980 年代是全球司法社會工作興起的年代，Laub（1983）甚至稱呼司法社會工作為當時的一種未來產業。

1.3 司法社會工作者的角色與任務

司法社工除了需要一個整合背景且專注完整的知識體系之外，在監所、精神醫療、法院等各種場域和個人及家庭協助等方面，有不同的專業角色需要，也有各項調查和評估需要培養（戴世玫、黃富源，2021）。以下根據文獻所載，綜整司法社會工作的核心角色、犯罪者社會生活史調查的特殊任務，以及更多新興的風險管理和預防工作，分別說明之。

一、司法社工的核心角色

Forensic Social Work: Legal Aspects of Professional Practice 一書的作者 Barker 和 Branson（2000）兩人在再版該書時，總結了司法社工的十個核心工作項目，主要包含下列：

(一) 在法庭上擔任專家證人。
(二) 向法院或司法機關提交對於個人進行系統性評估後的結果資訊。
(三) 調查犯罪案件的發生並呈現結果給法官、陪審團和其他司法機關。
(四) 針對犯罪者，提供法院裁處參考的建議方式。
(五) 監督判決定罪者，並向法院報告進展情形。
(六) 在個人或團體彼此之間，進行糾紛或衝突的調解。
(七) 證明社會工作專業足以排解可能的錯誤裁處或不符合倫理的判決。
(八) 特別注意教育同事關於法律對他們職業的影響。
(九) 促進發展和強化執法許可的法律規範專業實踐。
(十) 保持與個案的關係，以掌握法律的精神和專業倫理原則。

二、犯罪者社會生活史調查的特殊任務

Guin（2003）提到在美國針對殺人死刑犯進行生活史調查這項特殊的任務，主要由一名司法社工以團隊合作的方式，整合醫務社工、法醫心理學家、精神科醫師、牧師、家庭暴力問題專家、精神問題專家等，提供多種視角，以被告為同心圓的中心，向外擴及家庭、鄰里、學校、社區、社會等各層次，了解每個人都有相互影響的因素和壓力，影響人類發展和行為。調查需要多樣的訊息來源，包括官方紀錄和對學校、醫療機構、安置機構和教會人士的採訪，親戚、鄰居也是重要的數據來源，就像美國曾針對路易斯安那州監獄黑人死刑犯 Feltus 的判決調查例子一樣，能找出一個人從小到大生活與犯罪行為有關且導致犯罪的風險因素，包含：

(一) 個人的人格因素

應對策略；解決問題、處理壓力和處理憤怒的能力；在社交關係中的自我價值、自信和能力的感覺；處理生活中生存任務的能力（管理資金、擔任工作等）；精神和道德觀（個人如何看待自己對他人和社會的責任和關係）。

（二）社會因素

年齡、性別、種族、突出的身體特徵；地理環境和生活穩定狀況；宗教信仰和關係；社區聯繫和重要的友誼，以及所使用的任何公共社會服務。

（三）健康因素

對時間、地點、人員和環境的心理取向；健康狀況（疾病、受傷、身心障礙或出生的缺陷狀況）；精神健康狀況、能力和精神問題家族史，以及毒品、藥物或酒精濫用及其他化學物品施用問題。

（四）家庭因素

原生家庭的出生序和成員；遭受創傷、暴力、虐待和忽視的情況；家外安置；在兒童和成年時期的擴大家庭和親屬關係；目前的家庭情形；婚姻、子女和離婚的數量，以及任何創傷和暴力。

（五）教育因素

學校的年級和適合年齡；成就水平；學校的進步和學習態度；超額或成就不足；學校環境中的社交關係、行為和課外活動；以及本身智力和潛在的、精神上的或學習上的障礙，以及已紀錄的智商等。

（六）經濟和就業因素

家庭收入和教育水平；收入來源、就業類型和就業穩定性；生活環境和社區人口統計資料；和軍事經驗。

（七）犯罪因素

與執法部門進行即時和擴展的家庭互動的歷史；先前犯罪的數量和類型；初次接觸執法部門的年齡；監禁期間的行為和進步；了解法律程序和參與辯護的能力；對犯罪的看法，像是後悔、否認或蔑視等。

三、更多新興的風險管理和預防工作

其他新型態司法社會工作的方案發展同樣受到關注，Guin、Noble 和 Merrill（2003）從整體的角度探討如何減少犯罪，這需要多個學科跨領域的團隊合作，從一個照顧生命完整的角度，犯罪和被害都不僅是法律議題，應該是包含個人人格、社會、健康、家庭、教育、經濟和就業等因素，最後才是犯罪因素，這些多維度的完整控管危機因子和犯罪行為，需要團隊工作才能進行，經由團隊連結個案的歷史、生命歷程和犯罪的關聯，其中少不了社會工作對於少年微罪者的及早介入，特別是針對中輟、低薪資和工作技能受限的青少年人口提供服務，同時站在資源協調整合，以及使網絡有效運作的關鍵位置，像是 McCarter（2017）也提到美國對於校園內犯罪事件的零容忍方案，如何避免、減少以及阻斷兒童少年（簡稱兒少）從學校到監獄的通道，這是司法社會工作從矯治走向預防的重要關鍵概念，亦即運用及早發現的立即協助，避免災難和傷害不斷上演。

1.4 司法社會工作的整合與展望

回顧司法與矯治工作存在臺灣已久，也被列於社會工作的十三大專業領域之一（林萬億，2013），然而，一方面因為過往領域範定主要限縮於較為特殊的法庭協助和矯治系統，相關專書著作有限，包含：陳慧女（2017）於 2004 年出版《法律社會工作》，並於 2017、2020 年再版；林明傑（2018）則出版《矯正社會工作與諮商：犯罪心理學的有效應用》，討論矯治領域社會工作和犯罪心理諮商的應用。顯見在臺灣，過往仍使用法律、司法、矯正、矯治等不同的意義詞彙，指稱部分司法社會工作的專業服務範疇。

另一方面，在臺灣，較早討論到司法社會工作的文獻，多來自於 2009 年 12 月《社區發展季刊》出版第 128 期以「司法與社會福利」為題的專刊，當時對於司法社會工作的專業範疇，並無定論，時隔十一年以後 2021 年 6 月《社區發展季刊》才再有第 174 期以「司法領域與社會工作」為題的專刊，討

論從人權出發的司法社會工作發展。由於社會工作專業依據法令所提供的服務項目不斷擴展，司法社會工作的涵蓋範圍也從早期單純的犯罪矯治社會工作概念，擴及各項以暴力防治為主的保護性社會工作，以及在法院的社會工作實務協助，整體專業服務仍在持續發展中，同時走向整合和更多預防服務的趨勢（戴世玫、黃富源，2021）。像是在 2020 年由作者籌辦，銘傳大學犯罪防治學系和臺灣社會工作督導服務協會主辦的「2020 Make Visible in Action：司法社會工作國際研討會」，議程上除了來自澳洲雪梨大學（University of Sydney, Australia）和南韓首爾市福利基金（Seoul Welfare Foundation, South Korea）的線上專講交流外，國內本土的發表即以「健康醫療與司法社工」、「司法社工助人角色與處遇」、「司法社工與社區預防創新」、「司法社工跨專業整合對話」等四個主軸來進行司法社會工作相關研究論文的發表與討論。

本章重新定義了當代司法社會工作包含保護性社會工作、法院社會工作、矯治社會工作三大面向。未來臺灣在發展司法社會工作上，特別是在落實新修的《少年事件處理法》，以及各項保護防治工作，提供一個更友善的司法環境，和啟動更全面的犯罪者家庭服務，以及前進社區為基礎的犯罪防治都很重要，並且應該被視為一個連貫性的議題來討論。除了更紮實跨領域整合的司法社會工作專業基礎教育之外，在制度和實務方面仍要跨領域的作為持續改善。

一、整合跨領域制度性研究排除障礙

當代社會工作，從兒童少年婦女及家庭、老人、身心障礙、醫療社會工作、心理衛生社會工作等五大專科執業領域，都包含了社會福利法案、專業的個人與家庭生活史調查、危險與安全評估、法律諮詢和司法程序的協助，涉及的人權和福利已是息息相關，但完整行政和司法之間的跨領域體制設計的想像，在不同網絡領域之間，仍無法有立基一致觀點的討論。因此，若要使司法社會工作在臺灣的發展更為順利，首先要能解決司法社會工作專業在橫跨相關執法機關和社會工作領域合作上的障礙，人力、預算、專業養成和職業體制，往往是最基礎的，如同 Green、Thorpe 和 Traupmann 等人（2005）指出在不同的司法相關的工作崗位上，都感受到了因缺乏社會工作專門職稱而造成的諸多限制。在不同的機關內，制度面的司法社會工作人力如何安排配置，和一個確立為社會工作的專業背景要求是最基本的，從最高行政層級對於從屬機關的服務資源盤點、司法社會工作專業人員的人力督導和個案比、固定的經費設算支持、不同部門之間的組織協調窗口、連貫犯罪預防到矯治的家庭服務，以及針對實際運作障礙的調查改善研究等都需要新的整合性研究指引，逐步完整服務體系。

二、完整相鄰助人網絡工作者的服務學習課程

服務學習近年已經被視為大學以上學生在實習以前重要的經歷與畢業門檻，作為一種協助學生認識社會的觸角，也是一種透過社區服務項目使學生參與學習課程工作目標的教學方法，這些項目可以促進反思，批判性思維和問題解決，能夠帶來在團隊合作上相當重要的啟發。雖然服務學習的定義略有不同，但 McCrea（2004）指出，每個定義都包括以下組成部分：(1) 項目必須滿足社區的需求；(2) 學生學習必須與課程目標明確結合；(3) 學生對自己經歷的反思是必不可少的；(4) 學生與社區之間的關係必須是對等的。

根據 Madden、Davis 和 Cronley（2014）的研究報告指出，多數大學以上社會工作和犯罪防治相關學系的學校教師，都會讓學生和研究生體驗服務學習，但兩個專業在概念和信念上的差異，導致在使用和實施中有明顯的區別。他們首次在此兩個相關但截然不同的學科中，對服務學習進行了明確的跨學科比較，結果發現社會工作教師更頻繁地使用服務學習，並且意識到使用它的障礙更少，同時，更看到跨教育水平的服務學習的價值。在教育養成階段中，服務學習的最大目標是希望提供一種變革性的學習體驗，使學生意識到社會不平等的問題。從理論上來說，透過服務學習來增強理解，有助於受教育階段克服一種恐懼的觀念，即接觸那些有著自身所沒有的特殊生活經驗群體，以及接觸陌生人的恐懼，並打破關於社會、教育和經濟平等的假說，這些是養成一個司法社會工作助人者的重要起點，歷經長時間多次穩定的服務學習，有助於培養基礎的專業情操，司法社會工作相關網絡合作單位成員教育養成也應該開啟同樣的通道，避免落入單次一日性的服務對象參訪活動。在學術上針對教

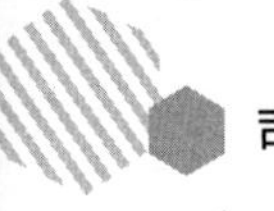

育背景不同的學科，也應排除受限於學科和課程目標相關性的質疑，在教育養成上同步，像是提早對司法、犯罪防治相關體系的學生實施課程內涵的服務學習，接觸人群和社會福利等。

三、建立社會工作專業內跨領域繼續教育與專業交流機制

在司法社會工作專業體制完整之前，我們需要鼓勵在專業內的跨專業交流，一方面如同 Mason（1991）指出的跨專業不理解和制度差異所導致的衝突，是經常發生的，另外一方面從 Kane（2006）的觀點來看，不論從事實務或教學研究，社工和犯罪防治等其他領域的工作者在年齡和性別上的差異很大，社會工作更像是一種年輕的專業，這使我們從教育銜接到職場，都無法漠視這些差異。因此，最重要的是在社會工作專業體制內建立跨專業領域交流的機制，不同的社會工作子領域，包含：社會行政機關、非營利組織和正在運用社會工作人員推展社會福利的各領域機關，像是醫院、照顧療養機構、法院、學校、監所、矯治單位、工商團體的慈善基金會、專業人員協會組織、災害防救組織、就業服務、社區預防方案等，不論是普及式福利服務和選擇式服務的提供，往往案主群都是相互關聯的，每一個社會工作領域的發展都彼此有關聯，針對不同福利別的社會工作專業人員，透過專業繼續教育增進對於司法社會工作的認識、合作、交流，才能健全社會工作專業的整體發展，站穩一種外來的、未來的專業角色。

四、鏈結不同單位方案投入預防創新

社工專業內如何有效合作，讓社會工作專業在司法系統、犯罪防治系統和整個大社會當中所扮演的照顧力量，能夠被呈顯出來，這顯然是一個將司法社會工作專業持續推進過程，要面對的重要關鍵。臺灣社會工作雖從國外引入，然依據各項法令而來的發展日漸精細，從個案管理、社區介入、政策執行，到倡議立法，各系統層面都有，加上方案對象與所屬單位的不同，社工方案間的合作也應該要同步和跨網絡合作一樣獲得關注，才能達成整體更好的服務效果，回應社會問題和犯罪預防。具體合作的項目上，我們可以先思考從當代

促發司法社會工作發展的犯罪問題與弱勢照顧之間的「監獄—社區方案」具體合作開始，同時更走向預防的策略，像是 McAlpine、Marshall 和 Doran（2001）提及的美國馬里蘭州蒙哥馬利縣鏈結兒童福利服務、成人戒癮服務，來達成收養和家庭安全法案對於兒童在家受教養的權利、保護與福祉的要求，同時服務效果也回饋到父母藥癮減害和更好的家庭維繫上，透過方案鏈結，同步思考預防犯罪、治療藥物濫用、減少貧窮的代間傳遞的多重功效。

問題思考

在讀完本章後，應該對於司法社會工作的過去、現在和未來發展，已有基礎認識，試著回答下列問題：

一、請簡要說明司法社會工作的當代定義。

二、請說明司法社會工作領域內，司法社工的十個核心工作項目為何？

三、司法社工對犯罪者所進行的社會生活史調查，包含哪些重要面向？

四、為了未來整體司法社會工作的專業整合，除了紮實跨領域整合的司法社會工作專業基礎教育之外，在跨領域的作為方面如何持續改善？

參考文獻

林明傑（2018）。《矯正社會工作與諮商：犯罪心理學的有效應用（第二版）》。高雄：華都。

林萬億（2013）。《當代社會工作：理論與方法（第三版）》。臺北：五南。

陳慧女（2017）。《法律社會工作（第二版）》。新北：心理。

陳慧女（2020）。《法律社會工作（第三版）》。新北：心理。

衛生福利部社會及家庭署網站，《社區發展季刊》，第 128 期，「司法與社會福利」專刊，取自：https://www.sfaa.gov.tw/SFAA/Pages/List.aspx?nodeid=185&idx=0（上網日期：2018 年 3 月 20 日）。

衛生福利部社會及家庭署網站，《社區發展季刊》，第 174 期，「司法領域與社會工作」專刊，取自：https://cdj.sfaa.gov.tw/Journal/Period?gno=12754（上網日期：2021 年 6 月 22 日）。

戴世玫、黃富源（2021）。〈司法社會工作的專業範疇與當代芻議〉，《社區發展季刊》，174，79-89。

Andrews, A. B. (1994). Forensic Social Work: Legal Aspects of Professional Practice. *Social Work*, *39*(4), 477.

Barker, R. L. & Branson, D. M. (2000). *Forensic Social Work: Legal Aspects of Professional Practice* (2nd). New York: Haworth Press.

Brownell, P. & Roberts, A. R. (2002). A century of social work in criminal justice and correctional settings. *Journal of Offender Rehabilitation, 35*(2), 1-17.

Fenton, J. (2013). Risk Aversion and Anxiety in Scottish Criminal Justice Social Work: Can Desistance and Human Rights Agendas Have an Impact? *Howard Journal of Criminal Justice*, *52*(1), 77-90.

Green, G., Thorpe, J., & Traupmann, M. (2005). The sprawling thicket: Knowledge and specialisation in forensic social work. *Australian Social Work*, *58*(2), 142-153.

Guin, C. C., Noble, D. N., & Merrill, T. S. (2003). From Misery to Mission: Forensic Social Workers on Multidisciplinary Mitigation Teams. *Social Work*, *48*(3), 362-371.

Hughes, D. S. & O'Neal, B. C. (1983). A Survey of Current Forensic Social Work. *Social Work*, *28*(5), 393-395.

Kane, M. (2006). Ageism and Gender among Social Work and Criminal Justice Students. *Educational Gerontology*, *32*(10), 859-880.

Laub, J. H. (1983). *Criminology in the Making.* Boston: Northeastern University of Chicago Press.

Madden, E. E., Davis, J., & Cronley, C. (2014). A comparative analysis of service learning in social work and criminal justice education. *Teaching in Higher Education*, *19*(5), 470-483.

Mason, M. A. (1991). The McMartin Case Revisited: The Conflict between Social Work and Criminal Justice. *Social Work*, *36*(5), 391-395.

McAlpine, C., Marshall, C. C., & Doran, N. H. (2001). Combining Child Welfare and Substance Abuse Services: A Blended Model of Intervention. *Child Welfare, 80*(2), 129-149.

McCarter, S. (2017). The School-to-Prison Pipeline: A Primer for Social Workers. *Social Work*, *62*(1), 53-61.

Middleton, M. (1983). Red Tape Cutters. *American Bar Association Journal*, *69*(5), 579.

National Organization of Forensic Social Work (NOFSW), *What is Forensic Social Work?*, On Dec 10, 2018, Retrieved from http://nofsw.org/?page_id=10

Robbins, S. P., Vaughan-Eden, V., & Maschi, T. (2015). From the Editor—It's Not CSI: The Importance of Forensics for Social Work Education. *Journal of Social Work Education*, *51*(3), 421-424.

Simon, J. (1993). *Poor discipline: Parole and the social control of the underclass, 1890-1990.* Chicago: University of Chicago.

Svensson, K. (2003). Social Work in the Criminal Justice System: An Ambiguous Exercise of Caring Power. *Journal of Scandinavian Studies in Criminology & Crime Prevention*, *4*(1),

84-100.

Whitmer, G. E. (1983). The Development of Forensic Social Work. *Social Work*, *28*(3), 217-223.

Wilson, M. (2010). *Criminal justice social work in the United States: Adapting to new challenges*. Washington, DC: NASW Center for Workforce Studies.

Yamatani, H. & Spjeldnes, S. (2011). Saving Our Criminal Justice System: The Efficacy of a Collaborative Social Service. *Social Work*, *56*(1), 53-61.

PART 1

保護性社會工作

法定通報專線及篩派案服務

本章重點

» 認識臺灣的保護服務責任通報制度與通報專線之發展。

» 了解社工在法定通報專線之助人工作任務及角色。

» 受理通報之社會實務工作倫理議題。

2.1 責任通報制及通報專線之發展

一、缺乏通報窗口時期

臺灣社會一直都有家庭暴力、兒少保護及性侵害的相關案件及媒體報導，然而這些並沒有引發社會持續性的關注及集體行動，在 1985 年以前，針對上開議題僅視為個別、少數的現象，並無專責的保護服務機制及網絡，在此階段受害民眾對於發生此類侵犯人權與性自主權的事件，通常難以在家庭、社會，或透過司法來尋求屬於個人的正義（余漢儀，1996）。

臺灣在 1980 年代即開始發展兒童保護工作，然僅止於醫療單位對零散個案的個別處理，以及主管單位與接案人員的個別裁量而定，司法單位對於介入家庭親子關係的態度亦相當猶疑（余漢儀，1996）。經過民間兒童福利機構「中華兒童福利基金會」[1]、婦女團體聯合之倡議行動，以及聯合國於 1989 年通過《兒童權利公約》（Convention on the Rights of the Child，簡稱

1　後更名為中華兒童暨家庭扶助基金會，簡稱家扶基金會。

CRC）的影響，促成 1993 年《兒童福利法》[2] 修法（鄭麗珍，2017）。此次修法擴大條文，首次將兒童不當對待及兒童保護行動正式入法，明訂社工與醫療、教育、警政、司法及其他兒童福利業務人員，知悉兒童遭不當對待情事應於 24 小時內向地方政府主管機關報告。而後，1997 年《性侵害犯罪防治法》、1998 年《家庭暴力防治法》等保護服務相關法規陸續通過，開啟了保護服務的通報制度。

二、地方政府各自成立專線時期

然而各縣市發展保護專線的歷史差異相當大（潘淑滿，2007），尤其是臺北市和高雄市與其他縣市有明顯的差異，例如臺北市政府於 1988 年成立臺北婦女中心，隨後在 1989 年成立康乃馨專線，提供受暴婦女的緊急救援與諮詢服務。而後隨著《兒童福利法》修正通過後，各地方政府主管機關都必須因應法規設立受理通報的窗口，大部分號碼是設置在社會局處室裡的行政電話，雖然是所謂的「專線」，但號碼多半是不容易記得的數字，也增加求助的難度（吳敏欣，2016）。

三、設置 24 小時通報專線

1995 年 12 月 18 日，當時的臺灣省政府社會處委託臺灣世界展望成立「臺灣省兒童少年保護熱線中心」，設有 080-422110 免付費電話，提供全省民眾 24 小時的通報管道；1997 年 3 月起，更擴大服務整合遭受婚姻暴力的婦女，更名為「臺灣省兒童少年暨婦女保護熱線中心」。1998 年《家庭暴力防治法》實施，各縣市政府依法規定需提供 24 小時家庭暴力防治專線通報及服務工作，自 1999 年 7 月起，臺灣世界展望會陸續接受臺中市、苗栗縣等縣市委託，提供非上班時間「保護您」專線（080-000600）服務工作。後因精省，保護專線轉由內政部中部辦公室社政業務督導，再轉由內政部兒童局主責督導。

2　為現今《兒童及少年福利與權益保障法》之前身，已於 2004 年 6 月 2 日廢止。

四、整合專線時期

2001 年內政部將 080-422110 及 080-000600 兩條專線整合為「113 婦幼保護專線」，由內政部家庭暴力防治委員會（簡稱家防會）接手督責，將性侵害防治、家庭暴力防治、兒少保護整合於一個窗口，以利民眾方便記憶尋求服務與諮詢；2009 年底專線正名為「113 保護專線」，以符合實務狀況，提供不分性別、年齡，有關家庭暴力、性侵害、兒少保護案件之通報及諮詢服務（臺灣世界展望會，2016）。

2007 年 8 月之前，113 運作模式是上班時間由各縣市政府接聽市話，下班及例假日市話與全天候的行動電話，統一由臺灣世界展望會接聽。為了處理各地方政府不同接聽模式而有人力素質不一、接聽品質參差不齊等狀況（潘淑滿，2007），2007 年 9 月起，經過家防會、縣市地方政府與臺灣世界展望會溝通協商，113 專線確立實施中央統籌全國統一接線服務的模式，以有效建立中央與地方合作機制，提高處理效率，進而保護被害人權益。113 代表「一通電話，三種服務」，由於方便好記，加上性騷擾防治推動需要，2007 年納入性騷擾案件諮詢、再申訴之處理。至此，113 專線電話成為臺灣特有情形，因為國外一般專線電話多以單一性質服務為主，不似 113 專線服務內容的多元（游美貴，2011）。目前規範社工需責任通報之法規如下圖 2-1：

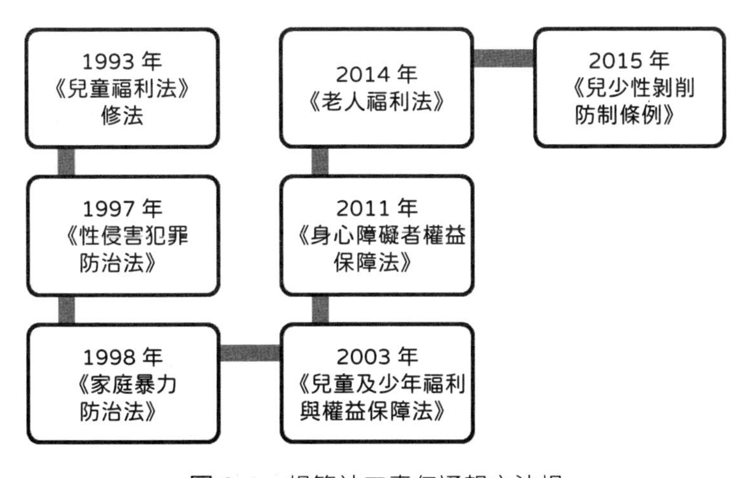

圖 2-1　規範社工責任通報之法規

2.2 社會工作者在法定通報專線的任務與角色

為了從制度面著手，讓法定通報專線更有效促進防治網絡效能，內政部制定「113 保護專線集中接線作業要點」，以範定專線與防治網絡的運作原則及功能。包括了《家庭暴力防治法》、《性侵害犯罪防治法》、《兒童及少年福利法》、《老人福利法》及《兒童及少年性剝削防制條例》等有關事件之通報、救援及諮詢；《性騷擾防治法》有關諮詢及再申訴轉介。歷經社會變遷與法規變革，目前的 113 保護專線具備多項法定服務由單一窗口接聽回應的性質。

對於接線社工而言，每一次電話鈴響，都必須全神貫注接聽並理解來電者的需求，不管來電者需要的是緊急救援、通報或諮詢，接線業務可謂是即刻的專業測試，需要在既定的時間內做出正確的判斷與因應（伊慶春，2016）。

一、社工接聽專線之任務

社工接聽保護專線屬於社會工作方法中的個案工作，即便僅能透過電話服務，服務時間簡短且可能僅有單次服務，服務過程中接線工作者仍需秉持社會工作會談技巧，完成資料蒐集、預估、形成處遇計畫、處遇、結案或轉介等任務。以下綜整社工接聽通報專線的主要工作任務為：資料蒐集、預估、線上處遇及結束與轉介等四步驟。

（一）資料蒐集：確認來電者主述

依據衛生福利部保護服務司公開的 113 保護專線統計，113 保護專線來電者身分九成以上為一般民眾。未受過專業訓練的民眾，不論是訴說個人遭遇或舉報他人事件，需透過專線社工探詢，盡可能幫助來電者提供有助於理解舉報事件中的人、事、時、地、物等訊息，以利後續進一步判定是否構成保護服務案件，以及服務需求之預估。在釐清案情的過程中，來電者的情緒與動機仍需獲得理解，應避免問案式詢問案情。

1. 本人來電

(1) 留意創傷的反應

社工在與遭受暴力的案主工作過程中，經常會感覺到有所困難（游美貴，2015）。創傷的知識背景需被接線社工放在理解來電者的知識架構中，長期性的暴力環境會影響人的情緒調節、自我感知、對創傷事件的記憶，甚至包括對施暴者的認知，以及與其他人的人際關係（Herman, 2018）。

部分長期遭受家庭暴力的倖存者雖然能鼓足勇氣致電求助，然在訴說暴力事件時仍因創傷反應的干擾，在電話會談中呈現極端的情緒，或是難以完整說明暴力事件，社工亦經常由來電者主述中發現案主呈現多重的問題，例如：物質濫用、就業困難，對於接受服務或其他改變猶豫不決。

在電話服務中僅能透過聲音和語言來與案主建立關係並蒐集資料，如遇案主因為創傷反應干擾其語言能力，確實增加更多服務困難，亦相當容易引發社工工作的挫折、疲憊，甚至是畏懼及憤怒等反應，導致更負面的影響。工作者應以創傷知情（trauma-informed）的角度來理解線上釐清案情之困境，盡可能確認案主的服務需求，並做適切的線上處遇及服務資源連結。

(2) 求助者的現實反應[3]

害怕尋求協助是案主尋求服務的現實反應，主要來自於求助的羞愧感、擔心被評價、未能獲得協助，以及對未知改變的懼怕（許臨高，2016），再者有研究指出，強制通報制度可能會令親密關係暴力被害人擔憂處境變得更糟而影響求助意願（Lippy & Jumarali et al., 2019），專線社工需理解求助者在求助時的狀態，畢竟專業工作者的言行也是影響案主現實反應的要素之一，所以在受助者的行為反應被界定為「情緒高張」或「抗拒、不配合」之前，助人者亦應審慎反思自己的言行（許臨高，2016）。

---

3 社工與案主工作歷程的專業關係中，常理可了解的態度與情感。相對於非現實反應。

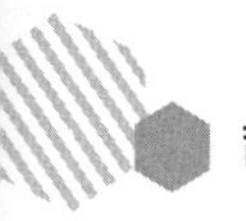

部分來電者因著過往求助經驗的影響（並非專指正式單位的求助），或是對於服務的期待與實際有所落差，因而在求助時可能帶著生氣或焦慮情緒，容易感到受批判或指責而防衛，甚至在言語上出現攻擊、威脅。社工面對案主的威脅行為時，覺察自己對威脅行為的反應，並持續表達對案主的接納與尊重，並發展維護專業關係的可能方式是重要的（許臨高主編，1999）。接聽專線的社工在擔憂錯失救援先機與完成通報職責的壓力下，仍務必對上述情緒有所理解，並秉持專業妥善回應，同時在線上建立良好的專業關係。

BOX 2-1

案例：通報害慘了我

阿美（40 歲），隱忍婚姻暴力將近二十年。某次暴力，孩子挺身保護母親也受傷了，阿美終於決定帶著孩子驗傷、報案，接受通報。阿美接獲地方政府的婚暴社工和兒少保社工分別電話聯繫，在尚未建立專業關係的階段，阿美卻備感壓力，擔心工作中經常接電話影響雇主觀感，也擔心兒少保社工訪視會激怒相對人，焦慮之下連續數晚失眠。阿美再次撥打專線，語氣急切又有些生氣地說：「沒想到通報反而這麼困擾」、「希望撤銷通報表並取消訪視」。

錯誤示範

在毫無關係建立的狀況下即針對案主提出的疑問說明：「案件已經通報了，沒有辦法撤銷」，或是「請好好配合社工」等。

合適回應

1. 同理：傾聽案主主述困擾中的情緒，針對通報後帶給案主的生活改變造成的困擾與壓力，予以理解和情緒支持。
2. 真誠：表達很願意與案主討論如何處理當下的困擾。
3. 針對案主的困擾及服務需求，依據《家庭暴力防治法》第 8 條內容，說明地方主管機關對於家庭暴力被害人有許多服務資源，鼓勵案主安排時間與地方政府社工詳細討論。

2. 他人來電

113 來電約有六成為親友、鄰居或其他生活中有機會發現暴力事件而代為求助之人（張秀鴛，2016）。針對他人舉報案件時，仍需透過來電者盡可能釐清案主當下狀態。

來電者的隱私保護亦由法律規定之[4]，然因保護性案件發生地點經常在私領域，知情者很可能因著與案主或案家關係緊密而擔憂身分被猜測或辨識。社工應理解舉報者在電話陳述時的擔憂，在談話過程中，應適時肯定來電者致電的道德勇氣，並感謝其為增進案主福祉的努力，同時確認其與案主的身分關係，以及其可能協助的程度（徐雅嵐、廖美蓮，2017）。

BOX 2-2

案例：嬰兒哭泣聲

A 小姐來電陳述大樓不時出現斷斷續續的幼兒哭聲，卻未聽聞成年人回應，大樓住戶多達上百戶，平常也不認識，不知道是哪一門戶，很擔心有 6 歲以下幼兒遭到獨留。致電當下哭聲已經停歇，無法辨識。

線上工作原則

1. 釐清聽到的哭聲在通話當下是否正在發生，如是，應立即說明必須循聲辨識兒少所在位置以利後續處理，必要時立即啟動報警機制讓警察到場共同尋找，然為了順利找到案主仍需來電者與警方合作。
2. 若通話當下已無持續哭聲，可多釐清哭聲持續時間、出現頻率，除了哭聲以外有無伴隨其他聲響等，釐清的同時應適切說明詢問的原由是需要設法判斷並利於確認案情。盡可能蒐集與案主相關的訊息，以便通話結束後判斷是否需要進一步處理。
3. 感謝來電者致電。

4 《家庭暴力防治法》第 50 條，醫事人員、社會工作人員、教育人員、保育人員、警察人員、移民業務人員及其他執行家庭暴力防治人員，在執行職務時知有疑似家庭暴力，應立即通報當地主管機關，至遲不得逾二十四小時。前項通報之方式及內容，由中央主管機關定之；通報人之身分資料，應予保密。

(二) 預估（assessment）

釐清來電者主述是後續能正確預估處遇的第一步。專線社工在很短的時間內將對案情蒐集到的資料，迅速地彙整、分析並形成暫時性的判斷，也是專線工作的一大考驗。

1. 緊急救援需求評估

線上受理通報案件時，首要工作任務在於確認案主本人是否身處危險當中，並確認是否有緊急救援需求。

2. 服務需求預估

藉由來電者的主述內容，初步判斷是否符合各法規規定之保護通報的要件。若來電主述並無構成保護服務，但仍有其他福利服務之需求，涉及其他服務輸送體系，諸如：醫療、教育、福利服務或勞政等，應發揮社會工作專業，協助來電者知悉其適切求助管道。

3. 風險評估

針對保護服務案件，即便電話服務的當下並無立即危險，暫時無緊急介入之需求，仍需盡可能由蒐集到的資料中，理解案主所在的環境和外部風險，預估在主責單位接手服務前，案主是否有再次遭遇暴力的風險，並提供相對應的線上處遇。

(三) 線上處遇

1. 初步的安全計畫

經過線上釐清案情後，若確認案情構成保護服務案件，則需要依據法定職責完成通報表。然而完成電話會談後，至案件被通報且被接手處理之前，社工仍應與來電者商討如何協助案主自我保護，以避免更進一步的傷害。

(1) 居住的安全

專線社工應整合會談中所蒐集到的資料，與來電者共同討論避免暴力再次發生或惡化的可行作法。

(2) **求助的安全**

撥打 113 即代表一位被害人對於離開暴力威脅展開行動，若加害人得知此況，可能因著情緒的張力而攪亂關係中的平衡，因此在線上會談中，需盡可能提醒案主，並與案主討論後續服務社工可安全聯繫的時間及方式，並確實登載於通報表。

(3) **緊急求助管道**

當線上會談結束後，案主仍面對暴力狀況惡化的可能性，因此透過電話協助案主理解緊急求助管道，預備好下次暴力發生時的因應方法，也是重要的線上工作功能。

2. 未來處遇方向說明

線上應說明通報職責，也需介紹保護服務內涵，讓來電者對於接受通報後的影響有合理的期待，並能順利與地方政府服務單位接軌。

(四) 結束與轉介

結束電話會談後，完成服務紀錄，並依據案情及服務需求，在法定時效內如實完成後續的通報或轉介，是專線服務重要的責信（accountability）。所謂的「責信」，是指對服務績效的責任，亦攸關一項服務對於社會大眾而言的可信賴程度。保護服務專業責信之展現在於依據法律規定之時限即時回應與作為，同時也需依據專業進行資料蒐集、預估及處遇（葉明昇、林于婷，2011）。專線社工接獲需進行法定通報之案件，亦需在《家庭暴力防治法》第 50 條、《兒童及少年福利與權益保障法》第 53 條的規範下，於 24 小時內完成通報。

二、社工的角色

整合接聽保護專線的工作任務，社工在法定通報專線的角色包括：

(一) 直接服務的提供者

不論是第一時間的資料蒐集、對人身安危的判斷，或是透過線上會談給予

的情緒支持與調節，幫助來電者平穩情緒並獲得必要的資訊，盡可能恢復能力，都必須憑藉社工的專業技巧及知識背景。而依據服務對象的需求，連結必要的服務資源，提供通報或資源轉介，更是考驗著接線社工對案主處境的理解及對服務體系的認識。

（二）資源連結者

專線的服務效能是立基於背後一連串服務的啟動與銜接（游美貴，2016）。當來電者出現緊急救援需求，專線就是保護服務網絡的啟動者，啟動警政展開救援，或是必須依據「113 保護專線集中接線作業要點」緊急聯繫社政單位的緊急處遇，也接續完成後續的通報作業。當專線社工評估來電者需要非保護性的其他服務需求時，也是其他福利資源的轉介者。

（三）社會系統的維護者

社工有時必須要負責評估組織結構、機構政策，以及與其他機構間的關係，以覺察服務輸送過程的障礙（許臨高主編，1999）。法定通報專線單一窗口多種功能，且包含了救援、諮詢與通報多項職責，若團隊沒有透過經常性與網絡成員的聯繫與溝通協商，合作的順暢性可能大打折扣，服務效能不佳亦會直接影響案主的權益，對身處危機中的案主來說可能造成嚴重後果。

每一位社工都需要負起服務輸送系統監督者與服務效能促進者的責任，依據法規以及網絡間合作的共識，共同維護服務系統的運作效能。

而每年多達十萬件以上的來電紀錄，透過專線社工與團隊的紀錄，亦可累積與建構有用之統計數據，有助政府運用數據所呈現之專線運作實況來了解民眾的服務需求以及保護服務中的議題。

（四）社會系統的發展者

當第一線的工作者發現服務系統未能回應案主的需要、服務輸送過程的斷層，或預防性服務的需要等工作中發現的狀況，循適當的意見回應管道讓管理者能及時介入處置，透過跨單位會議研討以發展更有效的合作，甚至是倡議更適切的服務模式或法規政策。

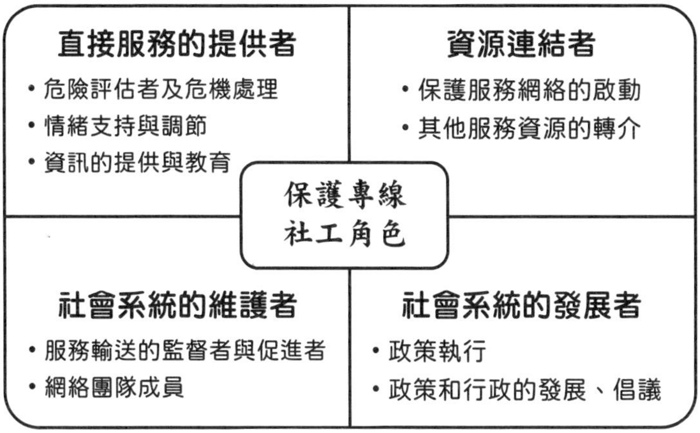

直接服務的提供者
- 危險評估者及危機處理
- 情緒支持與調節
- 資訊的提供與教育

資源連結者
- 保護服務網絡的啟動
- 其他服務資源的轉介

保護專線社工角色

社會系統的維護者
- 服務輸送的監督者與促進者
- 網絡團隊成員

社會系統的發展者
- 政策執行
- 政策和行政的發展、倡議

圖 2-2　保護專線社工角色

2.3 保護專線社會工作實務中的倫理議題

一、預估處遇的文化因素考量

文化的影響是隨處可見的，然在每年多達十萬以上的接聽電話中，社工必須由每位來電者的述說中精準判斷保護服務案件的構成要件，確實是一大考驗；在集中接線模式之下，全國各地有保護服務需要的民眾，只要在電話能接通的地方都可以透過一線電話與接線中心通話；對專線社工而言，面對的案主來自全國各地，從都會到偏鄉、從未成年到老人，甚至包括不同文化背景的原住民、新住民及外籍人士。

專線社工帶著自己的成長經驗與文化背景，不可避免地影響社工對被害人的評估。例如當社工處理親密關係暴力案件，案主的性別、年齡、國籍、生活區域等的不同，可能對於離開暴力關係、接受通報，以及保護服務也有不同的期待，對於公權力介入家務事的態度亦有所不同。又例如兒少保護意識雖然已普及，然在家長管教是否過度的判斷上，仍經常落入意識型態上過猶不及的爭辯，再加上《民法》第 1085 條規定：「父母得於必要範圍內懲戒其子女。」

（全國法規資料庫，2020），類似這樣的案情也經常挑戰社工自己的生命經驗與文化背景，甚至影響對法規的解讀。

社工應重視個案的多元文化背景，從被害人的世界觀充分了解被害人的需求（游美貴，2015）。社工實需具備多元文化能力，首先要由覺察自己對於不同的生活型態所持的價值觀與態度做起，在自我認識、價值澄清的基礎上，由實務工作中持續對政策法規的理解思辨。

除了接聽法定通報專線社工所需之專業背景、多元文化能力，督導與諮詢是影響通報決策的重要因子（Tufford & Lee, 2019）。良好的督導制度，除了在通報單正式送出之前的檢閱、審核等行政角色以外，在平時對於接線社工的支持性、教育性督導角色，以及充權、鼓勵思辨的平行關係，亦是養成專業且成熟社工的重要因子，進而提升專線的服務品質。

二、常見的倫理議題（Ethical issues）挑戰

倫理是一個專業的自律，保護專業免於外界的約制，也提出一套標準來幫助實務工作者面對倫理抉擇的明確指引。以下是作者整理針對通報專線社工遵守倫理的實務挑戰：

（一）保密或隱私

保密為重要的倫理規範，然因電話服務未能確認來電者身分，如線上處遇過程中需與案主及其他關係人通話，需留意案主的隱私，不應將案主的狀況透露予其他人。若接獲電話自稱案主或案親友，或是案主的重要關係人，欲了解某案處理情形，原則上不應在未能查核身分的狀況下提供任何訊息；通話中如遇來電者周遭有其他人強行介入對話，應謹慎回應以免違反保密原則，並避免案主求助的行為曝光而可能造成的人身安全危害。

（二）逆選案主

因著年齡、情緒狀態、身心障礙等狀況而說話不清楚的來電者，或是溝通模式較難對話，身心呈現多重問題，難以判定該由哪個單位來協助來電者，是透過電話較難提供服務的對象。例如一個成年心智障礙者來電主訴遭受家庭暴

力，然嘗試釐清案情時，卻難以聚焦說明，或說出不尋常的怪異言論。社工在工作的壓力及急促的工作步調中，有意無意間呈現出難以費時理解的狀況，很可能誤判或忽略其服務需求，造成逆選個案的結果。

（三）未盡告知義務

雖然法律已明定社工知悉家庭暴力、性侵害、兒少保護等事項需進行責任通報，然而若部分案主主觀認定來電僅是諮詢，期待獲得相關意見及資源即可，社工仍應該做到知情同意之工作原則，盡可能避免來電者不信任保護服務體系。

三、倫理兩難

（一）案主自決與家長主義

兒少保護是以公權力介入維護保障兒少的權益及福祉，當「親權」未能在保障兒少的基礎上運作時，「公權」才介入，而公權的啟動關鍵立基於社工的判斷及裁量權。法定通報專線之社工，經常扮演公權初步判斷兒少遭遇是否涉及不當對待的角色。

然而，對於已成年的案主，家長主義與社會工作自我決定的價值，應如何平衡？

依據社會工作師公會全國聯合會在2018年訂定之社工師倫理，當中所揭示的倫理衝突處理原則：社會工作師面對倫理衝突時，應以保護生命為最優先考量原則，並在維護人性尊嚴、社會公平與社會正義的基礎上作為。

1. **所採取之方法有助於服務對象利益之爭取。**
2. **有多種達成目標的方法時，應選擇服務對象的最佳權益、最少損害的方法。**
3. **保護服務對象的方法所造成的損害，不得與欲達成目的不相符合。**
4. **尊重服務對象自我決定的權利。**

BOX 2-3

案例：只詢問不通報？！

案主（女，40 歲左右）刻意用不顯示發話號碼之電話來電，並表達過去求助經驗很糟，所以今天來電只要諮詢相關問題不希望被通報，揚言若社工執意通報會隨時掛斷電話。案主訴說了長達十年的婚姻暴力史，雖然一年前自行脫離暴力環境獨立生活，但近期行蹤意外被案夫發現，擔心案夫更加憤怒或隨時現身騷擾並進一步加害；線上社工評估除了線上討論安全計畫之外，案主相當需要接受個案管理服務。

錯誤示範

不應在未建立專業關係時即回應「你如果不願意說，我就沒辦法幫助你」，或是為了繼續會談而做出不實承諾。

線上工作原則

1. 接納與尊重：案主雖強勢表達不希望被通報，卻又同時表達服務需求，社工應先採取尊重與接納的態度，相信案主的行為表現有其脈絡可循，只是自己尚未理解。
2. 真誠：說明自己受法律規定有通報職責，然目前手邊並無案主的個資可進行通報，同時肯定案主來電的舉動，誠懇表達對案主的關切及提供服務的意願，邀請案主不妨先說自己想討論的事情，一方面盡可能建立信任關係，一方面開啟線上工作的空間，爭取更多機會讓案主信任服務體系。
3. 同理心：積極傾聽案主主述，務求正確理解案主，敏銳覺察案主內在的感受，並將這些理解以案主當下能理解的語言表達予案主，以建立信任關係。
4. 給予符合案主期待及需求的線上訊息，包括初步的安全計畫、案主的法律權益及緊急求救方法等。
5. 依據《家庭暴力防治法》第 8 條 [5] 介紹符合案主需求的資源，說明通報對案主的幫助，鼓勵案主提供個資由線上社工協助通報，以連結後續的個案管理服務。
6. 即便法律賦予專線工作者追查來電號碼之權限 [6]，仍應竭盡助人工作角色功能後，影響案主為自身做出最合乎自身福祉權益的抉擇。絕非在尚未盡力完成工作職責前，即以「案主自決」為由而消極回應。

(二) 保密與保護

社工原則上必須保守業務祕密，專線來電者之談話內容，基於保密原則不應向他人透露，然而當涉及有緊急的危險性時，即便來電者表達拒絕協助，基於保護服務對象本人或其他第三者合法權益，尊重案主隱私及保護案主或可能受傷的第三者，即成為倫理之兩難。例如一個遭受嚴重家庭暴力威脅的案主，卻因為擔心激怒加害人而拒絕社工為其報警或通報；或是一個萬念俱灰的來電者，語帶含糊地表示只有自殺或殺死他人方才能解決問題。在類似情境中，社工除了對線上來電者負有保密責任，同時也對案主及其他人負有保護責任，也對社會具有法律規定之報告責任。

---

5 《家庭暴力防治法》第 8 條：直轄市、縣（市）主管機關應整合所屬警政、教育、衛生、社政、民政、戶政、勞工、新聞等機關、單位業務及人力，設立家庭暴力防治中心，並協調司法、移民相關機關，辦理下列事項：
一、提供二十四小時電話專線服務。
二、提供被害人二十四小時緊急救援、協助診療、驗傷、採證及緊急安置。
三、提供或轉介被害人經濟扶助、法律服務、就學服務、住宅輔導，並以階段性、支持性及多元性提供職業訓練與就業服務。
四、提供被害人及其未成年子女短、中、長期庇護安置。
五、提供或轉介被害人、經評估有需要之目睹家庭暴力兒童及少年或家庭成員身心治療、諮商、社會與心理評估及處置。
六、轉介加害人處遇及追蹤輔導。
七、追蹤及管理轉介服務案件。
八、推廣家庭暴力防治教育、訓練及宣導。
九、辦理危險評估，並召開跨機構網絡會議。
十、其他家庭暴力防治有關之事項。
前項中心得與性侵害防治中心合併設立，並應配置社會工作、警察、衛生及其他相關專業人員；其組織，由直轄市、縣（市）主管機關定之。

6 《家庭暴力防治法》第 51 條：直轄市、縣（市）主管機關對於撥打依第 8 條第 1 項第 1 款設置之二十四小時電話專線者，於有下列情形之一時，得追查其電話號碼及地址：
一、為免除當事人之生命、身體、自由或財產上之急迫危險。
二、為防止他人權益遭受重大危害而有必要。
三、無正當理由撥打專線電話，致妨害公務執行。
四、其他為增進公共利益或防止危害發生。

2.4 集中篩派案中心工作內容

一、篩派案業務之發展

前面幾節已論述社工在法定通報專線上的任務與角色，主要服務對象以一般民眾求助為主，而各責任通報人員，包含警察人員、醫事人員、教育人員、保育人員、勞政人員、司法人員、移民業務人員、矯正人員、村（里）幹事人員等，依圖 2-1 所指之不同保護性案件，各依其法源有 24 小時之通報責任，必須至「社會安全網關懷 e 起來通報平台」進行線上通報。因此，各縣市每日接獲不同案件類型，在派案給成人保護組、兒童及少年保護組及性侵害保護組社工提供服務之前，需先就案件類型進行篩選及分流派案。

早年各縣市依其組織編制並未獨立設置派案組，此業務涵蓋在保護扶助組中，六個直轄市先後設立專線及救援組 (或稱專線及調查組)，執行案件篩選並進行分派案工作。行政院頒定「強化社會安全網計畫」（衛生福利部，2018），其中策略二「整合保護性服務與高風險家庭服務」，係鑑於過往兒少保護服務與兒少高風險家庭服務在通報與篩派案階段，長期因派案窗口的「雙軌制」而產生分工爭議（吳書昀、王翊涵，2019），影響兒少受服務權益，因此在此計畫中採統一集中及派案機制，故各縣市成立集中篩派案中心，整合所有保護性案件及脆弱家庭案件進行單一受理窗口，確保案件不漏接。

二、篩派案工作內涵

集中篩派案中心受理該縣市各類型通報表單，視為各縣市執行強化社會安全網之社政端守門人，由於通報內容可能包含明確受暴、疑似受暴或是不明確之事由，集中篩派案中心的社工需在前端透過檢視通報單及電話釐清，發掘潛在的受服務對象，並依據衛生福利部所要求之時效進行派案：

（一）確認案件管轄權

社工所提供之服務多以人在地為原則，特別是緊急案件之危機介入，講求地緣性及就近性，因此篩派案中心需先確認案件是否為該縣市所管轄，或案主因受暴情事而有搬遷或移動居住地之情形，涉及跨縣市之分工及個管權需先掌握，避免產生案主無人服務的爭議。

（二）基本資料辨識及查詢

通報單呈現的資料來自通報人提供之資訊，可能因案主的受暴狀態而未能在第一時間完整填寫，篩派案中心盡可能確認案主的姓名、出生年月日、身分證字號及電話、住址等基本資料，有助於後續透過系統整合及辨識是否有來自其他單位的通報。社工會以基本資料查詢過往案主的通報史，以及目前是否有社工服務等狀態，而基本資料明確也才能讓後續接手的社工順利聯繫案主。

（三）資訊整合應用

上述基本資料的正確性會影響資訊整合介接情形，目前接獲通報案件為了能在第一時間掌握案主狀況，例如是否有身心障礙證明、精神疾病列管或自殺防治中心服務等，倘資料齊全則系統可自動進行篩選，告知案家的危險因子及風險程度，作為篩派案中心判斷案件風險等級之參考。

（四）案件屬性判斷

篩派案中心檢視案件通報內容，需有案件發生的人、事、時、地、物，分流為保護案件、脆弱家庭案件或為其他類型通報案件，衛生福利部訂定明確化的篩派案指標，特別是 18 歲以下兒少案件參考「未滿 18 歲通報案件之分流輔助指引」（吳書昀等，2019），並就案件的風險程度判斷是否為緊急案件或一般案件。目前緊急案件視為 1 級，例如成人高危機案件、家內同住的性侵害案件或兒少有需立即救援者，皆要立刻指派社工前往處理，非緊急案件則為 2 級，依循一般工作流程辦理。

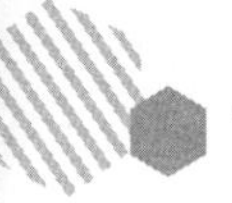

（五）案件分流時效處理

集中篩派案中心為單一受案窗口，前述提及強化社會安全網策略二中，期待發揮案件不漏接之精神，因此衛生福利部對於派案時效的要求是高度嚴謹的，為了保護 18 歲以下的兒少能盡快進入服務輸送體系，18 歲以下的兒少案件、性侵害案件及其他類型之 1 級案件，皆必須於 24 小時內進行分流並完成派案，其餘案件則有三天時效進行案件篩選及釐清，皆於系統上進行列管處理。

（六）案件爭議處理

集中篩派案中心的設置解決了過往兒少高風險和兒少保護的雙軌派案制度，但對於脆弱家庭和保護性案件的判斷仍有模糊地帶，集中篩派案中心原則上有最大派案權，各直接服務組社工在面對案件判斷有爭議時，基於個案福祉乃在受理案件後先行訪視，但後續可透過爭議案件協調會進行處理，以凝聚派案共識並形成該縣市之原則。

（七）精準通報衛教

責任通報人員基於 24 小時通報責任而進行案件通報，過程中可能有部分案件未能即時釐清而有不明確或錯誤通報情事，集中篩派案中心社工需具備對各種受暴案件樣態之敏感度，並能適時教育責任通報人員關於通報及案件辨識知能，以期能在第一時間精準通報，協助案主進入服務體系。

問題思考

本章介紹了我國法定通報專線設置的歷史沿革、現階段專線的功能，以及社工如何在專線服務中，基於法律賦予的權責來發揮助人工作者的角色，並說明專線實務工作中常見的倫理問題。以下提出幾點讓讀者思考與複習：

一、專線工作雖然是短時間且單次性的服務，但是仍需具備個案工作中的哪些過程與架構？

二、專線工作者透過電話提供服務，在電話服務的過程中發揮哪些社工的助人角色？

三、想一想自己的文化背景與成長經驗，對於親密關係暴力的看法是什麼？對於教養和兒童虐待的區分是什麼？

四、專線社工常見的倫理挑戰和兩難有哪些？對你最印象深刻的提醒是什麼？

五、想一想，為何篩派案中心在前端派案時需講求時效及具備派案權，對於案主的影響為何？

參考文獻

伊慶春（2016）。〈113 集中接線的緣起與社會功能〉，收錄於臺灣世界展望會主編，《鈴聲響起：113 保護專線案例彙編》。臺北：臺灣世界展望會。

余漢儀（1996）。〈婦運對兒童保護之影響〉，《婦女與兩性學刊》，7，115-140。doi：10.6255/JWGS.1996.7.115

吳敏欣（2016）。〈從「撥號號碼」的變遷看臺灣保護性業務的發展與演變〉，《當代社會工作學刊》，8，43-61。

吳書昀、王翊涵（2019）。〈「強化社會安全網計畫」中「未滿 18 歲通報案件服務分流輔助指引」之發展〉，《社區發展季刊》，165，126-138。

施宏達、陳文琪、向淑容譯（2018）。《從創傷到復原：性侵與家暴倖存者的絕望與重生》（Trauma and Recovery: The Aftermath of Violence From Domestic Abuse to Political Terror，Judith Herman 著）。新北：左岸文化。

徐雅嵐、廖美蓮（2017）。〈兒童少年保護的個案工作流程〉，收錄於鄭麗珍主編，《兒童少年保護社會工作實務手冊》。高雄：巨流。

張秀鴛（2016）。〈點亮暴力陰影下的一盞希望〉，收錄於臺灣世界展望會主編，《鈴聲響起：113 保護專線案例彙編》。臺北：臺灣世界展望會。

許臨高（2016）。〈社會個案工作的專業關係〉，收錄於許臨高主編，《社會個案工作：理論與實務》。臺北：五南。

許臨高主編（1999）。《社會工作直接服務（上）》（Direct Social Work Practice: Theory and Skill (5ed)，Dean H. Hepworth、Ronald H. Rooney、Jo Ann Larsen 著）。臺北：洪葉文化。

游美貴（2011）。〈專線設置的反思 —— 以 113 保護專線為例〉，《師友月刊》，528，14-18。doi：10.6437/EM.201106.0014

游美貴（2015）。《家庭暴力防治：社工對被害人服務實務》。臺北：洪葉文化。

游美貴（2016）。〈專業堅持與承擔 ~ 打造台灣 113 保護專線經驗〉，收錄於臺灣世界展望會主編，《鈴聲響起：113 保護專線案例彙編》。臺北：臺灣世界展望會。

葉明昇、林于婷（2011）。〈兒童保護工作的責信〉，收錄於鄭麗珍總校閱，《兒少保護社會工作》。臺北：洪葉文化。

潘淑滿（2007）。《親密暴力：多重身分與權力流動》。臺北：心理。

鄭麗珍（2017）。〈兒童少年保護制度的歷史發展〉，收錄於鄭麗珍主編，《兒童少年保護社會工作實務手冊》。高雄：巨流。

中華民國社會工作師公會全國聯合會（2020）。社會工作師倫理守則，取自：https://nusw.org.tw/%E7%A4%BE%E6%9C%83%E5%B7%A5%E4%BD%9C%E5%80%AB%E7%90%86/

全國法規資料庫（2020）。《民法》，取自：https://law.moj.gov.tw/LawClass/LawSingle.aspx?pcode=B0000001&flno=1085

全國法規資料庫（2020）。《家庭暴力防治法》，取自：https://law.moj.gov.tw/LawClass/LawAll.aspx?pcode=D0050071n

衛生福利部保護服務司 113 保護專線統計（2020），取自：https://dep.mohw.gov.tw/DOPS/lp-1303-105-xCat-cat06.html

衛生福利部（2018）。強化社會安全網計畫核定本，取自：https://www.mohw.gov.tw/cp-3763-40093-1.html（上網日期：2020 年 12 月 15 日）。

Lippy, C. & Jumarali, S. N. et al. (2019). The Impact of Mandatory Reporting Laws on Survivors of Intimate Partner Violence: Intersectionality, Help-Seeking and the Need for Change. *Journal of Family Violence*.

Tufford, L. & Lee, B. (2019). Decision-Making Factors in the Mandatory Reporting of Child Maltreatment. *Journal of Child & Adolescent Trauma, 12*, 233-244.

CHAPTER 3

兒童少年保護

本章重點

- 了解兒少保護工作的歷史發展與法令沿革。
- 認識兒少的受虐成因與類型。
- 認識兒少保護個案實務工作流程以及家庭處遇介入策略。

隨著社會及家庭環境結構的急遽變遷，家庭的照顧功能發生變化，部分家庭父母的親職能力與支持系統不足，顯示出其在回應兒童及少年的成長需求上力有未逮，大幅提高了兒童少年在家庭生活的風險（鄭麗珍，2015：2）。

「兒童保護服務」（Child Protection Service，簡稱 CPS），可分為廣義與狹義的定義，廣義的定義係指對兒童身心安全的倡導與保護；狹義的定義則是指對兒童虐待（child abuse）或不當對待（maltreatment）的預防與處遇（郭靜晃，2016：98）。本章關於「兒童少年保護」將會從以下四個部分加以論述，包括：兒童保護的歷史發展與法令沿革、兒童少年受虐成因與類型、兒童少年保護個案實務工作流程，與兒童少年家庭處遇介入策略。

3.1 兒童少年保護工作的歷史發展與法令沿革

臺灣的兒童保護制度發展，主要借鏡美國的兒童保護制度，以及本土兒童保護團體的倡議，制度上有其異同之處（鄭麗珍，2015：2）。以下將介紹美國兒童保護制度的立法發展沿革，再對照臺灣兒童保護制度的發展脈絡，勾勒出兒童保護之歷史背景樣貌。

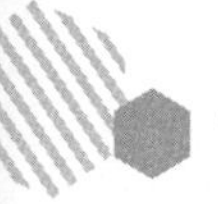

一、美國兒童少年保護制度的立法發展脈絡

美國的第一波兒童保護運動源於一位小女孩 Mary Ellen Wilson [1] 遭到其養父母的身體虐待，經媒體揭露大幅報導，但當時美國並沒有兒童保護相關法令，在民間人士的大力倡導之下，紐約州在 1874 年通過《保護服務法》（Protective Services Act）和《虐待兒童法》（Cruelty to Children Act），成為美國第一部兒童保護法案（林惠娟，2015：347；鄭麗珍，2015：3），開啟美國政府介入兒童福利領域的一系列行動，例如：定期召開兒童福利會議、成立兒童局等。在 1935 年通過的《社會安全法案》（Social Security Act，簡稱 SSA）加入《撫養未成年兒童家庭援助》（Aid to Families with Dependent Children，簡稱 AFDC），該法主要立意在協助有兒童的家庭解決其經濟困難，以減少兒童虐待的情事發生。

而後在 1962 年，小兒放射線科醫師 Henry Kempe 發展一篇關於受虐兒童骨骼長成 X 光片之期刊論文，提出「受虐兒童症候群」（Battered Child Syndrome）（紀琍琍等，2007；林惠娟，2015：347），再度引起媒體高度關注，引發第二波兒童保護運動。1966 年在兒童福利專業人士及醫療人員合作之下，促使美國四十九州的州政府通過責任通報制，並於 1974 年通過《兒童虐待防治與處遇法案》（the Child Abuse Prevention and Treatment Act，簡稱 CAPTA），要求聯邦政府提供經費給州政府進行關於責任通報系統與家外安置照顧服務等計畫案的推展（鄭麗珍編譯，2011；郭靜晃，2016：111）。

除了上述 CAPTA 法案以外，美國有關保護兒童或其他福利服務大多規範在《社會安全法案》的第 IV-E（家外安置）和 IV-B（兒童及家庭服務）之

1　Mary Ellen Wilson 出生於 1864 年 3 月紐約市，她的父親死於南北戰爭，母親為了工作賺錢將她託人照顧，但因付不出育兒費用，Mary Ellen 被送去一家慈善機構。而後 Thomas McCormack 宣稱是她的生父而帶走了她。Mrs McCormack 以為 Mary Ellen 是丈夫在外面的私生女，故在 Thomas McCormack 死後，並改嫁 Francis Connolly 之後開始虐待她。在她 8 歲時，被人發現遭到養父母嚴重虐待，然而當時沒有兒童保護相關法令，故以預防動物虐待之法令發起救援。經過一連串的倡導，在 1874 年終於通過《虐待兒童法》（Cruelty to Children Act），成為美國第一部兒童保護法案（節錄於網站相關資料；Costin, 1992）。

條款內，隨著不同時期的需要，再逐步增訂相關立法來補充社會安全法案的不足（Child Welfare Information Gateway, 2020）。例如：國會於 1980 年通過《收養援助兒童福利法》（The Adoption Assistance and Child Welfare Act），建議州政府應發展家庭維繫服務與家庭重整方案，並且對於暫時無法返家的兒少，進行家外安置之妥善安排。1993 年的《家庭維繫支持法》（Family Preservation and Support Services Programs）強調在保護兒童安全的前提下，盡可能讓兒少留在原生家庭；而 1997 年通過的《收養與安全家庭法案》（Adoption and Safe Families Act）則是為了讓那些無法返回原生家庭的孩子，可以找到永久性的家庭。同時，在 1999 年通過《寄養照顧獨立法》（Foster Care Independence Act），對於長期在家外安置系統的兒少，增加經費協助其自立生活（鄭麗珍，2015：3-4）。從上述的政策法令的發展脈絡，可以窺出美國各項兒童保護立法與政府的經費配置，主要是從重大兒虐事件開始，再根據各層面的需要逐步增訂建制，同時也相當重視以家庭為中心的服務，以尋求能讓兒少獲得永久且穩定的生活照顧。

二、臺灣兒童少年保護制度的立法發展脈絡

臺灣兒童保護制度的發展是隨著兒少福利法規的立法與修法而逐漸建制完善。1973 年制訂通過的《兒童福利法》，為國內最早制訂的福利法規，然當時大都為宣示性條文（條文五章 30 條），僅強調「家庭應負保育兒童的責任」，針對兒童虐待事件之介入並未有具體規範。1993 年《兒童福利法》歷經第一次大規模修法（條文六章 54 條），增列了許多與兒童保護相關條文，其修訂來源主要來自三股社會運動的激勵，包括：一是民間團體中華兒童福利基金會（簡稱家扶）蒐集報章刊載兒童虐待事件資訊，於 1988 年與東海大學所舉辦的「兒童保護研討會」，宣告對本土兒虐事件的重視；二是 1980 年代婦女團體聯合推動的「反雛妓運動」，批判政府對兒少保護的行動不足；三則是聯合國於 1989 年通過《兒童權利公約》，對於促進兒童權益有更廣泛且明確的規範，並確立了「兒童最佳利益」為各國處理兒童福利事務之最高原則（余漢儀，1996；曾平鎮，2003；鄭麗珍，2015；林惠娟，2015：348）。

1995 年政府委託臺灣世界展望會開辦兒童保護熱線中心，受理通報後即派案到相關地方政府，初次家訪開始由政府兒保社工出面。到了 1998 年《家庭暴力防治法》立法通過，各直轄市、縣（市）政府紛紛成立家庭暴力防治中心，直接進行兒少保護家訪調查，至此公權力正式介入兒少保護議題（余漢儀，2014）。2003 年《兒童及少年福利法》合併修法（條文擴大為七章 75 條），除了將目睹暴力兒少納入保護對象外，亦增訂對兒少保護案例的家庭處遇計畫及追蹤服務，政府至此終於體認兒虐家庭缺乏資源的現實，以及支持家庭的重要性，同時，也解決了長久以來兒童因屆齡少年的福利服務斷裂的問題（葉肅科，2012；余漢儀，2014；鄭麗珍，2015：7）。

2011 年 11 月 30 日國會再次修法，將原來的《兒童及少年福利法》更名為《兒童及少年福利與權益保障法》（簡稱《兒少權法》），該法共有七章 118 條，在第四章的「保護措施」中增列有關影響兒童身心發展的媒體網路傳播的管制（第 45、46、69 條），並增加村里幹事和大廈管理人員在「保護個案」和「高風險家庭」的通報責任（第 53、54 條），訂定家外安置兒少長期輔導計畫，以及增加觸犯《少年事件處理法》的兒少復歸社區輔導（第 73、74 條）。為求清晰易懂，將歷年兒少福利法規之通過修訂整理於表 3-1。

▼表 3-1　臺灣兒少福利法規之發展脈絡

年代	兒少法規	重要內涵
1973	《兒童福利法》通過	最早制訂的一部福利法規，保障對象為 12 歲以下兒童，主張「家庭應付保育兒童責任」。
1989	《少年福利法》通過	保障對象為 12 歲到 18 歲的少年，以年齡區隔兩法，然聯合國與其他多數國家對未成年者多以一專法規範，評估兩者合併立法之可行性。
1993	《兒童福利法》修法	確立以「兒童最佳利益」為處理兒童事務之最高原則，並加重政府對於兒童保護公權力的介入。2002 年，兒童局訂定「受虐兒童家庭維繫及家庭重整服務實施計畫」。
2003	《兒童少年福利法》合併立法	將《兒童福利法》與《少年福利法》合併修正為《兒童及少年福利法》（共七章 75 條）。將兒童及少年的保護工作加以銜接，建立無縫接軌的服務。

（續上表）

年代	兒少法規	重要內涵
2011	《兒童及少年福利與權益保障法》	更名《兒童及少年福利與權益保障法》，以「發展取向」作為推動兒少福利服務的價值信念，明訂政府或民間機構應提供的服務；依法編列經費補助辦理兒少保護個案家庭處遇服務，服務內容包含家庭維繫服務和家庭重整服務。

資料來源：作者自行整理，參考彭淑華（2011）；葉肅科（2012）。

3.2 兒童少年受虐的成因與類型

一、兒童少年受虐成因

「兒童不當對待」（child maltreatment）的現象，最早可追溯到人類有歷史記載，有些部族會基於「優生」的理由，只保留強壯的嬰孩以延續全族的命脈；或是因文化中重男輕女的觀念而溺殺女嬰；《聖經》中也有因政治或宗教祭祀而殺嬰的記載，上述種種皆顯示了在成人世界中兒童生命的脆弱（余漢儀，1996）。

兒少遭到不當對待或嚴重疏忽的原因相當多元，實務上對於兒少虐待的定義也不容易達成共識，因為同樣是兒少受到傷害的事件，可能會受到社會文化、兒少價值、教養觀念上的差異所影響，例如：兒少屁股上的瘀傷，在長久以來認同體罰的華人社會，很可能被認為是合理的管教；但是在瑞典，由於早在 1978 年便通過全面禁止體罰的法令，同樣的傷勢就足以構成兒少虐待行為（林惠娟，2015：338）。

近年來，國內兒少保護案件的通報量逐年攀升，根據衛生福利部的統計資料顯示：從 2015 年 53,860 案，上升到 2018 年 59,915 案，截至 2019 年的兒少保護通報案量已高達 73,973 件（衛生福利部統計處，2020）。若進一步探究兒少虐待的成因可能有下列三大因素：「個人因素」、「家庭／社會／環境因素」、「人與環境之交互作用」（郭靜晃，2016：100）：

(一) 個人因素

針對個人因素可分為兩部分：受虐兒少與施虐者的個人特質。近年來發現受虐兒少的身心照顧需求與行為議題日益複雜化，例如：過動、注意力不集中、自閉症、亞斯伯格症、妥瑞氏症、毒癮寶寶、先天罕見疾病、發展遲緩、身心障礙與性議題／性創傷等，在照顧上增加很多困難；此時，若主要照顧者的人格特質、親職能力與壓力調適能力欠佳，就容易導致兒少虐待的發生。

(二) 家庭／社會／環境因素

當家庭功能失調、經濟困難、面臨失業、社會孤立、缺乏社會支持與資源、居住環境品質低落，或是受到既存的文化脈絡或社會價值觀所影響，例如：視孩子為成人的財產，允許用體罰來教養孩子等，都可能會造成兒少虐待的情形發生（林惠娟，2015：345）。

(三) 人與環境之交互作用

當上述的家庭／社會／環境因素與個人因素產生交互作用，會更催化兒少虐待的情境，例如：低階層家庭的父母認為身體處罰是正當的管教方式；父母藥酒成癮或罹患精神疾病、缺乏社會支持等，都可能會導致兒少不當對待。

二、兒童少年受虐類型

關於兒少虐待的類型，依照「對兒少施虐的方式」可分為身體虐待、精神虐待、性虐待及亂倫、兒少疏忽，近年來部分學者亦將「目睹家庭暴力」納入兒少虐待中「情緒虐待」的範疇（林惠娟，2015：339；林佩儀，2004）。

(一) 身體虐待（physical abuse）

施虐者用手毆打、用腳踢踹或用其他器具（如：皮帶、衣架、木棍、水管、熱水、香菸等）傷害兒少，讓兒少在身體上留下瘀傷、燒燙傷、鞭痕、撕裂傷或骨折等傷痕，且傷痕的嚴重程度與受傷位置明顯非意外所造成，身體虐待最嚴重可能導致死亡或終身傷殘。

(二) 精神虐待(mental abuse)

施虐者經常以大聲喝斥、辱罵、輕視、嘲弄、威脅、貶抑、冷漠、忽視等情緒或行為對待兒少，使得兒少在其智能、心理、行為、情緒或社會發展等方面遭受不良的影響。

(三) 性虐待及亂倫(sexual abuse and incest)

施虐者對兒少做出涉及性意涵的行為，例如：性猥褻、強暴、口交、肛交、展示色情圖片、言詞或行為上的性騷擾，以及強迫觀看色情影片等，甚而亂倫或逼迫賣淫等(紀琍琍等，2007)。

(四) 兒童疏忽(child neglect)

照顧者在食衣住行及醫療方面未提供兒童最基本的照顧，使得兒少身體虛弱、營養不良或健康狀況極差。例如：沒有提供足夠的食物衣服住所、生病未獲得適切的醫療照顧、剝奪其義務教育與社交參與的機會等；或是遺棄兒童、讓 6 歲以下的兒童獨處、居住環境未做好安全的防護等皆屬之。

(五) 目睹家庭暴力(child exposed to domestic violence)

所謂「目睹家庭暴力兒少」係指：經常目睹雙親(指現在或曾經有婚姻／親密關係的父或母)一方對另一方施予暴力之兒少，包括直接看到威脅、毆打、羞辱、辱罵或間接聽到毆打或言語暴力行為；或是雖然沒有直接看到或聽到上述的虐待，但在事後觀察到受暴的傷痕、毀損的傢俱等而覺察到暴力發生。

3.3 兒童少年保護個案實務工作流程

由於兒少缺乏自我保護的能力，需仰賴政府的介入與保護。故我國對於遭到不當對待或嚴重疏忽、危及安全的兒少之保護工作流程，主要係依據《兒少權法》與《家庭暴力防治法》的規範，依法制定系統性、步驟性的工作流程，社工運用專業工作方法，採取必要的介入行動(徐雅嵐、廖美蓮，2015：

56)。兒少保護個案工作流程，大致分為五階段：「案件受理」、「案件成案與分級」、「家外安置與家庭處遇」、「服務計畫的擬定與執行」與「結案評估與後續追蹤」，兒少保護個案工作流程請參閱圖 3-1。

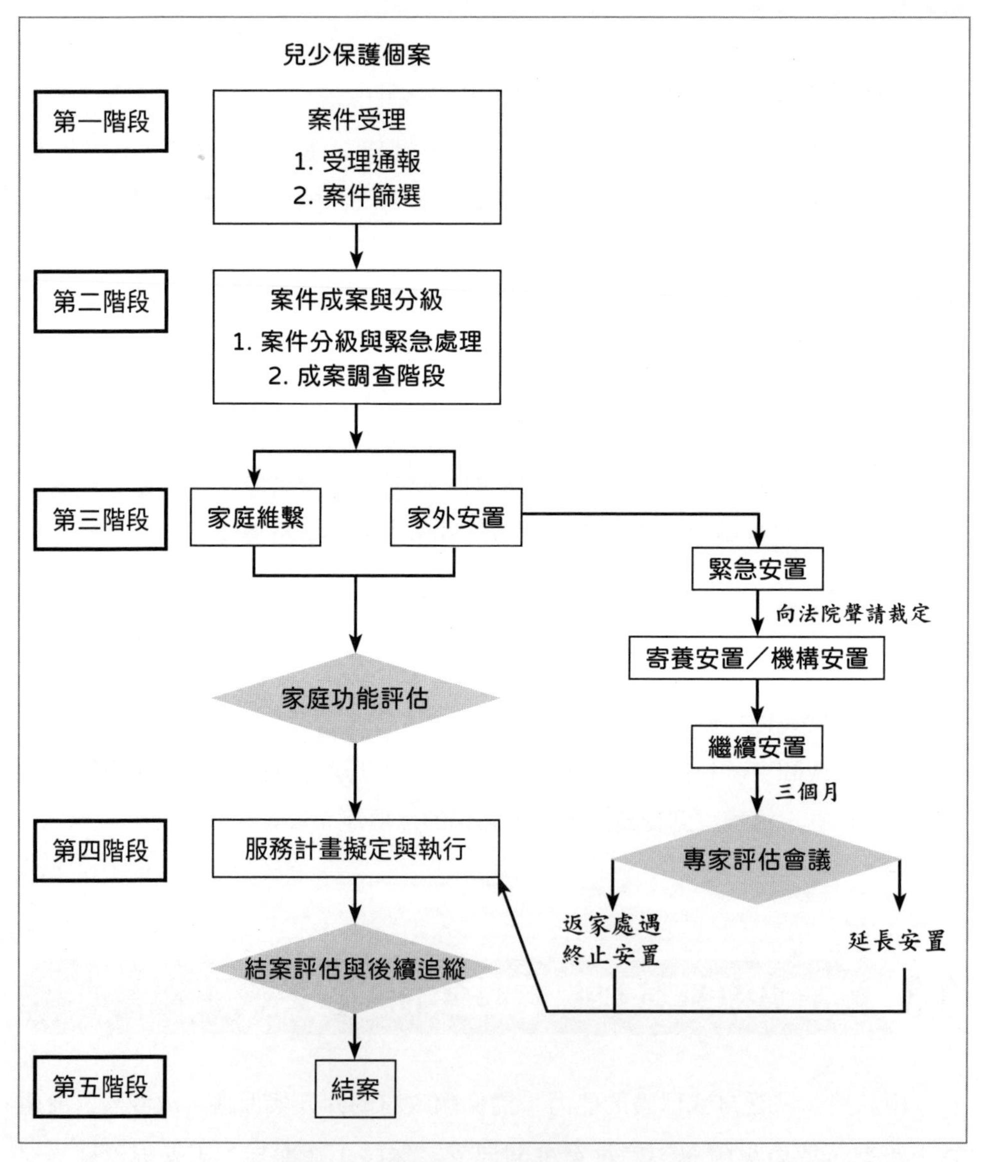

圖 3-1　兒童與少年保護個案工作流程

資料來源：作者自行繪製，參考徐雅嵐、廖美蓮（2015：68）。

一、案件受理

(一) 受理通報

整個兒少保護的個案工作流程起始於「受理通報」階段，除了全國 113 保護專線的通報案件外，依據「社政機關辦理兒童及少年保護案件通報及調查處理作業程序」之規定：「各主管機關應設立統一受理窗口，指派專人接受依法通報案件」，因此，部分縣市於家庭暴力暨性侵害防治中心設置「專線組」或「接案桌」受理通報的案件資料。接案人員受理通報案件後，必須立即完成「分級分類」處理，於 24 小時內盡快辨識出需進一步調查的緊急兒少保護案件；而非屬緊急的案件則需於三十日內提出調查報告（徐雅嵐、廖美蓮，2015：57）。

(二) 案件的篩選

在一開始受理通報的階段，接案人員首先要釐清兩件事情，第一，該案件是否危及生命、身體或自由有立即之危險或危險之虞需要立即為必要之處置；第二，該案件是否屬於當地主管機關的管轄權？若是通報地方政府有誤，則應盡速轉介至應受理的轄區單位進行處理（徐雅嵐、廖美蓮，2015：57）。

在美國，兒少保護工作中的「風險研判」（risk assessment）主要會以三方面來評估兒少再度受暴的可能性（王行，2005）：

1. **以孩子受傷的嚴重程度作為未來遭遇危險的風險性判斷。**
2. **以暴力家庭的匱乏程度（家庭功能、支持、資源方面）判斷；認為愈匱乏的家庭，兒少遭遇危險的風險性愈高。**
3. **以理論與實證上的佐證依據，研判施虐者會在什麼樣的情況下再度施暴。**

依據《兒少權法》第 53 條規定，需要通報兒少之不當對待的範圍，包括下列各項情形（全國法規資料庫，2020）：

1. 施用毒品、非法施用管制藥品或其他有害身心健康之物質。
2. 充當第 47 條第 1 項場所[2]之侍應。
3. 遭受第 49 條第 1 項各款之行為[3]。
4. 有第 51 條獨處或由不適當之人照顧之情形。
5. 有第 56 條第 1 項各款之情形。
6. 遭受到其他傷害之情形。

一旦受理通報之後，在案件篩選階段，接案人員需要根據案件通報的資訊，進行「兒少安全」的資料蒐集、查核資訊的可信度，進而做出「回應通報案件的速度與方式」之決策，進入案件的成案與分級。

二、案件成案與分級

(一) 案件分級與緊急處理

由於現行《兒少權法》第 53 條規定需要通報的範圍既多且雜，中央政府為能迅速回應通報案件，於 2013 年實施「兒童及少年福利與權益保障法第 53 條通報篩檢分類分級處理機制」，此機制類似醫院急診室的檢傷分級，後因 2015 年《兒少權法》針對第 53 條內容修訂及其他相對應法規陸續修訂後，此處理機制不再適用，從原本「先分類再分級」改成現行的「先分級再分類」的處理程序，並正式列入《兒童及少年保護通報與分級分類處理及調查辦法》的法令規範中（全國法規資料庫，2020；徐雅嵐、廖美蓮，2015：58）。

---

2 《兒少權法》第 47 條：不宜兒少涉足之場所，係指酒家、特種咖啡茶室、成人用品零售店、限制級電子遊戲場及其他涉及賭博、色情、暴力等經主管機關認定足以危害兒少身心健康之場所（全國法規資料庫，2020）。

3 《兒少權法》第 49 條：對於兒少不得有下列行為：遺棄、身心虐待、利用兒少從事有害健康活動或欺騙之行為、利用身心障礙或特殊形體兒少供人參觀、利用兒少行乞、剝奪或妨礙兒少接受國民教育、強迫兒少婚嫁、拐騙、綁架、買賣、質押，強迫、引誘、容留或媒介兒少為猥褻或性交（全國法規資料庫，2020）。

若接案人員根據通報資料，研判兒少正陷入立即之危險或有危險之虞者（第一級案件），接案人員可依據《兒少權法》第 56 條第 1 項進行「緊急保護、安置或為其他必要之處置」的法定程序，以降低危險發生的機率（徐雅嵐、廖美蓮，2015：59）。

(二) 成案調查

依據《兒少權法》第 53 條，接案人員經過 24 小時受理通報與案件篩選階段之後，就會將需進行成案調查的案件「派案」給兒少保護社工。受理案件的承辦人員在接受派案後四日或三十日內必須提出「調查報告」，此階段主要是在確認兒少之不當對待事件是否真實發生，主責兒少保護社工需要蒐集足夠的資訊來決定「開案」與否，並且進行初步評估與擬定處遇方向（徐雅嵐、廖美蓮，2015：61）。「成案調查評估」主要考量的面向包括：兒少受虐情形（受傷部位、程度、頻率、受暴的方式及原因）；兒少身心狀況；施虐者的態度、認知與動機；兒少對於通報事件之身心反應與自保能力等（徐雅嵐、廖美蓮，2015：63）。

為使兒少保護社工受理兒少保護事件能建立一致性的評估，減少因個別化的差異而造成評估結果的不同，衛生福利部保護服務司近年來與美國國家犯罪行為研究院（National Council on Crime and Delinquency）合作，將兒少保護結構化決策模式（Structured Decision-Making Model，簡稱 SDM）引進臺灣。自 2014 年開始，國內第一線兒少保護社工已全面採用 SDM 安全評估工具，俾使社工在通報調查過程中，快速做出是否進行家外安置或是擬定讓兒少留在家中之安全計畫（衛生福利部保護服務司，2020），關於 SDM® 安全評估表請參閱附錄 1（第 330 頁）。

三、家外安置與家庭處遇

進入第三階段「家外安置／家庭處遇」，係依據《兒少權法》第 64 條規定：「經直轄市、縣（市）主管機關列為『保護個案者』，該主管機關應於三個月內提出兒童及少年家庭處遇計畫」。換言之，一旦「兒少保護個案」成案

之後，實務工作流程的主要目的在協助兒少及其家庭進行危機解除、生活重建與家庭重整等處遇計畫（徐雅嵐、廖美蓮，2015：64）。

經調查評估，若是兒少住在家中暫時沒有立即的身心發展之危險，且父母也有配合的意願，將會以「家庭維繫服務」（family preservation services）為主，透過支持性或補充性的服務提供，強化原生家庭的照顧及保護功能（徐雅嵐、廖美蓮，2015：65）；相反地，若是調查評估兒少留在家中對其身心發展有立即危險，則必須進行家外安置（out-of-home care），以替代性照顧服務，如：寄養家庭、機構安置、團體家庭等，協助兒少的照顧與教養，並持續推動返家的處遇計畫，如：家庭重整／重聚服務（family reunification services）。

四、服務計畫擬定與執行

「服務計畫的擬定」其實在成案調查後確定「開案」就已經逐步展開，主責兒少保護社工在不同的階段進行不同的評估，從一開始進行「安全評估」、「危險評估」再到「家庭評估」；而評估的面向從「受虐兒少」、「施虐者／照顧者」、「家庭」及「環境」四個向度的資訊來分析與研判（林惠娟、葉明昇，2015：118）。服務計畫的擬定與執行，需依據上述兒少保護社工的專業評估，並且理解家庭、評估家庭、納入家庭的參與（郭靜晃，2016：127），考量到家庭的資源與支持，以及兒少的最佳利益，才能有效執行。

五、結案評估與後續追蹤

根據《兒少權法》第59條、62條及68條規定，安置兒少返家後需追蹤至少一年，確定無受虐事實，或兒少已經足以保護自己因應未來可能發生的事件，或是親友資源可提供安全的環境與照顧，則達結案標準。兒少保護個案之相關結案指標如下（鄭麗珍編譯，2011：392）：

（一）案家經家庭處遇計畫實施後，連續三個月以上未再發生受虐或疏忽之情事。

（二）家庭功能改善，已可提供兒少安全發展的成長環境。

(三) **照顧者功能提升或兒少自我保護能力增加，而可獲得安全穩定的照顧。**
(四) **兒少已離開受虐環境或施虐者已遠離。**
(五) **兒少轉移照顧者後，獲得良好生活照顧達三個月以上。**
(六) **親屬支持系統介入並提供有效的協助。**
(七) **兒少遷移至外地或長期安置，轉由其他管轄單位續處。**
(八) **兒少安全風險降低，尚有其他服務需求，轉由其他服務單位追蹤輔導。**
(九) **兒少死亡或出養。**

六、兒少保護社工的角色與跨專業整合

兒少福利與兒少保護是跨專業整合的服務，《兒少權法》第 7 條明定各主管機關的權責劃分，其中兒少保護服務為兒少福利中專業密度最高的保護網。兒少保護不僅是維護兒少的安全，更關注兒少成長的環境 —— 家庭，除了考量家庭的物理環境、經濟狀況、身心健康等具體面向，以及看不見的能力、需求、信念等因子的評估。承上所述，兒少保護工作係因法而生，兒少保護社工除了傳統助人的角色，同時也兼具特殊公權力的角色，因工作流程的不同必須扮演不同性質的角色。換言之，社工隨著兒少個案及其家庭的特性、互動過程、處遇目標及服務策略而扮演多重角色，對於施虐者（即法定強制當事人）在強制安置與親職教育的當下，儼然成了「官」的角色（臺北市政府家庭暴力暨性侵害防治中心，2009；胡慧嫈，2013；蔡佳螢，2017）。

兒少保護服務家庭的需求多元且複雜，社工難以孤軍奮戰來達成處遇目標，需加入多元的專業人員，發揮所長，以專業知能、技術及團隊合作編織兒少保護網，才能使服務發揮最大成效，協助家庭面對社會環境變遷、個人能力限制所帶來的挑戰。英國政府自 1990 年代開始，即將專業合作的原則融入政府心理健康政策的制定，其哲學思維是相信多元專業的合作共治，可同時滿足服務使用者與社會的需求，創造最大的利益（Secker & Hill, 2001；張曉佩，2020）。Osofsky 與其同事在 1992 年和紐奧良警察局合作，發展推動「以兒童與家庭為對象的暴力處遇方案」（the Violence Intervention Program for Children and Families，簡稱 VIP），其工作團隊包括：心理

師、社工師、教師、警察、居民管委會主委，以及社區機構的代表等，協助兒少及其家庭建立力量，提供建議、輔導與服務（張曉佩，2020）。

由此可知，多元專業工作者的相互合作，可同時協助兒童及其家庭，有助於其降低創傷反應，逐步復原（Humphreys, 2008; Scarborough et al., 2013）。而「家庭處遇計畫」往往是兒少保護個案工作的核心。成案調查後在開案擬定服務計畫時，需納入家庭的參與，並組成多專業的家庭處遇服務團隊，以促進資源整合。所謂「家庭處遇服務團隊」，係依照家庭需求有不同的組成，但主要仍是由家處社工員（師）為團隊的核心成員，過程中視服務家庭的需求連結勞政、衛政、教育、警政、社區、司法及其他社政單位等網絡，共同討論執行服務計畫並提供服務（Davies & Duckett, 2016）。

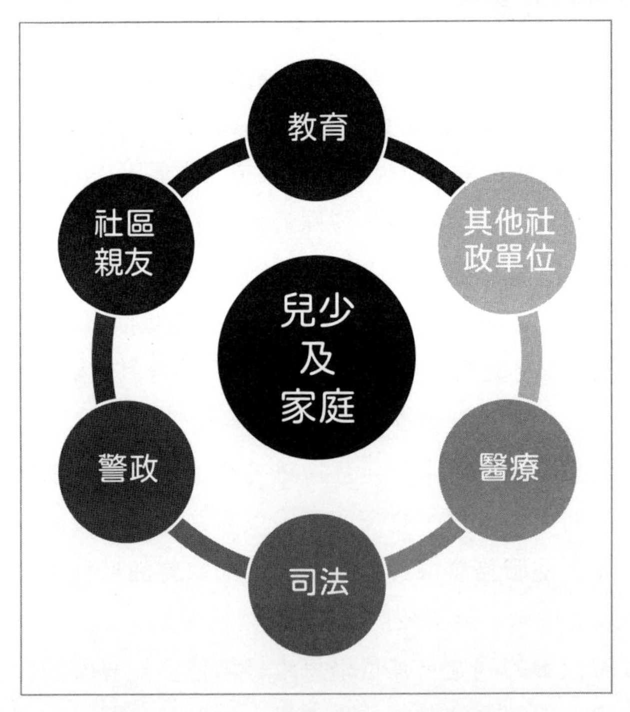

圖 3-2　兒少保護工作之多專業團隊模式

資料來源：作者自行繪製，參考衛福部保護服務司（2020）。

3.4 兒童少年家庭處遇策略

兒少保護服務策略，常使用家外安置替代性照顧，將遭受不當對待的兒少帶離原生家庭，目的是讓兒少獲得穩定與安全的照顧。但因行政考量、機構規定或各項照顧議題而轉換兒少安置處所的狀況不勝枚舉，嚴重影響兒少身心發展，無法建立安全依附關係。因此，除非危及兒少生命安全或與家庭維繫工作窒礙難行，否則應盡量讓兒少留在家中成長，是故「以家庭為中心」（family-centered）的家庭處遇服務取向，已儼然成為兒少保護服務的趨勢（Welbourne, 2012）。

一、家庭處遇服務策略

（一）家庭處遇服務之定義

所謂「家庭處遇服務」（Family intervention services 或 family-centered services）係指社工及其他專業人員，依照家庭的需求、能力、問題及資源等特殊性，擬定個別、獨特的服務目標與計畫，設定執行期程，陪同服務家庭共同執行計畫，過程中適時引進資源，排除阻礙，協助提升服務家庭的能力，進而使家庭恢復功能（衛福部保護服務司，2020）。

根據《兒少權法》第 64 條兒童及少年有第 49 條或第 56 條第 1 項各款情事，或屬目睹家庭暴力之兒童及少年，經直轄市、縣（市）主管機關列為保護個案者，該主管機關應於三個月內提出兒童及少年家庭處遇計畫；必要時，得委託兒童及少年福利機構或團體辦理。前項處遇計畫得包括「家庭功能評估、兒童及少年安全與安置評估、親職教育、心理輔導、精神治療、戒癮治療或其他與維護兒童及少年或其他家庭正常功能有關之協助及福利服務方案」（全國法規資料庫，2020）。

（二）家庭處遇服務之理念與類型

原則上，我國家庭處遇服務涵蓋三大服務理念：安全、福祉及永久性。「**安全**」（safety）的理念為保護兒少免於再度被虐待，包括緊急救援保護安置與各項安全維護措施；「**福祉**」(well-being) 之理念為促進兒少家庭身心健康與社會適應，包括：福利資源的運用與社會資源的連結；「**永久性**」(permanency) 之理念為讓兒少在安全穩定的家庭環境長大，福利措施包含：家庭維繫服務、家庭重整服務、收出養服務（郭靜晃，2016：126）。

實務上所稱之家庭處遇服務包含三大類：家庭維繫服務、家庭重整服務以及返家追蹤輔導服務，其內涵分述如表 3-2。

▼**表 3-2**　家庭處遇服務類別及其內涵

類別	內涵
家庭維繫服務 Family preservation services	經主管機關社工員（師）評估列為保護性個案後，考量兒少之安全、再受虐風險等狀況後，經評估可繼續留在家中；此時社工員（師）必須與家庭成員或其他網絡人員共同工作，提供支持性或補充性的服務，設定彈性且個別化的目標，協助提升家庭及兒少的保護因子，並增強家庭面對危機及解決問題的能力。
家庭重整服務 Family reunification services	經主管機關社工員（師）評估列為保護性個案後，認為兒少安全堪慮、有再受虐之風險、不適合繼續留在家中者，遂依法進行家外安置（親屬安置、寄養安置、機構安置等）。期間透過持續與原生家庭、兒少及其他服務網絡合作，提供服務維繫親情，提升家庭功能，排除不利返家的因素或創造更多有利返家的情境，如親子會面、漸進式返家等方式，計畫性逐步地讓兒少返回原生家庭。
返家追蹤輔導服務 Follow-up support services	經主管機關社工員（師）評估列為保護性個案並經家外安置之兒少，於其結束安置返家後，社工員（師）需依《兒童及少年福利與權益保障法》第 59 條，提供後續追蹤輔導至少一年，此為兒少保護家庭處遇服務工作的一環。追蹤輔導期間，社工員（師）應持續進行安全評估、風險評估、家庭功能評估等。

資料來源：作者自行整理，參考衛福部保護服務司（2020）。

二、兒童少年家庭評估之架構

英國新工黨政府於 2000 年提出「兒童需求與家庭評估架構」(The framework of the assessment of children in need and their families)，簡稱為「兒童與家庭評估的三角架構」，作為英國兒童與家庭社工的準繩

(Kirton, 2009; Holland, 2011；林萬億，2013：462)，上述兒童與家庭三角架構的評估內容包含：

(一) **兒童發展與需求：**自我照顧技巧、社會表達、家庭與社會關係、身分認同、情緒與行為發展、教育等。

(二) **親職能量：**確保安全、溫暖的情緒、提供學習刺激、引導、人際界限與一致性。

(三) **家庭與環境因素：**家庭歷史與功能、擴大家庭、住所、就業、家庭所得、家庭的社會整合、社區資源等。

上述的內容結合了以兒童為中心生命歷程發展、以家庭為核心、採生態模式的評估架構，從個人、人際與社會／環境三個面向來檢視風險因子（risk factors）、保護因子（protective factors）與復原力（resilience）。其中，「復原力」係指一個人能於風險與逆境中成功適應的能量。

從生態觀點來看，兒童的需求與其環境是互動與交流的，因此社工評估需要考量其家庭與環境下的意義，並進而發展出有效的家庭介入方案。上述的「兒童需求與家庭評估架構」則是結合了「社會評估」[4]與「科層評估」[5]模式。若從技術面來看，實務上通常會採取三種方式來蒐集資料，包括：提問模式（questioning model）、程序模式（procedural model）、交換模式（exchange model）。提問模式顧名思義就是探求事件的真相與影響，運用不同的提問技術來蒐集資料、分析，並做成決策。程序模式則是形成法定表單、評估表或訪談大綱來蒐集資訊，例如 SDM® 安全評估表（詳見附錄 1）。

---

4 社會評估：係指評估不應僅侷限於問題焦點（problem-focused），而需考量個體所處的情境。從兒童不同的生命發展階段與需求出發，進一步了解親職能量與其家庭與環境的狀況（林萬億，2013）。

5 科層評估：此評估在於社會工作介入愈來愈受到法律規範與民意機關的監督，特別是涉及兒童虐待、家庭暴力與性別議題等，評估結果將會決定接受服務的資格、權利義務、責任歸屬、福利給付依據，若是缺乏法律依據、程序正義、時效與管理規範，則會滋生許多爭議（林萬億，2013）。

交換模式是承認服務使用者是真正了解服務需求的人，透過彼此交換資訊與想法、讓服務使用者一起加入評估，規劃介入方案以達成目標（林萬億，2013：463）。

三、家庭處遇計畫的擬定與執行

「以家庭為中心模式」（family-centered model）係指將個體放在家庭的脈絡下提供處遇，有別於早期「以專家為中心模式」或「以兒童為中心模式」，而是「**讓人們在家庭的脈絡與當前的親密關係網絡下，最佳地了解並協助其成員**」（Laird, 1995）。因此，以家庭為中心實務模式在於充權家庭、使其能與服務提供者協力工作、支持家庭、強化家庭，以形成最有利於家庭的服務決策（Shannon, 2004；林萬億，2013：485）。針對兒少保護案件之家庭處遇計畫的擬定與執行策略，分述如下：

（一）家庭處遇計畫的擬定

實務上普遍的共識皆認為「家庭」是兒童最佳的成長環境，因此兒少保護工作除了要保護兒少免於受虐外，最終的目的仍是協助兒少回到自己「無暴力」的家庭中。故兒少保護社工會根據受虐情況、施虐原因與家庭既有資源進行風險評估，並且擬定適合的處遇計畫——「家庭維繫服務」或是「家庭重整服務」（林惠娟，2015：356）。

1. **家庭維繫服務模式**：針對仍留在原生家庭、沒有進行家外安置的兒少家庭，進行密集式的家務示範、照顧指導、親職教育等支持性或補充性的服務，藉以提升家庭照顧功能、減輕親職壓力，在維繫家庭完整性的同時，避免受虐情況再度發生。
2. **家庭重整服務模式**：藉由家外安置照顧將受虐兒少與施虐者暫時隔離，由替代性照顧者（如：寄養家庭、機構安置）照顧，同時針對受虐兒少進行相關心理治療與輔導，以及改善施虐者的暴力行為與家庭功能重建，並且透過親子探視會面機制，協助其維持親情連結，待雙方都準備好之後，再讓兒少返回原生家庭。

(二) 家庭處遇計畫的執行

由於兒少保護案件發生的原因相當複雜，因此在執行處遇計畫時，經常需要多專業團隊協力合作，例如：社政機關、醫療單位、警政單位、司法體系、教育系統、社區關懷等，兒少保護社工為主要的個案管理者，負責兒少家庭資訊的蒐集與更新、協助申請經濟與協助、轉介適切資源、提供情緒支持等，相關的服務項目列舉如下（林惠娟，2015：356-357；Leigh & Laing, 2018）：

1. **安全評估與家外安置照顧**：針對受虐兒少進行安全與風險評估，並且評估是否進行家外安置之替代性照顧。
2. **經濟與就業協助**：針對面臨失業或經濟陷入困頓的家庭，協助家庭維持基本生計功能，除了協助申請特殊境遇生活補助、生活津貼、托育津貼等經濟上的支持，亦結合就業服務與職業訓練等資源協助就業。
3. **心理輔導與治療**：除了針對受到傷害的兒少提供心理輔導與治療，以期減少受虐創傷；對於需要心理諮商或治療的施虐者，社工亦會評估安排適當的資源挹注。
4. **親職教育輔導**：對於施虐者透過親職教育輔導，增進其對兒童身心發展的認識，發揮適當的親職功能，以降低兒童虐待或疏忽的行為。
5. **親子會面交往**：家外安置期間，安排固定的親子相聚時間以維繫情感，然需在社工的監督下進行，以避免兒少在會面過程中再度受到不當對待。
6. **司法相關處遇**：為維護兒少權益，協助其聲請保護令或是針對受虐情況嚴重或被遺棄的案件，提出傷害告訴或監護權之相關訴訟。
7. **收出養評估**：當受虐兒少因遭到遺棄或家庭功能無法恢復等原因，無法重回家庭生活時，為使兒少能在完整的家庭中成長，將評估為孩子尋找新的家庭。

問題思考

一、你認為一名兒少保護工作者最重要的核心價值是什麼？

二、如果你是一名兒少保護社工，在面對遭受嚴重家庭暴力創傷的兒少時，你會怎麼做？

三、假設今天你臨時接到兒少疑似有生命危險之通報案件，身為兒少保護社工的工作流程為何？該如何進行評估與處遇？

參考文獻

王行（2005）。〈兒少保護工作中降低施暴風險的策略初探：以強制性親職教育輔導的執行為例〉，《臺大社工學刊》，12，139-198。

余漢儀（1996）。〈婦運對兒童保護之影響〉，《婦女與兩性學刊》，7，115-140。

余漢儀（2014）。〈臺灣兒少保護的變革 - 兼論高風險家庭服務方案的影響〉，《臺灣社會研究季刊》，96，137-173。

林佩儀（2004）。〈兒童虐待成因探討〉，《諮商與輔導》，220，2-9。

林萬億（2013）。〈以家庭為對象的社會工作實施〉，收錄於《當代社會工作：理論與方法（第三版）》。臺北：五南。

林惠娟（2015）。〈兒童虐待與防治〉，收錄於彭淑華等編著，《兒童福利：理論與實務（第三版）》。臺北：華都文化。

紀琍琍、紀櫻珍、吳振龍（2007）。〈兒童虐待及防治〉，《北市醫學雜誌》，4（7），531-540。

胡慧嫈（2013）。〈清官能斷家務事 - 兒少保護社會工作者個案處遇角色作為之省思〉，《臺灣社區工作與社區研究學刊》，3（1），61-98。

徐雅嵐、廖美蓮（2015）。〈兒童少年保護的個案工作流程〉，收錄於鄭麗珍等著，《兒童少年保護社會工作實務手冊》。高雄：巨流。

張曉佩（2020）。〈探討多元專業工作者於兒少保護家庭暴力案件之合作共治模式〉，《中華輔導與諮商學報》，57，17-49。

郭靜晃（2016）。《兒童社會工作：SWPIP 實務運作》。臺北：揚智。

彭淑華（2011）。〈臺灣兒童及少年福利政策與法令制度之發展〉。發表於第八屆上海「兒童健康與社會責任」研討會。

彭淑華（2015）。〈兒童福利的意涵與歷史發展〉，收錄於彭淑華總校閱，彭淑華等人著，《兒童福利：理論與實務（第三版）》。臺北：華都文化。

曾平鎮（2003）。〈淺說兒童及少年福利法〉，《兒童福利期刊》，5，91-100。

臺北市政府家庭暴力暨性侵害防治中心（2009）。〈兒童少年保護社工介入兒童少年保護個案之角色功能 - 以臺北市為例〉。發表於臺北市家庭暴力及性侵害防治十週年成果發表會。

葉肅科（2012）。〈臺灣兒童及少年福利與權益保障法回顧與展望〉，《社區發展季刊》，139，31-41。

鄭麗珍總校閱（2011）。《兒少保護社會工作》（Helping in Child Protective Services：A Competency-based Casework Handbook, 2nd ed.，Charmaine R. B.、Deborah E. H. 著）。臺北：洪葉文化。

鄭麗珍（2015）。〈兒童少年保護制度的歷史發展〉，收錄於鄭麗珍等著，《兒童少年保護社會工作實務手冊》。高雄：巨流。

蔡佳螢（2017）。〈兒少保護社工與法定強制當事人專業關係取向之探討〉，《當代社會工作學刊》，9，1-20。

立法院法律系統（2020、2021）。《兒童及少年福利與權利保障法》，取自：https://lis.ly.gov.tw/lglawc/lawsingle?0^1306C0986006C65306C018BC06069346C8987206265346C49A60（上網日期：2020 年 12 月 29 日 & 2021 年 1 月 20 日）。

全國法規資料庫（2020）。《兒童及少年福利與權益保障法》，取自：https://law.moj.gov.tw/LawClass/LawAll.aspx?PCode=D0050001（上網日期：2020 年 12 月 21 日 & 2021 年 1 月 16 日）。

衛生福利部保護服務司（2020）。《兒少保護家庭處遇服務評估決策模式 - 工作人員服務手冊》，取自：https://dep.mohw.gov.tw/dops/cp-1240-6869-105.html（上網日期：2020 年 12 月 24 日）。

衛生福利部保護服務司（2020）。兒少保護結構化風險評估決策模式委託科技研究計畫（SDM- Structured Decision-Making Model），取自：https://dep.mohw.gov.tw/dops/cp-1234-6822-105.html（上網日期：2020 年 12 月 22 日）。

Costin, L. B. (1992). Cruelty to Children: A Dormant Issue and Its Rediscovery, 1920-1960. *Social Service Review* (June 1992), 177-198.

Davies, L. & Duckett, N. (2016). *Proactive Child Protection and Social Work (2nd Edition).* SAGE Publication Ltd.

Humphreys, C. (2008). Problems in the system of mandatory reporting of children living with domestic violence. *Journal of Family Studies*, *14*, 228-239.

Laird, J. (1995). Family-centered Practice in Post-modernity Era. *Family in Society*, *76*, 150-162.

Leigh, J. & Laing, J. (2018). *Thinking about Child Protection Practice: Case Studies for Critical Reflection and Discussion*. Great Britain: University of Bristol & The University of Chicago.

Scarborough, N., Taylor, B., & Tuttle, A. (2013). Collaborative Home-based Therapy (CHBT): A Culturally Responsive Model for Treating Children and Adolescents Involved in Child Protective Service Systems. *Comtemp Fam Therapy*, *35*, 465-477.

Welbourne, P. (2012). *Social Work with Children and Familes -Developing advanced practice*. London: Routledge.

CHAPTER 4

家庭暴力防治

本章重點

» 介紹家庭暴力的發展與定義、受暴的類型與成因脈絡。

» 工作介入階段中討論資料蒐集的評估面向和社工的服務策略。

» 高危機案件介入時之處遇策略。

家庭暴力的範圍非常廣泛，發生在家庭成員關係中的任一種暴力樣態都是家庭暴力，包含親密關係暴力、兒童及少年保護、家庭內的性暴力、老人保護及其他四親等關係暴力類型等，本章節聚焦在以親密關係暴力為主，部分論及四等親關係暴力，介紹家庭暴力的發展與定義、受暴的類型與成因脈絡，並思考社工的個人工作價值，才能進一步討論資料蒐集的評估面向和社工的服務策略，並提供現行高危機案件介入時之運作模式和注意事項。

4.1 家庭暴力防治的緣起與定義

家庭暴力是一個重要的社會議題，對於暴力零忍容是多數人可以理解且覺得理所當然，但早期社會要挑戰「法不入家門」及「清官難斷家務事」的觀念轉變卻是很困難的。《家庭暴力防治法》的通過和「鄧如雯殺夫案」密切相關，1993 年鄧如雯女士因為長期受到先生的嚴重虐待，包含自己的家人皆受到先生侵害，鄧女士在當時因求助無門而選擇殺害先生來保護自己和家人，在民風淳樸的當時震驚全國。事實上，家庭暴力的問題一直存在，鄧案經過媒體披露及後續 1996 年發生彭婉如女士命案，才引發社會大眾對女性人身安全議題的高度關注（吳素霞、張錦麗，2011）。當時婦女團體開始催生《家庭暴力

防治法》，至 1998 年 6 月 24 日《家庭暴力防治法》正式公布，讓家庭暴力從私領域走向公共議題，臺灣成為亞洲第一個實行《家庭暴力防治法》的國家。

《家庭暴力防治法》至今通過逾二十年，其中歷經多次修法，每一次修法都是在回應實務上對於家庭暴力相關權益的保障，載明中央及地方主管機關的權責及法定應辦項目、擴大對於被害人的權益保護、提供 24 小時緊急救援專線、編列被害人補助經費預算、延長保護令有效期限、公布防治成效與需求調查、推動家暴加害人處遇治療、定期召開跨系統會議、推廣各項預防及宣導措施、加強第一線工作人員及督導的訓練、透過考核督導各地方政府對於家庭暴力防治業務的推動等，家庭暴力防治工作已經是一門專業且重要的政策。

一、家庭暴力定義

依據《家庭暴力防治法》第 2 條，家庭暴力指的是對家庭成員間實施身體、精神或經濟上之騷擾、控制、脅迫或其他不法侵害之行為，同法第 3 條則載明家庭成員，下列對象及其未成年子女皆為暴力的保護範疇：

（一）**配偶或前配偶。**

（二）**現有或曾有同居關係、家長家屬或家屬間關係者。**

（三）**現為或曾為直系血親或直系姻親。**

（四）**現為或曾為四親等以內之旁系血親或旁系姻親。**

二、親密關係暴力

親密關係暴力占家庭暴力的最大宗，配偶、前配偶、現有或曾有同居關係的伴侶暴力皆是親密關係暴力範圍，不分同性或異性皆可為服務對象。在《家庭暴力防治法》第 63-1 條特別指出，被害人年滿 16 歲，遭受現有或曾有親密關係之未同居伴侶施以身體或精神上不法侵害之情事者，準用該法其他規定，意即我國親密關係暴力的保護範圍包含男女朋友間的約會暴力，載明雙方以情感或性行為為基礎，發展親密之社會互動關係則視為有親密關係，擴大保護對象，不僅僅是侷限在家庭成員關係。

三、目睹家庭暴力

目睹兒少的服務逐漸受到重視，於 2015 年《家庭暴力防治法》修法時才正式納入保護令適用範圍，目睹暴力兒少係指 18 歲以下的兒童或青少年，未有直接遭受暴力傷害，但目睹家庭成員其中一方對另一方施以暴力或虐待行為，依據衛生福利部「目睹家庭暴力兒童及少年受案評估輔助指引」（劉可屏、康淑華，2016），定義目睹家暴有下列幾種類型：

（一）**經常直接看到父母間暴力行為**：親眼看見父母間的肢體暴力、性侵害，聽聞家人間爭吵、打鬥及言語暴力。

（二）**經常直接聽到父母的暴力行為**：沒有當場目睹，但可能聽到物品被損壞的聲音或是尖叫求救聲，甚至聽到牆壁或地板傳來的震動聲。

（三）**經常因父母暴力而陷入三角關係中**：被父母利用來增強或減輕暴力行為，緩解或增強衝突，甚至成為任一方發洩憤情緒的對象。

（四）**兒少在事後發現父母一方受暴**：兒少沒有直接看見或聽見暴力事件，但事後發現父母一方身上有傷，感受到父母沮喪、傷心、害怕的情緒，察覺到家裡的緊張氣氛或看到有毀損物品。

（五）**其他**：不得已被牽涉在暴力事件當中、被迫觀看暴力發生經過、被迫攻擊或監視被害人、兒童介入以阻止暴力發生。

四、四等親關係暴力

四等親關係暴力亦為家庭暴力的一種類型，指的是排除親密關係暴力、兒少保護，以及老人保護案件以外的案件類型，其關係類型多元，包含直系血親、直系姻親、旁系血親及旁系姻親，常見的兩造關係是成年手足間的暴力行為，或是卑親屬虐待未滿 65 歲的尊親屬，即未成年子女對未滿 65 歲父母的暴力行為、成年子女對未滿 65 歲父母的暴力行為，實務上多因生活相處細節、金錢及家庭照顧議題為暴力導因。

4.2 家庭暴力的成因與類型

一、家庭暴力成因

家庭暴力的成因錯綜複雜，不同的理論基礎對於暴力發生的詮釋會有不同看法，以特定理論或觀點只能解釋暴力發生的某一部分，對於親密關係暴力發生的論述，主要有個人心理的特質觀點、互動系統觀點以及社會及文化因素，目前則朝向多元整合觀點來解釋暴力的發生。

（一）個人心理特質觀點

從個人的人格特質與心理異常來解釋暴力發生的原因，是最早期被提出來的論點，如早期曾以「被虐待狂」來看待受虐婦女未離開虐待關係（O'Leary, 1993；柯麗評、王珮玲、張錦麗，2005）。個人病理觀點乃從個人的心理異常、精神疾病、低自尊、兒虐、依附模式的觀點來解釋家庭暴力，認為個人的身心失調是導致暴力行為的原因，施暴者常是具有反社會性人格者（林明傑，2000；周詩寧譯，2004；Dutton & Strachan, 1987）。

（二）互動系統觀點

此觀點強調人受到環境系統的影響，透過互動學習、資源的不對等及資源交換的報酬等情形而衍生暴力行為。例如暴力代間傳遞理論（intergenerational transmission of violence theory）即是社會學習理論的應用，孩子會透過模仿、學習父母之間處理衝突的方式，複製成為自己成年後在親密關係中的暴力行為（Widom, 1989）；資源理論（resource theory）認為個人資源的多寡決定關係中的權力位置，因此較少資源的男性藉由對女性施暴來取得男性的優越感（Aderson, 1997）；交換理論（exchange theory）對暴力發生的解釋在於親密關係中，雙方提供服務及報酬條件以維持互惠的良好互動，當施虐者以暴力行為取得想要的服務而未受到應有的處罰及代價時，則暴力可能持續發生（王珮玲、沈慶鴻、韋愛梅，2021）。

(三) 社會及文化因素的女性主義觀點

認為家庭暴力發生的原因是由於社會及文化中的性別與權力議題，批判社會結構中男女不平等和女性受到壓迫的現象，此觀點以男性的認知和思維為基礎，家庭內權力分配不平等、貶抑女性，忽視女性對社會的貢獻，且施虐者控制女性是為了確保男性在家中的地位，女性相對較弱勢（宋麗玉，2013；柯麗評等，2005；Greene & Bogo, 2002）。

(四) 生態系統取向

應用於解釋親密關係暴力的發生，可分為個人、人際關係、社區及社會四個層次的相互作用，在個人層次包含生物因素、心理特質與個人歷史；人際關係層次則為與個人密切的伴侶、家庭關係衝突；社區層次為在學校、工作和居住環境中有關貧窮、失業、孤立等因素；社會層次為父權思想、僵化性別角色及用暴力解決衝突（王珮玲等，2021）。

游美貴（2020）延續 Kemp 提出的生態系統觀點，將親密關係暴力的成因整理成三個層面：

1. **微視層面**：暴力的發生是被害人和相對人的個人因素，採精神病理觀點。
2. **中視層面**：暴力的發生是和社會結構及家庭互動有關，站在資源和社會互動觀點來論述。
3. **鉅視層面**：從性別與文化的觀點出發探討暴力的發生。

BOX 4-1

重要提醒

目前對於四等親關係暴力的研究較少，許雅惠、嚴巧珊（2017）整理出個人因素、家庭因素、社會結構因素及社會文化來詮釋暴力的發生，認為受暴原因多元且複雜，是屬於系統性、相互影響的因素。

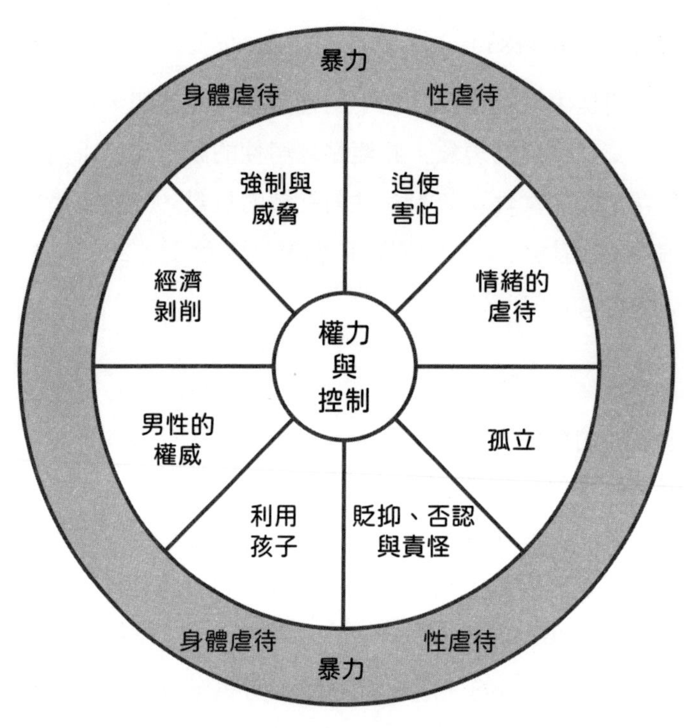

圖 4-1
權力控制圖
資料來源：Domestic Abuse Intervention Project (DAIP, 2021).

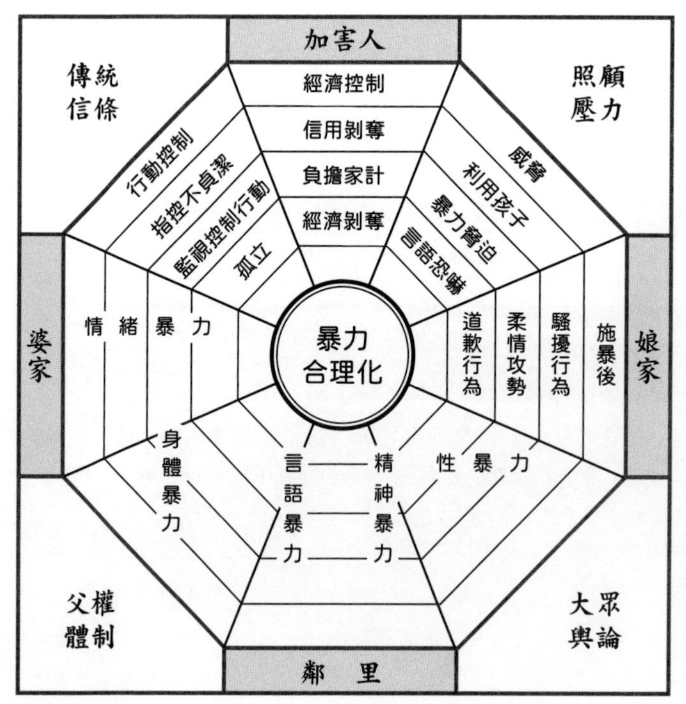

圖 4-2
臺灣婚姻暴力圖像：暴力陣
資料來源：戴世玫（2014）。

臺灣引進許多西方國家的工作經驗，過去以美國明尼蘇達的杜魯斯（Duluth）方案發展的「權力控制輪」（圖 4-1）來解釋女性遭到暴力的圖像，戴世玫（2014）則是以臺灣經驗出發，檢視臺灣女性被害人遭受婚姻暴力的經驗中，受到「父權體制」與「家族系統」的內涵影響，產出臺灣本土社會情境及婚姻暴力女性被害人受暴經驗為基礎的「臺灣婚姻暴力圖像」：暴力陣（圖 4-2），作為實務上社工處遇介入時之參考。

二、家庭暴力類型

家庭暴力的類型很多，常見主要有下列四種類型（柯麗評等，2005；許雅惠、嚴巧珊，2017；游美貴，2020；Walker, 1979）：

（一）身體暴力

涉及對身體各部位的暴力攻擊，其方式包含捏、捶、摑、擠、推、抓、咬、割、戳、拉、踹、踢、抓頭髮、壓、燒、潑水、用熱水燙、香菸燙、徒手毆打或用棍棒打、使用刀或槍等工具、射擊等，嚴重程度可從打巴掌到直接殺害，造成生理疼痛、受傷、囚禁、飢餓，甚至是外型的毀損、導致骨折、死亡等，有傷勢的暴力行為認定上較為明確，但未有明顯傷勢的內傷則可能會被忽略。

（二）精神暴力

精神／心理虐待常伴隨身體虐待的出現，包括言語虐待，如謾罵、侮辱、恐嚇、威脅、諷刺等，或是出現跟蹤、限制行動、騷擾、限制與外界聯繫、孤立被害人等，甚至是以孩子為要脅，使得被害人背負心理壓力，相較於身體虐待雖無明顯傷勢，但影響身心狀況如失眠、憂鬱、焦慮等，在直接證據上判定較困難。

（三）性暴力

性虐待是實務上較難被覺察的一種暴力，指的是非出於被害人同意的性接觸，包含強制性的性行為或透過恫嚇、威脅使用暴力的方式來達到性行為，亦包含傷害其性器官、強迫觀看色情影片，於性交過程中強迫模仿色情影片之行為等，皆屬於性虐待。

（四）經濟暴力

經濟暴力是用金錢來操控被害人，讓被害人沒有經濟來源而需依賴相對人，被害人在無法經濟獨立的狀況下，很難脫離暴力。另一種相對情境是相對人會向被害人索取財物，合併肢體暴力強迫被害人給予金錢，作為賭博、吸毒等用途，或是欠下大批債務要求被害人償還等，讓被害人背負經濟重擔。

4.3 家庭暴力工作思維與服務內涵

依《家庭暴力防治法》第 8 條規定，家庭暴力防治工作並非只是社政單位的權責，主管機關應整合所屬警政、教育、衛生、社政、民政、戶政、勞工、新聞等機關、單位業務及人力，並協調司法、移民相關機關辦理各項業務，從法律所規範的意涵而言，家庭暴力業務的推廣極需跨單位的投入。

一、社工的工作思維

家庭暴力被害人面對受暴狀態，社工往往希望可以協助被害人遠離受暴情境，或與有問題的相對人分開，但在服務過程中，被害人有許多情境上的考量，很難一開始就決定關係的去留，或是決定要繼續與相對人同住，此時社工的工作價值省思是重要的。

社工理解被害人在關係中的不確定感，其影響因素並非只是被害者的個人因素，尚包含了社會文化及政治等因素，如經濟上難以獨立自主、受到宗教、文化及社會學習的影響、求助可能會受到指責與歧視、擔心離婚對孩子不好、來自施虐者的恐嚇和威脅、被害人被相對人隔離、被害人想要幫助施虐者、被害人害怕改變、不知如何生活、對施虐者仍保有愛與希望、創傷後症狀而逃避虐待的事實、習得無助感、頭部受創造成部分功能影響等（柯麗評等，2005），由於這些因素考量的複雜性，使得被害人即使面對暴力狀態也可能選擇繼續留在相對人身邊。沈慶鴻（2019）指出受暴婦女拒絕正式系統服務、留在施暴者身邊，其原因並不是被動、無助的接受暴力，而是衡量過利弊得失及現實生活的限制，已經對未來生活進行安排，故傾向維持現狀的關係，是經過被害人深思熟慮、審慎評估後的結果。

因此在提供被害人服務時，社工要常停下來反思，考量安全狀況下，希望被害人離婚或離開相對人是社工的需求或是個案的需求？社工要很敏察自己處遇的提供，是否帶有個人價值觀或期望，能夠多一些理解被害人在面對暴力發生後所衍生關係議題的兩難和決定，就可以多一點做到尊重和聽見被害人的聲音，社工會面臨是否讓案主自決的倫理議題，可尋求社工督導的協助。

BOX 4-2

重要提醒

被害人在生活經驗中可能受制於相對人的暴力威脅，很多時候不能為自己發聲，社工在服務過程中，盡量創造讓被害人可以為自己做決定的過程，賦權被害人重拾主導權，避免複製在現實生活中同樣受剝削的服務模式。

二、工作服務內涵

(一) 工作流程

針對家庭暴力事件，衛生福利部訂有「各直轄市、縣（市）政府家庭暴力暨（及）性侵害防治中心受理家庭暴力事件服務流程」（如圖 4-3），防治中心接獲各責任通報人員，或是司法單位、113、民眾主動求助之案件，於受理時可於線上提供有關安全保護措施諮詢，或是防治中心的工作內容說明，使其通報人可以更即時協助被害人，並讓主管機關掌握更多資訊。在受案評估階段，釐清是否為保護案件及管轄範圍，依案件屬性進行分流，進行初步調查工作，並評估是否符合開案指標之內涵進行處理，擬訂處遇計畫並執行、追蹤，最後依結案指標進行結案工作。

(二) 工作階段的資料蒐集

社工接獲家庭暴力案件時，需先掌握通報人提供之資訊，包含個案的狀態、是否有嚴重傷勢或立即救援之需求，一般而言，需向案家蒐集下列資訊以

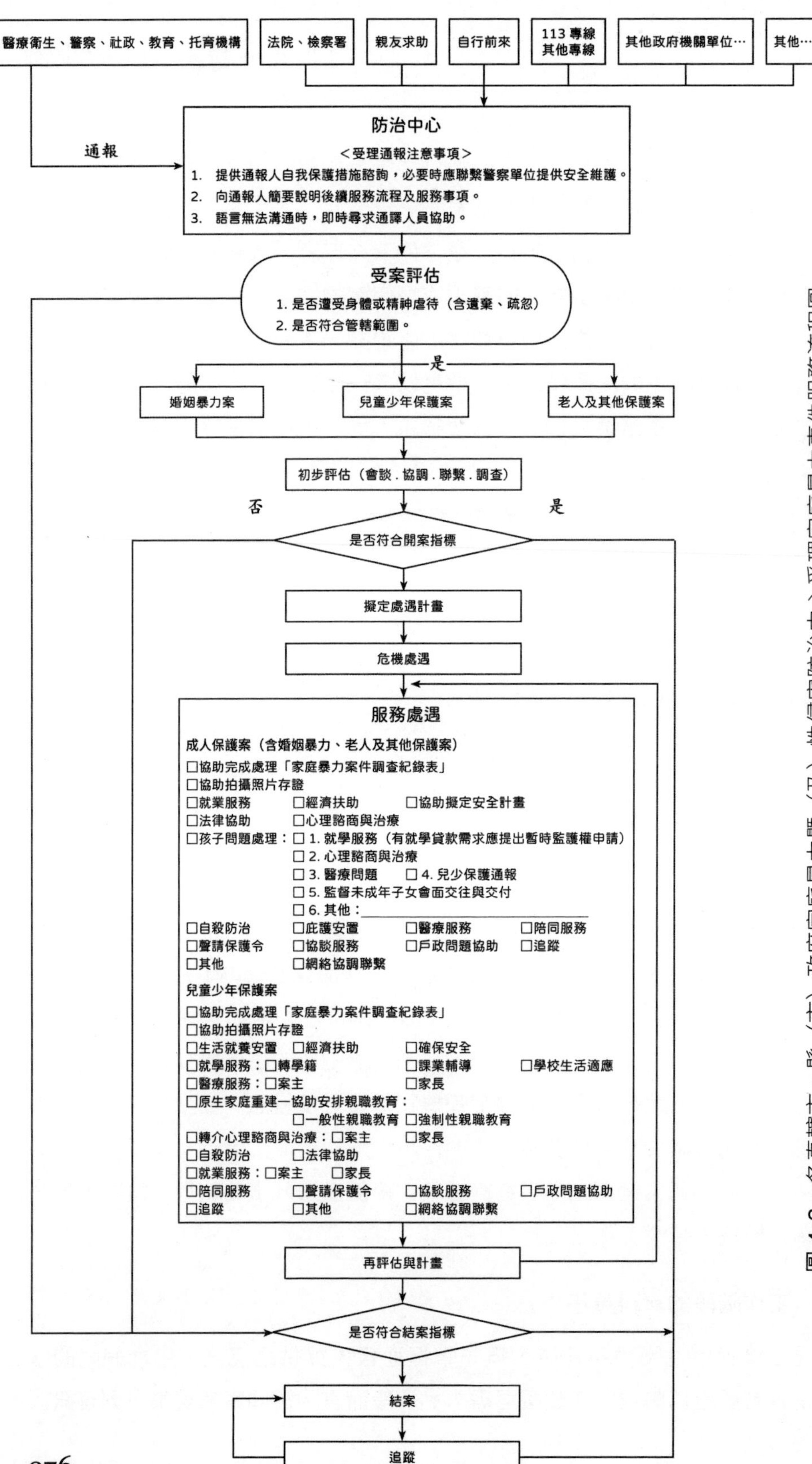

圖 4-3 各直轄市、縣（市）政府家庭暴力暨（及）性侵害防治中心受理家庭暴力事件服務流程圖

資料來源：衛生福利部（2013）。

作為進一步的工作評估：

1. **個別資料：**被害人及相對人的性別、年齡、國籍別、教育程度、職業、身心障礙證明及障別（或為疑似）、物質濫用（酒、毒）、自殺行為或意念，或是有公共危險罪等紀錄。
2. **受暴史及脈絡：**被害人本次受暴及過往受暴情形，包含第一次受暴、最近一次受暴、最嚴重的暴力事件、受暴的頻率和樣態、是否有越來越嚴重之情形，理解被害人如何詮釋暴力的發生，帶領被害人辨識暴力發生的前兆和風險，並進一步檢視暴力發生的循環模式。
3. **關係評估：**釐清兩造關係別、婚姻／伴侶狀態或居住情形，親密關係可以詢問二人的交往過程或是結婚後的互動、受暴前的關係與暴力發生後的相處情形；四親等關係暴力則會關注親屬互動狀況及被害人與相對人的接觸頻率等。
4. **子女或同住家人：**掌握案家子女數及同住家人基本資訊，就學、就業或身心狀況，評估子女或其他家人是否有直接遭受暴力或遭到暴力波及，對於被害人遭受暴力的知情程度或看法，留意子女是否有目睹暴力之情形，或因暴力事件可能衍生子女監護權、會面交往等，四親等關係暴力則容易衍生傷害告訴的司法程序。
5. **個案身心狀況：**評估被害人因為暴力帶來身體上的損傷或心理創傷，關心被害人的情緒、睡眠、至身心科就醫及服藥情形，蒐集暴力對生活或工作的影響層面，留意自我傷害或自殺的風險。
6. **求助及暴力因應：**了解被害人過往面對暴力的因應模式，是否曾向外求救或選擇對內隱忍，尋求正式管道或非正式管道之經驗，曾經報警或驗傷、接受庇護、保護令聲請或撤銷等，或是因為本身認知的缺乏、沒有經驗而不知如何求助和因應。
7. **個案的需求和期待：**確認被害人對關係的期待，社工要秉持開放的態度和被害人討論需求為何，想要解決問題的優先順序排列，讓被害人是有選擇的，不用急著做決定。

8. **資源的評估使用**：掌握支持系統及盤點案家身上擁有的資源，包含正式資源和非正式資源，正式資源如警察、社工、學校老師、心理師、保護令等，非正式資源如手足、父母、娘家、朋友、同事、鄰里互動等，評估此資源在暴力發生時的可近性及可協助程度，使用資源曾經有效或無效的方法，進一步理解被害人接受服務的意願和態度，並從中發展連結潛在可用的資源。

初步資訊蒐集愈完整，愈有利進一步與被害人共同訂定安全計畫，這是服務過程中的重要步驟，從上述評估內容中可了解被害人對自我危險的辨識能力，是否已察覺暴力促發的可能因素，評估被害人在情境下的行動能力或需要參與安全計畫的重要關係人。社工與被害人綜合討論後共同擬定個別化的安全計畫，包含求救的設施設備、避免激怒相對人、逃生路線、特定安全空間、求助緊急連絡人、準備救命包等，依被害人認知及理解狀況進行實際演練，並在執行後進行處遇的變化追蹤，持續討論和修正。

BOX 4-3

重要提醒

1. 人口變項資料蒐集看似和處理暴力議題沒有直接相關，但在大數據分析下卻是重要的基礎資料，衛生福利部定期公告家庭暴力數據並進行成效分析，可作為未來預防犯罪及政策推動的重要參考。
2. 訂定安全計畫後別忘了案件是動態的，網絡單位宜即時更新資訊，留意幾個危機提高的時機，包含對相對人約制告誡後、保護令開庭、保護令核發、討論離婚、爭奪子女監護權官司等情境。

(三) 處遇服務提供

在社工接獲家庭暴力被害人案件時，人身安全為主要工作核心，除了安全維護外，可依被害人實際需求提供或轉介下列服務：

1. **醫療需求**：因家庭暴力傷勢需要驗傷、診療，甚至住院治療，或因為身心及情緒議題需要就診身心科配合用藥。

2. **經濟扶助**：各縣市政府訂有家庭暴力被害人補助，包含緊急生活扶助、醫療補助、心理輔導費用、訴訟費用、房屋租金費用、子女托育費用等，另依被害人狀況申請福利身分，連結固定經濟補助，如特殊境遇家庭扶助、弱勢兒少生活扶助等。此外，物資如米、麵條、生活用品的提供，也是重要的生活協助。
3. **庇護服務**：提供緊急、中期及長期安全住所，逐步發展自立宿舍或結合社會住宅等住所服務。
4. **法律服務**：報案、陪同偵訊、律師諮詢、證據蒐集、保護令聲請、陪同出庭並陳述意見，或是提前向法院聲請隔離訊問等。
5. **就業服務**：連結勞工單位提供預備性就業或支持性就業服務。
6. **心理諮商**：評估被害人身心狀況或創傷程度，轉介心理諮商或身心治療。
7. **通譯服務**：依被害人慣用之語言使用，提供通譯資源。
8. **身分權益協助**：特別是新住民或外國籍的被害人，多面臨居留權或身分證、子女監護權等議題，可連結移民署資源。
9. **子女就學服務**：站在子女利益上衡量提供轉學籍不轉戶籍的服務。
10. **子女目睹服務**：依衛生福利部保護服務司訂定「直轄市、縣（市）政府辦理目睹家庭暴力兒童及少年之輔導處遇辦理原則」進行目睹子女之教育主管機關轉知或輔導。
11. **其他**：依被害人實際狀況做個別化處理，提供必要之服務。

BOX 4-4

重要提醒

1. 有關保護令的類別及款項請讀者參閱本書第 8 章；關於相對人服務內涵和加害人處遇治療請參閱本書第 13 章。
2. 創傷知情的實踐（National Center on Domestic Violence, Trauma and Mental Health, 2011）：社工要敏感辨識被害人受暴之後的創傷反應，可以向被害人提供有關創傷影響的訊息，將心理健康照顧需求放入處遇計畫中，讓被害人有機會意識到自己的壓力且提供可用資源，工作者在過程中反思覺察我們提供的服務是否回應被害人的創傷需求。

三、相對人服務的重要性

從家庭暴力的成因中發現，相對人的特質或兩造關係上的互動脈絡是造成暴力發生的導因，保護性工作發展一開始站在救援被害人角色，逐步發展提供男性關懷專線及相對人服務方案，包含經濟協助、司法服務、就業媒合、情緒支持等，增加相對人的資源，學習非暴力的行為模式。另實務上可善用加害人處遇計畫，當加害人本身有酗酒、精神疾病、毒癮、自殺議題等身心情形，容易成為暴力的影響因素，可在聲請保護令過程中增加加害人處遇項目。

行政院於 2018 年核定「強化社會安全網計畫」，針對相對人服務有積極作為，策略三為「整合加害人合併精神疾病與自殺防治服務」，各地方政府增聘心理衛生社工人力，透過系統勾稽、比對保護案件中的相對人，篩選出符合精神疾病及自殺議題者加強訪視介入，另串聯社區資源來降低暴力再犯及自殺風險，強化社區監控作為，銜接家暴加害人處遇，意圖整合社會福利與心理健康服務來提升效能，突顯對相對人之工作重視，各縣市需積極發展合作模式。

BOX 4-5

重要提醒

過去社工主要提供被害人服務，但與相對人社工的合作或必要時與相對人工作，已經是暴力防治工作中的重要方法，尤其是特定樣態如高壓權控、恐怖情人類型，都需要更多來自相對人的資訊以利處遇。

4.4 高危機案件處遇策略

一、家庭暴力安全防護網運作

家庭暴力高危機案件在實務上的操作有別於一般家庭暴力案件，目前各縣市政府配合衛生福利部執行推動「家庭暴力安全防護網計畫」，這是由於家庭暴力案件數太多且複雜性高，受理單位很難在一開始針對危險案件即時處理，為了保護被害人權益，有必要提早在通報階段進行危機辨識，將高危機案件篩選、分流，另作處理，於 2015 年《家庭暴力防治法》修法時，將「辦理危險評估，並召開跨機構網絡會議」納入法定應辦理事項。

責任通報人員通報家暴被害人通報時，親密關係暴力者皆需填寫「臺灣親密關係暴力危險評估表」（Taiwan Intimate Partner Violence Danger Assessment，簡稱 TIPVDA）（王珮玲，2012），其中 TIPVDA 總分達 8 分以上之案件認定屬於高危機，或 TIPVDA 總分雖未達 8 分，但被害人自評達 8 分以上，或有需高度警戒之題項經專業評估判斷具高度危險性者，則可納入每月固定召開的家暴安全網防護會議。會議的組成包含各網絡工作人員，舉凡社政、警政、教育、衛生、司法等單位，建立跨部門之分工合作與協調整合機制，達到強化被害人保護及相對人之再犯預防目的（劉淑瓊、王珮玲，2011）。目前實務上除了親密關係暴力外，其他類型之家暴案件，倘被害人危險程度處於高危機狀態有需網絡共同介入者，亦可納入該會議中進行討論。

依據親密關係暴力高危機案件解除列管之評估指引，高危機案件進案後逐案進行列管，解除列管著重在下列五個指標（王珮玲、沈慶鴻、黃志中，2016）：

（一）**相對人暴力行為：**揚言恐嚇、殺害、跟蹤、騷擾等傷害行為停止。

（二）**相對人危險因素：**自殺、酗酒、毒癮、身心狀況、工作不穩定及報復念頭等危險程度降低。

（三）**情境因素：**雙方關係情境危險因素下降，如關係衝突下降、金錢糾紛的嚴重性降低、因子女議題而衝突的程度降低。

（四）**介入效果：**團隊工作的介入發揮積極威嚇效果，如加害人已羈押、警政約制有發揮效果、保護令核發等，整體保護效果提高。

（五）**被害人權能感：**被害人危機意識提升、因應暴力的行動力提高、非正式系統充足、身心狀況穩定，其自我保護知能已提高。

二、危機介入工作策略

在「強化社會安全網計畫」(2018) 中指出公私立部門的案件合作機制，依個案風險等級、接受服務意願及需求類型進行分流，需高度公權力介入案件建議由公部門處理，低度公權力介入案件則由私部門提供服務，其目的是希望達到提升案件處理效能及深化被害人復原服務的目標，而高危機案件就是需要高度公權力介入之案件類型。案件通常有時間的急迫性，其危機介入的關鍵在於行動催化，有關高危機、低意願之被害人，處理情形可參考下列原則（游美貴，2020）：

（一）**盡量符合被害人需求的安全策略。**

（二）**確保被害人在介入行動中可以保有個人自主權。**

（三）**讓被害人可以提出疑問，提供諮詢和建議。**

（四）**為了保護被害人安全需採取更積極作為，必要時應請警政人員前往查訪被害人情形。**

社工接獲家庭暴力高危機案件時，特別強調系統間的合作和溝通，網絡合作需要主動積極而不是被動等待，可留意下列工作方向：

（一）被害人危機處遇

人身安全仍為首要工作原則，衛生福利部保護服務司針對高危機個案工作，主管機關於接獲案件時需於 24 小時內進行第一次聯繫，評估被害人受到暴力的危機狀態、進行立即處遇的必要性，包含警政救援、提供庇護、協助緊急保護令聲請或其他必要安全維護措施，且在會議列管期間，每月皆需進行訪視，亦一併留意家中未成年子女，特別是 6 歲以下兒童之安全狀態。

（二）TIPVDA 量表使用

社工可針對各網絡單位通報時所填列的 TIPVDA 量表項目加以比較，量表會反應相對人的暴力樣態、特殊身心狀況及被害人對自身危險之評估；倘被害人過往有通報紀錄，亦可查閱歷史 TIPVDA 量表填寫情形，評估被害人回應問題的偏態，並和被害人討論填答的內容，除了複評之外也一併了解被害人遭受暴力的危險情境，作為後續處遇介入的方向。

(三) 相對人約制告誡

進入高危機列管的案件，由於相對人的暴力危險程度較高，會由各轄區警政人員執行約制查訪，對相對人進行暴力嚇阻告誡，針對權控型的相對人亦可評估約制告誡的效果。但倘 TIPVDA 量表已透露相對人會對外人攻擊且對正式資源介入有激烈反應者，網絡人員與相對人接觸時要留意人身安全議題。

(四) 網絡共同執行安全計畫

社工收到案件時確認被害人及案家有多少專業人員提供服務，可能有兒保、目睹、相對人社工，或是脆弱家庭社工、自殺關懷訪視員、社區關懷訪視員、毒品危害防制中心、觀護人等，此時安全計畫需要網絡人員貢獻對於被害人、子女、相對人及重要關係人在暴力風險的評估訊息。團隊可共案共訪，共同訂定安全計畫並執行，持續即時更新訊息和檢視、修正，不需等到一個月一次的固定會議才交換訊息，落實跨領域合作精神。

(五) 司法單位的積極作為

檢察官與法官的加入有機會讓司法單位更了解加害人的危險情境，《家庭暴力防治法》第三章刑事程序篇，透過公權力的手段降低加害人的再犯風險，如逮捕家庭暴力罪、違反保護令罪的現行犯、重大犯罪嫌疑且繼續侵害被害人之生命、自由等急迫情形，得逕行拘提，評估預防性羈押之必要，又或是命具保、責付、限制住居或釋放之加害人有附條件命令等作為，司法單位得以用積極行動保護被害人安全。

(六) 特殊個案處理機制

每月定期檢視案件，討論概況，確認是否有長期列管個案，或是經會議決議執行後多次再被通報、顯無成效、有多重問題的個案，可另邀集專家學者進行個案討論會議。另針對特殊議題，如加害人有公共危險罪、或合併有精神疾病、自殺、藥酒癮等議題，可與警政、醫療、心理衛生社工或相關網絡間進行合作機制之建置，讓危機發生當下就可立即啟動保護措施。

（七）案件不漏接

被害人可能會在同一縣市但不同區域間流轉，轉換居住地點有可能是安全計畫的一環，但也有可能是被害人不想讓正式公權力介入。由於被害人處於高危險情境，目前較多縣市採分區開會討論，因此需留意跨區之間的轉銜工作，即便是被害人搬遷至外縣市，在危機狀態未下降前仍需轉介至外縣市工作，讓後續接手縣市知道被害人的狀況，以利順利提供服務。

BOX 4-6

重要提醒

1. 社工訪視過程中要留意自己的人身安全議題，經評估有遭受身體或精神上不法侵害之虞，於出發前需與督導進行執業安全防護措施討論，目前有關社工人身安全執業的相關法案尚在倡議中，必要時依《社會工作師法》尋求警察機關協助。
2. 倘被害人處於高度受暴風險且缺乏自我保護意識，經網絡單位專業判斷符合聲請保護令需求，但被害人沒有聲請意願者，可評估依《家庭暴力防治法》第 10 條第 2 項依職權聲請保護令，採較積極的公權力介入行動。
3. 相對人經司法單位羈押或入獄服刑後，被害人的人身安全危機暫時解除，但當相對人被釋放後可能會有報復念頭，而使得被害人的安全受到威脅，現行規定釋放時依法通知警察機關及家庭暴力防治中心，需立即通知被害人或其家庭成員，俾利即時因應。

問題思考

一、如果要為被害人製作一個隨時可以拿了就走的救命包，你會和被害人討論救命包裡面需要放哪些東西呢？

二、針對高危機低意願的家庭暴力被害人，你認為造成他／她低接受服務、低求助意願的情境會是什麼？你會如何考量成人的案主自決，但又要兼顧被害人的安全議題，如何協助他／她避免再受暴？

三、當今社會愈來愈多元，你服務的對象可能是男性，可能是原住民、新住民、身心障礙者或 LGBTQ 等身分，你認為在服務過程中與一般家庭暴力個案會有的差異及問題為何？在多元文化思維下你所提供的服務會有不同嗎？

參考文獻

王珮玲（2012）。〈臺灣親密關係暴力危險評估表（TIPVDA）之建構與驗證〉，《社會政策與社會工作學刊》，16（1），1-58。

王珮玲、沈慶鴻、韋愛梅（2021）。《親密關係暴力：理論、政策與實務》。高雄：巨流。

王珮玲、沈慶鴻、黃志中（2016）。《親密關係暴力高危機案件解除列管之評估指引（工作手冊）結案版》。臺北：衛生福利部委託研究報告。

吳素霞、張錦麗（2011）。〈十年磨一劍－我國家庭暴力防治工作之回顧與展望〉，《社區發展季刊》，133，328-345。

宋麗玉（2013）。《婚姻暴力受暴婦女之處遇模式與成效－華人文化與經驗》。臺北：洪葉文化。

沈慶鴻（2019）。〈高危機、低意願：親密關係暴力高危機案主受助經驗之探索〉，《社會政策與社會工作學刊》，23（1），1-44。

周詩寧譯（2004）。《預防家庭暴力》（Preventing home violence，Kevin Browne、Martin Herbert 著）。臺北：五南。

林明傑（2000）。〈美加婚姻暴力犯之治療方案與技術暨其危險評估之探討〉，《社區發展季刊》，90，197-215。

柯麗評、王珮玲、張錦麗（2005）。《家庭暴力理論政策與實務》。高雄：巨流。

許雅惠、嚴巧珊（2017）。〈親戚麥計較？臺中市四親等內家庭暴力樣態〉，《亞洲家庭暴力與性侵害期刊》，13（2），77-106。

游美貴（2020）。《家庭暴力防治－社工對被害人服務實務（二版）》。臺北：洪葉文化。

劉可屏、康淑華（2016）。《目睹家庭暴力兒童及少年受案評估輔助指引》。臺北：衛生福利部委託研究報告。

劉淑瓊、王珮玲（2011）。《家庭暴力安全防護網成效評估計畫》。臺北：內政部家庭暴力性侵害防治委員會委託研究報告。

衛生福利部（2018）。強化社會安全網計畫核定本，取自：https://www.mohw.gov.tw/cp-3763-40093-1.html（上網日期：2020 年 12 月 15 日）。

衛生福利部（2013）。各直轄市、縣（市）政府家庭暴力暨（及）性侵害防治中心受理家庭暴力事件服務流程圖，取自：https://dep.mohw.gov.tw/DOPS/cp-1155-7963-105.html（上網日期：2020 年 12 月 25 日）。

戴世玫（2014）。〈臺灣婚姻暴力圖像與對策之研究 —— 父權家族系統受暴網的觀點〉。國立暨南大學社會政策與社會工作學系博士論文，南投。

Anderson, K. L. (1997). Gender, status and domestic violence: An integration of feminist and family violence approaches. *Journal of Marriage and Family, 59*(3), 655-669.

Domestic Abuse Intervention Project (DAIP, 2021). *Understanding the Power and Control Wheel*. On Jun 25, 2021, Retrieved from https://www.theduluthmodel.org/wheels/

Dutton, D. G. & Strachan, C. E. (1987). Motivational Needs for Power and Spouse-Specific Assertiveness in Assaultive and Nonassaultive Men. *Violence and Victims, 2*(3), 145-156.

Greene, K. & Bogo, M. (2002). The different faces of intimate violence: Implications for assessment and treatment. *Journal of Marital and Family Therapy, 28*(4), 455-466.

National Center on Domestic Violence, Trauma and Mental Health (2011). *A Trauma-Informed Approach to Domestic Violence Advocacy*. On Dec 20, 2020, Retrieved from http://nationalcenterdvtraumamh.org/wp-content/uploads/2012/01/Tipsheet_TI-DV-Advocacy_NCDVTMH_Aug2011.pdf.

Walker, L. E. (1979). *The Battered Woman*. New York: Harper Perennial.

Widom, C. S. (1989). The cycle of violence. *Science, 244*, 160-166.

老人和身心障礙者保護

本章重點

- 介紹老人保護的工作內涵及工作原則。
- 探討老人受虐的風險因子，作為實務工作介入時之參考。
- 認識身心障礙者的保護概念及特殊性。
- 了解老人保護及身心障礙者保護工作流程及處遇策略。

老人和身心障礙者保護同為暴力防治工作之一環，本章先介紹老人保護的工作內涵，包含服務對象及工作原則，討論老人受虐的風險及保護因子，作為實務工作介入時之參考，以期降低老人的受暴風險。另介紹有關身心障礙者的保護概念，此部分在相關專書中較少被論述，但由於不同障別所帶來的特殊性，在服務提供上會需要考量到身心障礙者的個別化。最後綜合老人保護工作及身心障礙者保護工作流程，提供實務上工作介入之技能及注意事項。

5.1 老人保護工作概念與原則

在家庭暴力領域中，老人保護所受到的關注比兒少保護及親密關係暴力防治工作來得晚，但隨著醫療科技發達、國人平均壽命延長、高齡化社會來臨、社會結構轉變、防暴意識抬頭等因素，老人受虐議題逐漸被突顯。老人虐待涵蓋在成人保護範疇中，但老人受虐因素及其脈絡的特殊性有別於親密關係暴力，法條的規範及服務內涵皆有所不同。

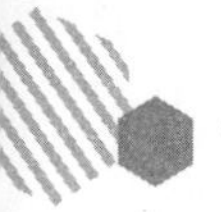

一、老人保護工作服務對象

老人保護工作對象為年滿 65 歲以上之老人，依場域類型可分為家庭內老人虐待及機構內老人虐待。在家庭內可能的施虐者為成年子女、配偶或孫子女等熟識者；機構內虐待則容易發生在有契約關係的照顧者。老人保護的服務範疇主要匡列在兩大法令中，《老人福利法》第 41 條：「老人因配偶、直系血親卑親屬或依契約負照顧義務之人有疏忽、虐待、遺棄或其他情事，致其生命、身體、健康或自由發生危難者，直轄市、縣（市）主管機關得依老人之申請或依職權予以適當保護及安置」，法條中明訂照顧義務對象；同法第 42 條：「老人因無人扶養，致有生命、身體之危難或生活陷於困境者，直轄市、縣（市）主管機關應依老人之申請或依職權，予以適當安置」，指的是實務上失依陷困的老人；而《家庭暴力防治法》第 2 條指出家庭暴力為「家庭成員間實施身體、精神或經濟上之騷擾、控制、脅迫或其他不法侵害之行為」，二法所規範的內容相互補充，在服務內涵的適用上更為周全。

二、老人受虐類型

「老人保護」與「老人虐待」息息相關，談老人保護之前必須先辨識老人是否遭受虐待，暴力類型除了家庭暴力章節中所談到的肢體虐待、精神虐待、性虐待外，老人虐待因老人本身的特質，受虐類型相當廣泛，梳理如下（黃志忠，2010；蔡啟源，2018；Pillemer & Finkelhor, 1988）：

（一）**身體虐待：**使用暴力或以任何器具攻擊老人，有打、踢、踹、掐、捏、撞、推、刺、割、咬等方式，或是限制人身自由和行動等情形。

（二）**精神虐待：**斥責、謾罵、嘲笑、咆哮、恐嚇、騷擾、羞辱、貶低、孤立和隔離老人等，常讓老人處於情緒緊張或生活在恐懼、不安中，在他人面前讓老人難堪和沒有尊嚴等行為。

（三）**性虐待：**非出於老人意願的性接觸、強迫拍裸照、與無行為能力的老人發生性行為等。

（四）**物質性虐待**：對老人生存條件或物質的「量」或「質」故意刪減或過量，不定時提供或不提供，如不提供合適衣物、冬天沒有熱水、常吃冰冷食物或使用困難的設施設備等行為。

（五）**醫療性虐待**：漠視或故意拒絕提供老人的健康保健服務，忽視老人健康狀況，不合適或不必要的醫療服務、拒絕提供必要的輔助裝置如假牙、助聽器等行為。

（六）**疏忽**：照顧者有意或無意地沒有滿足老人所需的服務或需求，忽略、不理會或拒絕提供老人應獲得的對待，任老人處於環境不佳、長時間地獨處、怠慢照顧等。

（七）**自我疏忽**：老人因精神狀態或認知功能缺損，或是缺乏知識、常識、經驗與行為能力，拒絕接受適當的生活照顧或必需品，出現自我放棄、自我怠慢的狀態而危及其自身的健康與安全。

（八）**財務剝削**：故意不提供老人生活所需的財務協助、不正當地使用老人的金錢、財產及其所有權物品、沒收或詐領老人的津貼和補助、挪用印鑑、非法侵占或強取財物等行為。

（九）**遺棄**：不負擔老人的照顧和扶養責任，任其生命、身體陷入危難，或是發生驅趕老人離家、流落街頭、從不探望等不適當照顧狀態。

BOX 5-1

重要提醒

老人保護工作的介入有許多困境，這是由於老人家考量親子關係，本身多隱忍和求助意願不高、資訊不足而不知如何求救、與外界接觸有限等，其中有關於專業判斷的模糊地帶在於老人受虐徵兆與疾病、老化行為不易區辨，社會大眾對虐待有不同詮釋，以及專業人員和一般民眾對虐待的知識不足等（莊秀美、姜琴音，2000；李瑞金，2008）。因此工作人員除了具備老人虐待的知識外，建議擴展關於醫療、護理的相關知能，以利進行是否有遭虐待之釐清。

三、老人受虐的風險評估

老人保護發生的原因複雜，社工需要了解老人遭受暴力的情境脈絡，因此辨識老人受虐的風險因子和保護因子是重要的工作內容，可作為接獲老人保護案件時評估之參考依據（莊秀美、美琴音，2000；黃志忠，2013；蔡啟源，2005；Pillemer & Wolf, 1986; Pillemer & Finkelhor, 1988; Pillemer, Burnes, Riffin, & Lachs, 2016）：

（一）風險因子

1. 老人本身

老人因為生理障礙、身體孱弱、行動力較低、日常生活依賴與失能程度、難以獨立照顧自己、心理衛生問題、低收入或經濟依賴等特質，容易有較高的機率遭受虐待。此外，女性老年比起男性老人容易受虐，年齡愈高的老老人也都是潛在可能影響被虐的因素。

2. 施虐者本身

施虐者本身有精神疾病或行為問題，出現酗酒、物質濫用的狀況，其經濟上收入相對較低，也可能出現對被害者的依賴，特別是來自於經濟、情感和居住條件的依賴，倘施虐者對老人的照顧意願較低，也都是影響施虐者對老人施虐的可能因素。

3. 情境脈絡因素

除了老人及施虐者的個人特質外，施虐的成因愈來愈重視二者之間的關係與情境脈絡，認為這才是造成暴力發生的原因。照顧者與老人的互動議題、長期關係緊張、主要照顧者照顧負荷感重、整體社會支持不足、城鄉差異的地理位置，以及對老人的負面刻板印象和文化規範因素等，才使得老人容易在情境脈絡中成為受害者。

（二）保護因子

保護因子在研究上較少被討論（Pillemer, Burnes, Riffin, & Lachs, 2016），

檢閱現有老人保護研究，「社會支持」和「生活居住安排」是較重要的因子。「社會支持」是指當老人的社會支持程度越高，則可降低老人受虐機率；而「生活居住安排」指的是共同使用生活空間容易有摩擦而導致老人受虐，特別是身體和財務剝削，因此善用這二個因子作為處遇介入時的策略，可以保護老人、降低受暴風險。

BOX 5-2

重要提醒

暴力發生的成因是很複雜的，雖然實證研究告訴我們這些有關老人、施虐者的特質，但在服務介入時仍要保持開放的評估態度，不因服務對象或案家擁有這些特質就認定是加害者或是被害者，工作者要更敏感自己的介入視角，綜合其他客觀因素判斷老人虐待情事，才不會對服務對象貼上標籤。

四、老人保護評估工具

判斷老人是否受虐除了社工的訪視判斷外，可考慮使用工具評估，透過老人虐待評估工具可以協助專業人員對老人受暴情境做整體的風險篩選。國外針對老人受虐的風險評估工具已多元發展，運用在家庭內或是機構內的老人，或有不同場域的背景脈絡，評估老人生理、功能、家庭與社會等層面的風險因子，由老人自陳或由工作者填寫（黃志忠，2010；嚴隆慶，2018）。在臺灣亦有本土化的研究工具，內政部委託楊培珊與吳慧菁（2011）初步發展「臺灣老人保護評估工具」，協助專業工作人員了解老人虐待危險指標及危險等級，後續發展「老人保護案件評估輔助工具表」（楊培珊，2014），作為實務上老人保護個案評估時之參考。

「老人保護案件評估輔助工具表」已整理實務上發生老人虐待的情境，施測題項包含老人的基本特質，老人受虐危險指標（身體傷害、照顧疏忽、精神虐待、負面情緒或自殺意念及行為、立即生命危險、遺棄、性不當對待），針對主要照顧者評估其照顧困難和照顧能力、酗酒、精神疾病及財務爭吵因素，亦包含老人基本日常生活活動能力（ADL）及工具性日常生活活動能力（IADL）量表。

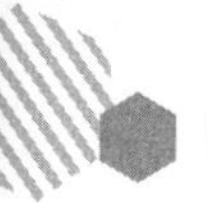

然而，老人虐待評估工具在臺灣尚未有統一施測版本，臺北市家庭暴力暨性侵害防治中心（王儀玲、陳淑娟，2016）成人保護組受理非親密關係暴力中的老人保護案件，則是實施六題版危險評估（Dangerousness Assessment，簡稱 DA），用以篩選高危機案件，另落實使用簡易心智狀態問卷調查表（Short Portable Mental State Questionnaire，簡稱 SPMSQ），協助老人因認知功能缺損造成家庭衝突者進入醫療體系治療，為社工在實務上可簡單操作的量表。

五、老人保護工作原則

社工處理疑似老人保護案件時，皆需依據《老人保護通報及處理辦法》進行處理，此辦法明確規範老人保護通報之處理流程及內容，需於 24 小時內進行通報，主管機關於受理後需確認老人之安全狀態、就醫需求、協尋老人家屬、適當保護安置以及其他必要之保護措施。

社工在服務過程中可參考下列之工作原則（中華民國老人福利推動聯盟，2010）：

（一）**維護老人人身安全為首要：**社工應以老人的生命安全為最優先考慮。

（二）**任何決定必須考量老人之最佳利益：**進行處遇的過程中，社工要多元蒐集客觀資料和專業意見，考量老人的需求與最佳利益做成決定。

（三）**尊重老人自主選擇的權利：**社工協助老人釐清其問題和需求，並培養和建立自我決定的能力，進行充權。

（四）**尊重老人及其家庭尊嚴與權益：**社工維護老人權益時，仍需對受虐者、施虐者及其他關係人都給予適當尊重、資源與支持，以客觀和專業的技巧強化家庭功能。

（五）**是老人終老的適宜場所：**在不損及老人生命與健康的前提下，依循「在地老化」（Aging in place）的概念，盡量讓老人留在熟悉的家庭或社區中，保持家的完整性。

（六）**弱勢族群老人權益保障：**對於擁有特定條件的老人，如獨居、身心障礙、中低收入、遭受緊急危難及住在偏鄉地區的弱勢老人等，依其個別化需求保障應有之權益。

BOX 5-3 重要提醒

《民法》明訂子女負擔父母的照顧責任，但也有例外情形。實務上發生老人年輕時離家，年老時返回家中要求子女扶養之情事，或過往父母有虐待子女之傷害行為，子女成年後不願負擔照顧老人的責任。《民法》在 2010 年修法通過第 1118-1 條，父母與子女之間的扶養行為從「絕對義務」改為「相對義務」，意即子女可以請求法院裁定「減輕」對父母的扶養義務，或是「情節重大」時法院得裁定「免除」子女扶養義務。

5.2 身心障礙者保護工作概念與原則

一、身心障礙者保護工作範圍與對象

身心障礙者是一群特定對象，依《身心障礙者權益保障法》定義為其身體系統構造或功能，出現損傷或不全導致顯著偏離或喪失，影響其活動與參與社會生活，經醫事、社會工作、特殊教育與職業輔導評量等相關專業人員組成之專業團隊鑑定及評估，符合「國際健康功能與身心障礙分類系統」（簡稱 ICF）分類的身心障礙類別，則可領有身心障礙證明。因此身心障礙是一種身分辨識，在家庭暴力、兒少保護、性侵害、性剝削、老人保護、脆弱家庭等各類型案件上，皆可能會碰到身心障礙者的服務對象，其工作內涵是散落在各章節，亦適用各法。廣義的身心障礙者保護係指身心障礙者受到不當對待即為服務對象，狹義的定義指的是 18 歲以上至 64 歲以下身心障礙者，且排除其他保護類型服務之服務對象。

雖然不需刻意強調身心障礙者在生理機能和心智功能上的特殊性，但身心障礙者因為特質使得認知能力與自我保護能力較弱，日常生活需要仰賴家

庭成員幫忙協助，其遭受家庭暴力或性侵害的比率遠高於一般人（潘淑滿，2005），故容易處於受害的不利情境。對身心障礙者的不當對待行為和家庭暴力章節出現的暴力樣態雖然有重疊之處，但又保有獨特性，故本章節仍針對身心障礙者保護工作予以介紹。

二、身心障礙者保護定義與受虐類型

我國對於身心障礙者的保護條文主要在《身心障礙者權益保障法》第七章保護服務篇，先聲明媒體報導不得對身心障礙者或疑似身心障礙者有歧視性的稱呼或描述，不得對身心障礙者產生歧視或偏見的不實報導，亦不得在司法案件確定判決前，將法律事件發生原因歸咎於身心障礙者的狀況，宣告了保護身心障礙者的意涵。

同法第 75 條，明訂對身心障礙者不得有下列行為：遺棄、身心虐待、限制其自由、留置無生活自理能力之身心障礙者於易發生危險或傷害之環境、利用身心障礙者行乞或供人參觀、強迫或誘騙身心障礙者結婚、其他對身心障礙者或利用身心障礙者為犯罪或不正當之行為，各行為的指標參考衛生福利部「身心障礙者工作指引」（許坋妃、趙善如，2015），並加上實務現場所看到的案例整理如下：

（一）遺棄

1. **家庭內遺棄**：身心障礙者的扶養義務人未能提供個案適當照顧，讓個案流落街頭，或是對於無自救能力之個案，採消極性的遺棄，使其生命陷入危險，或不提供生命維持的必要照顧。
2. **機構內遺棄**：經與案家協商、已採欠費催討流程但仍積欠機構費用，將身心障礙者留置於機構不予理會，或將沒有自我照顧能力，需有家屬共同討論處遇內容但無人協助，以及已無醫療需求之身心障礙者留置醫院不願接回或無安排其他照顧計畫。

（二）身心虐待

對身心障礙者在生理和心理上的不法侵害行為，例如不適當的協助使身體產生苦痛、傷害，日常生活照顧中的疏忽情事，或是經常性貶抑、辱罵或經濟上虐待等行為，其中較困難的判斷在於虐待與教養的區分。

（三）限制自由

指的是限制身心障礙者的行動自由，使其單獨處在一個空間，未獲適當照顧；不當的約束或是意思無法自由表達，已剝削了身心障礙者的個體自主和社會參與，或刻意不提供必要之行動輔助；目前仍有出現將身心障礙者用鐵鍊或繩索關在籠子或特定空間的案例。

（四）留置無生活自理能力之身心障礙者於易發生危險或傷害之環境

此情境需考量身心障礙者本身沒有足夠的自我照顧能力，且沒有給予適當的照顧，或是需要特別照護的身心障礙者卻由不適當之人照護，會因為不同障別有所差異，例如視障者被丟棄到高處、留置無生活自理能力的身心障礙者在街頭遊走，也有將癱瘓者留置在馬路邊或荒郊野外，都是屬於易發生危險或易造成個案傷害的環境。

（五）利用身心障礙者行乞或供人參觀

利用身心障礙者的外表或行為來博取捐款者的同情，或是出自於非自願的行乞、供人觀看的行為，使其人格、名譽遭受損害，此時需考量供人參觀或募款的目的性是否正當及合法。過去社會出現利用身心障礙者組成馬戲團供人參觀賺取費用，現在則轉為透過網路傳播方式進行變相募款。

（六）強迫或誘騙身心障礙者結婚

身心障礙者未能了解婚姻的意義，而受到誘騙或是脅迫行為而結婚，例如心智障礙者因為認知能力或是生活經驗有限而被引誘或發生性行為，無法意思表示、違背其自由意願而結婚。

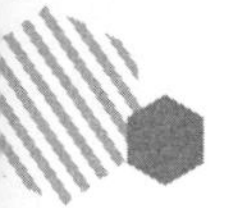

(七) 其他對身心障礙者或利用身心障礙者為犯罪或不正當之行為

傷害身心障礙者的身心或是對其權益有不當剝奪狀態，即為不正當之行為。常見類型如：被利用當車手、教唆犯罪、擔任犯罪行為的把風工作、被騙辦信用卡、現金卡而有卡債、申請人頭帳戶、利用其心智不佳簽署本票或買賣契約、被利用作為擔保行為、被強迫、引誘、容留或媒介從事性交易，或是侵占身心障礙者的生活津貼或補助，導致生活困頓等情形。

三、身心障礙者保護工作原則

當責任通報人員知悉有對身心障礙者的不當行為時，需依《身心障礙者權益保障法》第 76 條於 24 小時內進行通報，此通報時效與其他的暴力類型並無不同，但在《身心障礙者保護通報及處理辦法》中，對於主管機關知悉或接獲通報後，該案件受理調查的時效要求卻相對較嚴格，明訂主管機關應自行或委託其他機關、團體進行訪視、調查，至遲不得超過 24 小時，並應於四日內提出調查報告，同時在法條上已載明需以訪視身心障礙者為原則，這是考量到身心障礙者本身特質的脆弱性及保護能力恐較薄弱，故在政策的介入上較為即時，以確保身心障礙者的安全狀態，因此社工接獲身心障礙者的暴力案件時，在時效的控管上需要特別留意。

在提供服務時，由於身心障礙者本身的異質性，社工也要就個別情形提供處遇，其介入時可思考下列幾點原則：

(一) 理解身心障礙者的特質

與身心障礙者工作前需先具備對身心障礙者的認識，不同的障別以及障別的程度，輕度、中度、重度到極重度的行為表徵或功能限制不同，可能是表達的困難，可能是認知的理解較薄弱，也可能是生理的限制，如視覺障礙者和聽覺障礙者的工作方法並不相同，因此社工在與身心障礙者工作時需對應個案的狀態，才能以個案可以理解的方式進行溝通，或是敏察評估資料蒐集是有所限制的。

（二）提升對暴力的敏感度

社工需意識到，身心障礙者可能因為障礙本身而難以求助或無法清楚陳述受暴的事件，或是因為照顧議題而衍生虐待的模糊地帶，除了社工口語上的資訊蒐集外，需留意身心障礙者眼神、表情、動作等非語言訊息進行臨床判斷，考量所處環境的適宜性及增加其他重要關係人的陳述來進行綜合研判。

（三）處遇策略的具體周全

與身心障礙者討論安全策略時，考量其對暴力的危機辨識和自我保護的能力相對薄弱，因此在安全範圍內做到傾聽及尊重個案的需求外，處遇計畫的訂定需要更具體明確，帶著個案一一演練和步驟化說明，也邀請同住家人或是機構工作人員的協助，必要時公權力的介入會是站在個案最佳利益上行動。

（四）依其個別性連結外部資源

由於身心障礙者的障礙類別和程度不同，身心狀態或是日常生活功能皆有個別差異，所衍生之福利需求較為多元，因此除了安全維護外，身心障礙者需要的醫療資源、輔具評估、居家照護、生活重建，或是其他轉銜服務需一併考量，與長照專員、身心障礙者個案管理員展開合作，實務上常遇到智能障礙或是精神障礙者的暴力案件，可連結智障者家長總會、康復之友等民間單位共同處理。

（五）提供適合的安置處所

社工提供身心障礙者安置服務時，需考量身心障礙者的障別及其功能程度進行媒合，能收容身心障礙者的機構，其設備設施、專業人力配置條件及相關輔具資源的提供，會有利於身心障礙者的安頓，包含精神障礙者的安置照顧，也都需要事先資源開發。

（六）個案工作轉銜與行政支援

身心障礙者保護案件服務可能因為情境脈絡而需長期處遇，在暴力危機解除後，各縣市會依行政及社區資源進行個案工作轉銜，由身心障礙者個案管理員持續在社區中提供支持性家庭服務；若屬長期安置型個案，亦會評估個案階段性工作完成後，涉及經費撥款的庶務行政，則討論由行政業務單位接手，視各地方直接服務工作與行政業務分工而定。

BOX 5-4

重要提醒

倘讀者在實務工作處遇中遇到身心障礙者，又同時符合其他暴力情事，請讀者一併參閱其他章節如家庭暴力防治、性侵害保護、兒少保護工作等，評估其最佳利益，選擇適當的保護服務系統介入。

5.3 老人保護及身心障礙者保護工作介入

一、依法受理的四個階段

老人保護工作和身心障礙者保護工作，因著個案本身的脆弱性及特質有許多相似之處，分別規範在《老人福利法》和《身心障礙者權益保障法》中，其工作流程大致可分成四個階段：

（一）通報受理階段

依據《老人福利法》第 43 條及《身心障礙者權益保障法》第 76 條，責任通報人員依法進行通報，老人、家屬及社區鄰居也可能會是通報來源，主管機關受理後，由各縣市集中篩派案中心釐清該案件的屬性，進行案件分流。

（二）調查評估

符合老人或身心障礙者保護案件通報範疇，主管機關需進行介入調查，留意個案的危機狀態，評估個案的生命、身體或自由有立即危險或有危險之虞者，提供緊急救援服務，包含驗傷採證、緊急安置、保護令聲請等，或是需聯繫警政單位協助至現場處理、破門救援。社工針對通報之暴力情事及案家整體狀況完成初步評估，參考衛生福利部所訂之開案指標評估是否開案、不開案或進行轉介、其他處置。

(三) 個案工作處遇階段

依個案及案家實際需求，擬定個別化服務目標及處遇計畫，執行個案工作，包含關懷訪視、醫療協助、安置服務、法律諮詢、經濟扶助、心理諮商或連結其他照顧資源等，每三個月追蹤確認處遇計畫執行情形，適時修正以符合目標。

(四) 結案評估階段

參照衛生福利部所訂之結案指標，包含評估個案的暴力情形是否已改善、人身安全受到保障情況、原訂工作目標達成狀態、工作主體是否消失，或是嘗試多元管道仍無法與案家取得聯繫等，此等狀況可評估進行結案；倘工作對象有移動或搬遷，則社工可評估轉介其他縣市繼續服務的必要性。

二、實務工作注意事項

老人保護及身心障礙者保護工作需要網絡共同協助，包含社政、警察、消防局、衛生局、醫療院所、戶政以及司法機關等單位，才能全面性提供老人及身心障礙者介入時更周全的服務，以下是實務工作者在提供老人及身心障礙者保護時常用的技能及注意事項：

(一) 熟悉法規

《老人福利法》及《身心障礙者權益保障法》都有明定保護專章及相關罰責，但對於個案的各項保障，尚需依實際狀況適用其他法令，常用的如《刑法》(傷害、遺棄等)、《民法》(扶養、監護、繼承、財產等)、《家庭暴力防治法》、《性侵害犯罪防治法》、《性騷擾防治法》、《行政執行法》等，都是工作者需熟悉的法令，才能在處遇時協助個案爭取權益。

(二) 訪視安排

考量老人及身心障礙者的特質，對於生理機能退化，有特殊疾病或障礙別的個案，囿於身心限制而不容易在電話中蒐集資訊和評估，建議需要面對面進行訪視，並且在可行的狀況下單獨與被害者談話，不受疑似施虐者及其他家屬的壓力或干擾而影響談話品質。

(三) 召開親屬協調會

當家屬拒不出面處理個案生活安排，或是案家對於個案的照顧計畫、費用負擔等意見不一時，可考慮召開親屬協調會。由於個案事務涉及關係人的權利義務，務必發文通知相關人與會討論，並視討論議題邀請律師或特定專業人員提供諮詢意見。會議主持人需具備中立角色並促進議題的討論，過度強調法律責任可能會讓會議無法順利進行，亦避免讓家屬停留在互相抱怨。

(四) 監護宣告及輔助宣告之聲請

老人或身心障礙者有精神障礙或其他心智缺陷，不能與他人溝通或不了解他人表達的意思，依其程度可考慮聲請監護宣告或輔助宣告，由法院安排鑑定，選任監護人、輔助人來代替當事人並協助處理某些特定行為，預防受騙。

(五) 財產信託

老人或身心障礙者可能因為疾病或認知功能缺損，容易成為遭受財務剝削的高危險群，尤其是失智、失能者的財產或津貼，實務上常遭受子女或他人不當使用，建議可透過財產信託以保障個案權益。

(六) 家庭教育及輔導課程

《老人福利法》第 52 條及《身心障礙者權益保障法》第 95 條，規範照顧者涉及對老人或身心障礙者虐待之情事者，命其接受家庭教育及輔導時數，提升照顧者照顧老人或身心障礙者的知能，或提供壓力、情緒管理或衝突因應等課程，協助照顧者解決困境，各縣市政府宜發展並訂定執行方式，作為社工處遇之可用資源。

(七) 社區資源連結

老人及身心障礙者保護案件通常不止暴力議題，連帶有福利服務需求，宜就案家屬性予以連結支持性服務，包含居家照護、送餐服務、喘息服務、日間照顧等，近年來政府及民間組織更持續開發新的服務方案，加強對獨居老人、身心障礙者雙重老化家庭的支持計畫，工作者宜持續更新，掌握資源才能有效提供服務。

(八) 安置費用處理

個案所處情境因受到暴力或遭遺棄，未能有適切居住環境時，可依申請或主管機關依職權安置，惟後續面臨安置費用事宜，有較多行政工作需一併考量，可能包含協助個案的身心障礙鑑定、福利身分取得、是否已裁定免除扶養義務責任、案家整體經濟能力評估，都會影響安置費用減免或追償事宜，欠費部分則依《行政執行法》進行相關費用的強制執行。

(九) 與相對人工作

家庭內的老人保護案件，個案可能需要仰賴施虐者，即子女或家屬的日常生活照顧，因此社工介入時需了解暴力發生脈絡，除了向家屬澄清扶養義務責任外，需要適時協助相對人資源使用及提供支持，依實際狀況評估轉介相對人服務及連結社區資源，降低個案再受暴的情境。

(十) 業務主管機關作為

老人及身心障礙者機構中的虐待事件雖然較少被關注，但其中涉及業務主管機關作為，包含輔導、監督、評鑑之行政管理，亦針對涉法情事訂有罰鍰或其他行政罰法種類，直接服務社工與業務主管機關可偕同訪視以掌握資訊，保障當事人或多數人的權益。

一、一名 70 歲老人僅與兒子同住，但兒子長期無業，有精神疾病，喝酒後會對老人施以口語及肢體暴力，老人在里長發現後進行通報，但拒絕社工的協助，你會如何幫助這名老人呢？

二、案家經濟來源靠爸爸打零工度日，女兒是重度智能障礙者，爸爸白天外出時擔心女兒無人照顧，故將女兒反鎖在家中，但會預先留麵包、乾糧、餅乾及飲料等供女兒食用。你覺得爸爸的行為是對女兒的不當對待嗎？你會如何協助這個家庭？

參考文獻

中華民國老人福利推動聯盟（2010）。《老人保護案例彙編》。臺北：中華民國老人福利推動聯盟。

王儀玲、陳淑娟（2016）。〈臺北市老人保護服務現況與服務策略〉，《社區發展季刊》，156，253-264。

李瑞金（2008）。《老人保護》，收錄於呂寶靜主編，《老人安養護、長期照護機構社工人員操作手冊》（頁 227-256）。臺北：內政部。

莊秀美、姜琴音（2000）。〈從老人虐待狀況探討老人保護工作：以臺北市家庭暴力暨性侵害防治中心之老人受虐個案為例〉，《社區發展季刊》，91，269-285。

許坋妃、趙善如（2015）。《身心障礙者保護工作指引》。臺北：衛生福利部委託研究報告。

黃志忠（2010）。〈社區老人受虐風險檢測之研究：以中部地區居家服務老人爲例〉，《社會政策與社會工作學刊》，14（1），1-37。

黃志忠（2013）。〈老人主要照顧者施虐傾向及其危險因子之研究－以中部地區居家服務老人為例〉，《中華心理衛生學刊》，26（1），95-139。

楊培珊（2014）。《老人保護案件評估輔助工具應用發展及教育推廣計畫企畫書》。臺北：衛生福利部委託研究計畫。

楊培珊、吳慧菁（2011）。《老人保護評估系統之研究案》。臺北：內政部委託研究報告。

潘淑滿（2005）。《身心障礙者受暴問題之調查研究－以家庭暴力及性侵害被害人為例》。臺北：內政部委託研究報告。

蔡啟源（2005）。〈老人虐待與老人保護工作〉，《社區發展季刊》，108，185-197。

蔡啟源（2018）。《老人社會工作實務》。臺北：雙葉。

嚴隆慶（2018）。〈從權益保障觀點檢視國內外老人虐待評估工具〉，《社區發展季刊》，161，324-341。

Pillemer, K. A. & Wolf, R. S. (1986). *Elder abuse: conflict in the family*. Dover, MA: Auburn House Publishing Company

Pillemer, K. & Finkelhor, D. (1988). The prevalence of elder abuse: a random sample survey. *The Gerontologist, 28*(1), 51-57.

Pillemer, K., Burnes, D., Riffin, C., & Lachs, M. S. (2016). Elder Abuse: Global Situation, Risk Factors, and Prevention Strategies. *The Gerontologist, 56*(2), 194-205.

CHAPTER 6

性暴力防治工作

本章重點

» 了解我國對性暴力被害人在司法上會面對的流程及社工的角色。

» 認識每一種性暴力被害人可能會產生的創傷反應。

» 了解在司法上如何兼顧被害人的創傷反應及協助維護司法權益。

6.1 性騷擾防治工作

在《性騷擾防治法》中，舉凡除了性侵害的犯罪行為外，一切與性有關而令人感到不舒服的語言、行為都屬於性騷擾的範疇，但《性騷擾防治法》中未明文規範知悉性騷擾情事者有責任通報之責。因此，在我國對於性騷擾犯罪之主要處理方式為向主管機關進行申訴，情節嚴重者，則為告訴乃論。由於以上原因，性騷擾案件進入司法程序的較為少數，即使進入司法程序，法規亦未明文規範社工需協助，也沒有訂定社工需提供相關的輔導措施；雖然法規未規範社工需提供性騷擾被害人相關服務，但社工在性騷擾防治工作中，可以怎麼協助性騷擾被害人呢？

一、性騷擾的定義

性騷擾指一切不受歡迎的，與性或性別有關的言行舉止，讓被行為者感到不舒服、不自在，覺得被冒犯、被侮辱，在嚴重的情況下，甚至會影響被行為者就學就業的機會或表現（衛生福利部，2020）。

性騷擾的類型有廣義及狹義之分，狹義的性騷擾是指妨害性自主、猥褻、含有性意味不受歡迎的文字、語言、行為、圖像展現；廣義的性騷擾意指與性

或性別有關的侵犯性、脅迫性的連續行為，包括較輕微的性別騷擾到最嚴重的性攻擊。而性騷擾的樣態包括身體行為、言詞行為以及其他行為。

二、性騷擾相關法規

性騷擾的行為除了民事及刑事法律的規範外，以《性騷擾防治法》、《性別工作平等法》、《性別平等教育法》此三法主要範定性騷擾行為及處理機關等，透過預防、申訴等方式，處理性騷擾相關行為。從法律的規定中就不難看出，不論在校園或是職場遭受性騷擾，多半的處理方式是向相關機關申訴，透過性別平等委員調查、開會討論，並且成立性別平等案件後，罰責由性別平等委員會討論決議，職場上多為賠償或職務更動，在校園內則是由學校進行輔導，鮮少有社工介入，但社工在性騷擾案件上是否真的使不上力呢？其實答案是否定的，性騷擾的相關處遇及防治還是有各縣市主管機關主責，而各主管機關如何規範相關的輔導措施，則依照各縣市的案件多寡及所需來制定；倘若性騷擾申訴案件或是進入司法程序的案件多，主管機關便會設置社工，若被害人有需求時，可申請由社工協助陪同處理相關司法程序以及安排後續輔導。

三、性騷擾案件中社工的角色

有鑑於性騷擾案件未受到《刑法》規範，因此在相關司法程序部分僅有《性騷擾防治法》中第 25 條意圖性騷擾，乘人不及抗拒而為親吻、擁抱或觸摸其臀部、胸部或其他身體隱私處之行為者，處二年以下有期徒刑、拘役或科或併科新臺幣十萬元以下罰金。前項之罪，須告訴乃論。當被害人提告時，整起案件會依照一般法律程序移送地檢署，出庭過程被害人可向當地性騷擾主管機關要求社工陪同。

(一) 陪同出庭

主要係陪同被害人開庭偵訊，過程中協助穩定被害人身心，並適時協助被害人理解法律用語及爭取權益；《性騷擾防治法》在司法程序中，僅有針對行政機關及司法機關所製作必公示的文書，不得洩漏被害人姓名、出生年月日等足以辨識身分的個資，因此社工在陪同出庭時，亦需協助被害人注意在司法流程是否有洩漏自身資訊之況。

(二) 性騷擾申訴

《性騷擾防治法》中規範，除了第 25 條有法律的刑責外，其餘皆以申訴方式來處理，主要係為向行為人所屬單位進行申訴，但若行為人為所屬單位的最高負責人，被害人則是向直轄市、縣（市）主管機關進行申訴，社工則會受理調查，因此社工亦會擔任調查之角色。

BOX 6-1

重要提醒

1. 關於性騷擾案件，雖然在法律上並無明確範定社工需提供何項服務，但倘若個案有陪同出庭等需求，社工仍會盡到陪同的責任。
2. 《性騷擾防治法》中，僅有第 25 條有刑事責任，即是可判決有期徒刑。

6.2 性侵害防治工作

在我國，性侵害是種嚴重的犯罪行為，侵害身為人的性自主權，如此的傷害將影響被害人身心，也造成被害人對自我價值的貶抑、破壞被害人身體的界線、失去對環境及人際互動的安全感與信賴感的行為等。因此，1999 年《刑法》修正將妨害性自主罪改採非告訴乃論之後，性侵害案件與法律的密切程度可說是與日俱增。為維護性侵害被害人的種種權益，《性侵害犯罪防治法》內便規定主管機關需設立專責單位及人員進行性侵害防治業務工作，並進行性侵害防治的宣導，以減少性侵害犯罪行為的產生，以及提供性侵害被害人保護等相關服務。

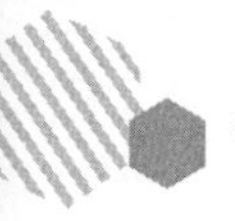

一、性侵害的相關法律

性侵害在臺灣法律規範上可分為強制性交與強制猥褻兩大類，在 1999 年《刑法》「妨害風化罪章」尚未修正之前，強制性交的用詞為「強姦」，具有貶抑與道德非難之意涵，強姦罪的構成要件為對婦女使用強暴脅迫等手段，致使不能抗拒而姦淫者，常讓被害人被質疑是否有盡力抵抗到無法抗拒之程度，也無法保障到男性被害人。

為擺脫妨害風化讓人聯想到色情、貞操的迷思，澄清妨害性自主罪乃維護個人的性自主權。新法強制性交指以暴力、脅迫、恐嚇等違反當事人意願之方式性交，舊法的「致使不能抗拒」改為「違反其意願」，被害人也不限女性，而性交的範疇不僅是傳統上的陽具插入陰道，更包括口交、肛交、手交、以異物插入生殖器官等，換言之，只要被害人的性器官被侵犯到，都算是性交。而強制猥褻則指行為人為了滿足性慾而對被害人從事的親吻、撫摸等肢體接觸（全國法規資料庫，2020）。

《性侵害犯罪防治法》第 2 條第 1 項、《刑法》第 221 條及《刑法》第 10 條第 5 項規定，所謂「性侵害」係指對於男女以強暴、脅迫、恐嚇、催眠術或其他違反其意願之方法而為：

（一）以性器進入他人之性器、肛門或口腔，或使之接合之行為。

（二）以性器以外之其他身體部位或器物進入他人之性器、肛門，或使之接合之行為。

我國《刑法》及相關法律，就強制性自主犯罪之處罰樣態，係以其施行性侵害之手段及對象狀態不同，而有不同處罰條文。

二、性侵害防治社工的角色

各縣市主管機關依法成立「性侵害防治中心」，防治中心內配置社工，進行性侵害防治工作；社工除了在性侵害防治中心，協助性侵害被害人外，《性侵害犯罪防治法》中更規定所有的社工對於性侵害事件有責任通報的義務，因此社工在性侵害案件中為舉足輕重的角色。

性侵害事件對被害人造成最大的影響就是需要面對冗長且冰冷的司法程序，且一般人不會經常有訴訟經驗，因此陪同被害人面對司法程序則成為社工一項重要的任務；除了陪同出庭，社工更需要在司法上維護被害人的權益。面對司法程序，被害人需要一次次說出遭受性侵害的情節及其細節，為避免被害人多次陳述而造成二度傷害，「性侵害案件減少被害人重複陳述作業要點」即是針對性侵害被害人在司法程序中減少陳述次數的一個政策，由社工協助評估被害人是否需要進入「性侵害案件減少被害人重複陳述作業」，或連結相關資源協助性侵害被害人在司法程序中順利講述遭受性侵害的過程，以利檢察官偵辦，目的是希望協助被害人在司法案件中取得證據，最後讓加害人順利定罪。

性侵害被害人除了在司法上需要協助之外，性侵害事件可能會造成被害人有許多改變，例如發生性侵害事件後，被害人有嚴重的創傷反應，導致有創傷壓力症候群（Post-traumatic stress disorder，簡稱 PTSD），這些身心創傷也會造成被害人往後生活適應不佳，人際關係的改變，甚至造成被害人個性有很大的轉變，亦恐會伴隨著失業、經濟陷困等，這些都是性侵害可能帶給被害人的巨大影響；此時，社工就需要提供相關服務，盡力讓被害人在身心受創後復原，協助被害人的生活可以慢慢回到正軌。

三、性侵害案件種類

(一) 家庭內性侵害案件

家庭內性侵害為被害人遭家庭內成員（四等親內或未必有血緣關係，只要共同生活）性侵害，家庭內的性侵害因為加害人與被害人不只熟識，可能也是原本深受被害人信任的人，加上家族內其他成員知悉後未必願意相信或正視性侵害的發生，被害人容易因為家族內的壓力，而會出現改變證詞的狀況。然而被害人改變證詞不僅在司法上無法讓加害人得到應有的刑責，甚至可能讓被害人身心創傷更為嚴重，被害人可能因為以上原因，不願再揭露任何有關性侵害的細節，選擇將此祕密深埋心裡，但其創傷反應不會因此而有所改善，反而會越趨嚴重；遇到此類性侵害案件時，社工會因考量被害人人身安全以及家庭壓力，進而評估是否安置／庇護被害人。

(二) 家庭外性侵害案件

家庭外性侵害案件因加害人非家庭內之人，多數家庭傾向相信並支持被害人，被害人得到重要他人的支持及鼓勵，無疑是一種正向的復原能量，社工在此類案件的處理多半著重在司法流程的陪同及協助、諮商輔導資源的連結等。

四、性侵害防治社工的工作流程

各縣市性侵害防治中心為性侵害案件社政單位唯一受理窗口，因此所有的性侵害案件通報皆會進入性侵害防治中心。當性侵害通報進入性侵害防治中心後，便會指派社工針對案件進行協助。性侵害案件服務是一個不斷評估及決策的工作，主要以服務被害人為中心，以下依照工作流程說明：

(一) 案件調查

當社工接獲性侵害案件的通報後，必須先進行案件的調查，此調查與司法端的偵查或偵辦不同，主要是從被害人方得知案件的內容，以利社工判斷案件後續有哪些司法程序進行，或評估被害人因性侵害事件而造成哪些困境需要由社工提供資源。

案件調查過程隨著被害人的年齡以及身心狀況也有著不同的難度，例如年幼的孩童或是領有智能障礙證明的性侵害被害人，因受限於他們的認知能力，導致社工進行調查時需盡可能使用「開放式」問句的方式進行調查，例如：「誰做了讓你覺得不舒服的事情？」、「你說不喜歡隔壁的叔叔，是因為隔壁叔叔做了什麼，所以你不喜歡他？」，重點在於不要用被害人沒有講述過的資訊詢問，如此一來才能得到最接近真實的案情陳述。

案件調查後，社工最重要的是判斷這個案件是否違反《刑法》妨害性自主罪章裡的法律，若確實為觸法的行為，社工必須讓被害人本人或監護人知悉此案件後續會有司法程序需配合，當然一般人對於後續要面臨的司法程序會有諸多的疑問及抗拒，此時社工的任務便是讓被害人及其家屬清楚理解會面臨的司法程序，以及需要配合的部分有哪些，社工可以協助的部分又有哪些，這些都是在前端就必須先讓被害人及其家屬知悉，讓他們可預做心理準備。

(二) 進入司法程序

性侵害案件在本國係屬於非告訴乃論案件，縱使被害人及其家屬沒有意願提告，性侵害防治中心的社工仍必須依法進行告發；倘若被害人及其家屬有意願提告，將會由社工陪同至警察局報案製作筆錄，並由社工針對被害人依照「性侵害案件減少被害人重複陳述作業要點」進行評估。而上述作業要點顧名思義，目的是為了讓性侵害被害人在司法過程中，盡量減少重複陳述案件過程，以避免對被害人造成二度傷害。

進入減少重複陳述的作業後，不論在地檢署或是法院，性侵害被害人即可不用一直為了性侵害案件上法庭，社工也只需在被害人要出庭時陪同。而因一般民眾並不會有上法庭的經驗，所以在司法程序中，社工需協助被害人在開庭前進行庭前準備，主要是要讓被害人了解整個法庭配置為何、會有什麼樣的人在法庭內，並且安撫被害人因需要出庭的緊張感及身心狀態，亦能協助讓被害人能漸漸回想起性侵害案件發生經過，以利後續在法庭能更完整陳述，這樣的過程確實對被害人來說很殘忍，所以社工在此時肩負重責大任，協助被害人在這個過程中感到被支持，亦能降低被害人在法庭過程中可能遭受的二度傷害。

當兒少或是心智障礙者性侵害被害人在面對司法程序時，往往因為證詞前後不一致或是司法曠日廢時的偵查、審理，導致被害人對於被害時的情節不復記憶，進而影響其司法權益，社工則需理解被害人的身心狀況，適時提出司法鑑定或專家證人之需求，協助司法人員在偵查審理過程能透過醫師或是兒童發展專業人員專業的解釋及建議，做出最佳的判決。

性侵害被害人及其家屬在面對性侵害司法案件時，可能是生平第一次進入法院面對訴訟，而法院嚴肅的氛圍以及司法人員為了秉持公正的角度，外顯態度通常較為冷漠，因此經常造成被害人及家屬莫大的壓力，所以社工在協助的過程中，除了專業的服務與陪伴外，也需協助連結律師資源，讓律師發揮其專業，協助被害人在法律上爭取最佳利益。

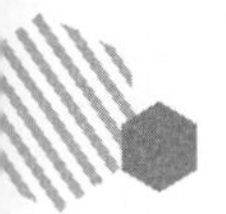

(三) 協助處理被害人因性侵害而影響生活之需求

性侵害被害人除了司法上需要陪同及協助外，更需要被協助的是性侵害創傷復原，創傷復原是個非常長期的修復工作。首要任務為評估個案的創傷後壓力症候群的症狀為何，因此需心理師或是身心科醫師協同做出身心評估，才能確認後續被害人所需要的治療為何；幼童因受限於語言的能力，多數會媒合使用遊戲治療、藝術治療（例如：沙遊或繪畫），青少年或成人多數媒合心理諮商，透過語言說話的方式進行療癒。

BOX 6-2

實務情境案例分享

小美是一個八年級的學生，某一次補習下課後，跟補習班同學一起走回家，回家的路上，A 同學要求摸小美的胸部，小美拒絕，A 同學就趁沒人看到，拉著小美進到無人的小巷子裡，把小美壓在牆壁上，用手摸小美的胸部，甚至伸進裙子及內褲裡面摸小美的下體；此事發生後，小美害怕去補習班，到學校跟輔導老師哭訴，輔導老師便通報了。通報後，防治中心的社工前來進行案件調查，小美因為害怕讓父母知道這件事情，因此要求社工不要告訴自己的父母，也不想要報案……

錯誤示範

社工因為考量與小美的工作關係，答應了小美不要告訴父母也不用報案的請求，只要小美願意配合諮商輔導，社工可以答應小美的任何條件。

合適回應

我國目前法律的規定，性侵害案件為非告訴乃論，社工的責任則是必須通知監護人，讓監護人能夠行使維護未成年人的權益，因此社工必須依照現行法規告訴被害人，無法承諾不讓家長知悉及不用報案等要求。被害人不願告訴父母及不願報案，必定有其擔憂或恐懼，社工應先協助釐清被害人的擔憂及恐懼，排除上述障礙後，協助被害人將此事告知監護人並陪同報案；倘若監護人及被害人皆不願報案，社工亦必須依法逕行告發。

6.3 兒童少年性剝削防治工作

《兒童及少年性交易防制條例》係為《兒童及少年性剝削防制條例》的前身，對國家來說，兒少即是國家必須保護的對象，聯合國《兒童權利公約》亦要求國家應確保兒少免於性剝削的危害。另《兒童及少年福利與權益保障法》內規定不得對兒少有任何強迫、媒介、容留從事猥褻行為或性交，也不得對兒少有拍攝色情、猥褻等照片、影片，也因此《兒童及少年性剝削防制條例》就是針對此部分透過法律的規定來保護兒少，且加重相關的罪責期望達到遏阻犯罪的效果。

一、兒童少年性剝削相關法律及定義

我國是個禁娼的國家，因此性交易係為違法，但過去我們將兒少性交易認定為兒少「自願性」從事性相關的姦淫行為，「交易」的定義即是在行為前已談妥「對價」，此行為才可稱為「交易」，且「性交易」一詞具有貶抑及非難被害人主動從事性或色情行為以換取金錢；為保護兒少，及本國禁娼的概念下，2015 年將《兒童及少年性交易防制條例》修正為《兒童及少年性剝削防制條例》，本法目的為保護兒少，因兒少從事任何色情或性相關行為皆為一種對兒少的剝削。

除了對兒少從事有對價的性行為外，利用兒少性交供人觀賞，或是拍攝、製造兒少性交或猥褻的圖畫、照片、影片等都係屬兒少性剝削；若使兒少坐檯陪酒或涉及色情的伴遊伴唱等，亦算是兒少性剝削的一種。

二、兒童少年性剝削社工的角色

兒少性剝削有別於兒少性侵害，對於被性剝削的兒少，當司法單位或警察查獲或救援被害人後，應交由主管機關指派社工依法評估被害人就學、就業、生活適應、人身安全及其家庭保護教養功能，其目的是為了了解被害人是否因上述原因有適應不佳或家庭功能失調導致有性剝削情形，因此社工評估後需要提供的服務如下：

（一）安置服務

當社工評估被害人家庭保護教養功能不佳，且無其他可靠支持系統協助時，為保護被害人人身安全及身心健全發展，社工會將被害人交由適當的緊急安置處所進行安置，安置後再評估被害人是否有繼續安置的必要，若有需要，必須完成法庭報告，遞交法院聲請法院裁定，法院審酌被害人家庭功能及被害人生活適應等情形，評估是否裁定安置至中途學校、寄養家庭等中長期機構，若認為不需安置者，將交由其監護人帶回照顧。

倘若在最初社工評估被害人家庭功能尚可提供基本的保護及教養功能，當場則可通知監護人帶回提供適當保護及照顧，無需進入安置程序。

（二）案件調查

兒少性剝削案若非由檢察官或警察查獲及救援，而是主管機關接獲通報，社工必須訪視被害人，確認是否真有兒少性剝削之情事，並且需在時效內完成調查報告，依法向警政單位逕行告發，以利警政及司法單位後續偵辦。

（三）陪同司法相關程序

兒少性剝削案件之被害人因有性剝削事件，便會有司法程序需進行，社工將於初期偵訊製作筆錄或開庭時陪同被害人面對司法程序，並協助維護被害人在司法上之權益；另外社工也需與兒少性剝削被害人之監護人說明相關的司法權益，協助監護人及被害人走完司法程序。

（四）輔導服務

社工在服務兒少性剝削被害人的過程中，最主要的部分不外乎是輔導，被害人因兒少性剝削案件，身心未臻成熟就接觸性相關人、事、物，這無疑造成兒少莫大的身心負面影響，提早開啟兒少在性方面的發展，因此身心復原並且建構正確的性相關認知則非常重要，社工透過安排心理諮商或是遊戲治療等方式，協助被害人走出創傷。

重要提醒

1. 性剝削案件即使對兒少進行安置，概念仍是以維護兒少最佳利益為主，並非以「懲罰」的角度進行處遇。
2. 實務上兒少性剝削亦有許多樣態為拍裸照、偷拍性愛影片的案例，並非僅有從事如「交易」般的性行為才稱為性剝削。

6.4 人口販運防治工作

隨著我國產業結構逐漸變化，國民經濟發展提升與勞動條件下降，政府在不影響國民就業權利下，開放外籍勞工（或稱國際移工）以補足或調整臺灣人力資源。以現況而言，尤以在製造業、照護服務上，國際移工已是臺灣重要的人力資源。

近年人權意識提升，國際移工權益亦倍受重視，一般而言，國際移工人身侵害案件可依照嚴重程度分為性騷擾及性侵害案件；2009 年我國因而制定《人口販運防制法》，以維護在臺工作國際移工們的權益，根據衛生福利部統計，每年約有近百起在臺女性國際移工遭性侵害的通報案件，其中七成以上屬家庭看護工通報被害，近六成屬上司與下屬關係，本節針對實務面提示社工處理人口販運案件時需具備的先備知識。

一般而言，外籍移工人身侵害案件可依照嚴重程度分為性騷擾及性侵害案件。性騷擾案屬各直轄市、縣（市）政府勞工主管機關受理。故以下僅針對家庭暴力暨性侵害防治中心所主導處理之性侵害業務做進一步說明。

一、人口販運案件相關法律

《人口販運防制法》主要保護國際移工免於從事性交易、勞動所獲得之報酬明顯與工作內容不相當，或摘取他人器官等違法行為。目前在我國的國際移

工面臨較多的人口販運行為皆為遭受性侵害，依據內政部移民署資料統計指出，2008 年起，國際移工遭性侵害案件占所有人口販運案件約七成，因此國際移工的性侵害案件處理則非常重要，所涉性侵害相關分工皆依循勞動部所規範「加強國際移工性侵害案件通報機制及相關單位業務聯繫分工與處理原則」及《性侵害犯罪防治法》為處理綱要，處理及依循規定如下：

(一) 有關外勞國際移工性侵害案件通報及處理程序等作業規定，應依《性侵害犯罪防治法》、《性侵害犯罪防治法施行細則》等法令規定處理。

(二) 涉及外勞國際移工相關單位業務聯繫與分工，依外勞國際移工處理原則辦理。

(三) 涉及外勞國際移工、雇主之權益或罰責，依《就業服務法》、《雇主聘僱外國人許可及管理辦法》及《勞動基準法》等相關規定辦理。

二、人口販運防治社工的角色

依照我國法律規範，國際移工目前面臨最多的人口販運行為即是「性侵害」，因此此類案件司法處理流程與一般性侵害案件無異，社工所提供之服務亦與一般性侵害案件相同，關於性侵害案件社工的角色，可參考上一節所說明的服務內容；但國際移工因為外國籍身分，相較於本國人有不同的保護服務需求，以下針對差異部分做說明：

(一) 通譯服務

性侵害案件進入司法流程後，首先必要的是取得被害人的證詞，也就是製作筆錄，外國籍人士使用本國語言未必順暢，且司法上有許多特殊的專有名詞，因此為求維護被害人的司法權益，警政單位會聯繫勞動力重建運用處指派「國際移工諮詢員」協助，通常該諮詢員與案主同國籍，可擔任翻譯且具法律程序素養。社工在陪同製作筆錄時，亦可透過國際移工諮詢員與被害人進行會談，以利後續評估案主所需要的法律、經濟等相關需求。

（二）安置服務

國際移工倘若遭受雇主性侵害亦為人口販運被害人，為保障被害人人身安全，接獲通報與被害人取得聯繫後，並不會再讓被害人返回侵害其的雇主住所，此時，社工先需分辨國際移工之身分，是否持有工作簽證，若合法持有工作簽證遭性侵害，社工需協助媒合相關單位進行安置保護，主要協助之相關單位多為社會福利單位，亦是由社工提供服務，可協助醫療、法律、經濟及生活照顧等，若國際移工因此不願持續留在本國工作，社工也會協助做返鄉安排；國際移工若有持續工作意願，則會安排新雇主讓其持續留在本國工作。

三、人口販運案件工作流程及注意事項

國際移工因文化或教育與本國的差異，往往導致在處理人口販運相關事宜時，因不理解而產生不利於其自身權益之決定，因此下列注意事項提醒社工，在處理人口販運案件時，需多留意：

（一）需考量避免國際移工隨仲介離開後，受不當遊說以致難以配合司法程序，影響自身權益或是案件無疾而終，建議社工可依據當時擁有的外部網絡資源，選擇配合之社福機構妥為安置國際移工。

（二）國際移工因文化及教育程度差異，對我國司法有不同觀感。社工應協助案主正確理解臺灣司法程序及保護自身權益，例如部分國際移工認為性侵害提出告訴後對後續工作不利，以致提告意願低落或隱匿實情，此時社工可透過國際移工諮詢員，協助案主解開心防，了解本國司法程序及自身權益；因國情、文化差異，國際移工對於事件陳述恐與我國有落差，例如越南籍習慣使用農曆，此時社工應核對案主對於日期認知是否正確；留意國際移工轉換工作期間或居留期間經濟狀況，適時提供協助。

問題思考

一、社工自身若無法接受婚前性行為，面對性暴力防治相關工作又該如何調整自己的價值觀？

二、性暴力防治人員若無性經驗，是否有能力處理性暴力防治相關工作？

三、性暴力防治社工若性別與被害人不同，是否有能力同理及協助被害人？

四、社工本身若無法接受多元性別，若遇同志性侵害案件，該如何因應？

參考文獻

全國法規資料庫（2020）。《中華民國刑法》，取自：https://law.moj.gov.tw/LawClass/LawParaDeatil.aspx?pcode=C0000001&bp=32

衛生福利部（2020）。性騷擾被害人權益說明手冊，取自：https://dep.mohw.gov.tw/DOPS/cp-1216-6665-105.html

CHAPTER 7

庇護安置服務

重

- 了解庇護安置服務的定義、臺灣庇護安置服務的緣起與目前服務模式。
- 認識社會工作在庇護安置模式中的角色與功能。
- 學習與了解在庇護安置服務過程中常見的倫理議題。
- 社工從事庇護安置服務的自我準備。

7.1 庇護安置服務的定義與緣起

人類遭遇受傷、生存的壓力與困難時第一反應是想回家。回到安全的家中，壓力反應會自動關閉，經歷放鬆休息、調整自己後才能獲得能量再出發。但是對於暴力家庭中的成員來說，原本應該可以休憩、放鬆的家卻成為受到傷害的來源，回到家依然不能感到安全，遑論可以放心休息。因此對於家庭暴力被害人來說，一個安全無虞、暫時可以卸下心中恐懼放心休息的處所，就成為療癒和改變的重要起點。

本章深入介紹婦女保護庇護服務之內涵，以及婦女遭受家庭暴力後攜子尋求庇護服務之相關處遇。而家庭暴力事件中兒童少年保護案件之未成年人安置，請詳見本書第 3 章內容。

一、庇護安置服務的定義及法源基礎

庇護安置服務是《家庭暴力防治法》中所明文規定，以維護被害人權益為目的之重要家庭暴力防治措施。家庭暴力需專業介入，庇護所是照顧遭受家庭暴力的受害者，短暫逃離家園後而設置的臨時住所，為一處接受公權力與多元

資源照顧，兼具人性及專業支持、喘息、調適身心的場域。庇護所的功能在協助受虐婦女離開暴力的關係時，提供受虐婦女短期住所、個人的支持和與其他機構的聯繫與幫助，以避免婦女再次陷入危險情境，因此當受虐婦女企圖脫離孤立無援和尋求協助的時候，庇護也是最立即及最實際的一個安全住處（游美貴，2008）。

庇護安置服務並非僅限於庇護安置處所其空間內部的服務內容，而是包括鉅視面的服務宗旨與目標、服務的組織經營管理型態及工作人員的工作價值與信念；加上上述內涵如何落實及操作在實際的服務內容上，服務的提供範疇延展至庇護機構外，如協助在社區生活（游美貴，2008），臺灣目前也不再只有機構式的庇護所，租屋、旅館、教會等等也是庇護安置服務之一（游美貴，2013）。

依據《家庭暴力防治法》第 3 條家庭成員定義，不同的家庭成員之間所發生的家庭暴力情事皆為法定之家庭暴力事件，庇護安置服務除了遭受婚姻關係暴力的受暴婦女以外，遭受現有或曾為同居關係或四等親旁系血親、姻親施暴，或是婚前親密關係因感情衝突衍生權力控制等攻擊行為等，也符合庇護安置服務使用者。

依據衛生福利部保護服務司的統計資料，2019 年在各種暴力類型的家庭暴力案件中，親密關係暴力（包含婚姻、離婚及同居關係暴力）受害人共有 50,174 人，占所有類型的家庭暴力案件被害人的 48%，相較於兒少保護（16.69%），其他家庭成員間的暴力（23.8%），以及直系卑親屬對尊親屬暴力（11.23%），親密關係暴力受害人人數為最多，且自 2008 年至 2019 年親密關係暴力被害人的性別 82% 以上是女性。

二、臺灣庇護安置服務的緣起

在 1989 年以前，庇護所都是民間自主性辦理（游美貴，2013）。1992 年臺北市政府首次以公設民營的方式設立婦幼緊急庇護中心，經過審查及評估，選擇由天主教善牧社會福利基金會設立全臺灣第一所婦幼緊急庇護中心「安心家園」，安置遭受家庭暴力的婦女及 12 歲以下的子女；1996 年又委託設立中長期安置「溫心家園」，提供有較長期安置需求的婦女一個緩衝的住所。政府設置婦幼緊急庇護中心，代表婚姻暴力不再被視為家務事；而後臺灣歷經鄧如雯殺夫案、彭婉如事件等一連串的社會運動促成 1998 年《家庭暴力防治法》的通過，家暴事件正式進入有法規依循的公領域範圍，庇護服務亦成為各地方政府重視並積極辦理的服務之一（潘淑滿，2007；游美貴，2008；林萬億，2012；天主教善牧社會福利基金會，2020）。

7.2 臺灣庇護安置服務的型態與服務模式

一、庇護安置服務的模式

臺灣庇護安置服務主要為各縣市政府配合政策之法定業務（葛書倫，2003），政府以公設公營、公設民營、方案委託或個案委託方式辦理；安置費用由政府負擔，雖然《家庭暴力防治法》第 14 條規定有法院核發之通常保護令可「命相對人交付被害人或特定家庭成員之醫療、輔導、庇護所或財物損害等費用」，但保護令未曾見過法院裁定「命相對人交付被害人或特定家庭成員之庇護所費用」（郭彩榕等，2013）。而黃淑鈴（2015）彙整目前臺灣的庇護服務模式如下表 7-1：

▼表 7-1　臺灣的庇護服務模式

服務對象	以被害人為中心
主責單位	法院、警政、社政、衛政與教育與非營利組織組成安全網
安置對象	婦女（子女若需安置於同一處所，有年齡及性別的限制）
安置期間	緊急安置以十四天至三個月為居多
安置費用	每人 500 元臺幣／每天（由政府支付）
法源依據	1998 年 6 月公布《家庭暴力防治法》、2007 年 3 月公布修法第 8 條：提供被害人及其未成年子女短中長期庇護安置。

（續上表）

服務機構	1. 僅高雄市為公辦公營，其於縣市皆以公辦民營（包含方案委託）及補助床位數的方式。部分縣市有民間自籌經費辦理之庇護安置處所，如新竹、臺東等等。 2. 各縣市承辦庇護機構，缺乏跨縣市聯繫，包括服務策略、評估工具與教育訓練。
服務模式	1. **安置對象**：有庇護安置需求之家暴被害人，未區分危險等級。 2. **保密約定**：所有庇護所都是隱密，部分設於社區公寓，嚴格要求婦女不可洩漏地址。要求被害人必須簽訂保密切結書、禁止使用機構電話，易造成婦女有保密壓力，社交網絡也因家暴事件受到影響或中斷。 3. **多元服務**：被害人、加害人和子女間之關係，分由不同機構與社工服務，缺乏整體服務策略與作為。 4. **緊短服務**。

二、個案管理在庇護安置服務

個案管理工作模式對社工並不陌生，而在親密關係暴力被害人服務的領域，以個案管理模式作為服務基礎的情形亦相當常見。而在庇護服務中的個案管理，更必須針對案主接受庇護安置期間的服務需求予以回應。依據衛生福利部保護服務司（2017）公布之「辦理家庭暴力被害人庇護安置處理程序」第 9 點規定「庇護安置輔導服務包含個案管理、生活照顧、心理輔導、就業輔導、法律扶助、子女就學、托育安排及申請經濟補助等」。

以下以庇護安置服務的個案管理服務原則，歸納說明各項服務：

(一) 整合各項服務回應案主需求，以提高服務效能

1. 醫療服務

經歷家庭暴力事件而驚恐入住庇護所的案主，可謂經歷了一場生命中的危機事件，除了身體上可能有需要治療或休養的傷勢以外，因為長期在暴力環境中的壓力，亦可能出現創傷後壓力症候群（PTSD），即使已經離開暴力環境身處於庇護場所，案主仍會出現過度警醒（hyperarousal）、封閉退縮

（constriction）及記憶侵擾（intrusion）等 PTSD 症狀（Herman, 2018），例如：一個在庇護處所尋常門鈴聲，可能令某些案主驚嚇；又例如一名案主在庇護場所對社工或其他住民麻木冷漠，可能是因其難以入睡或夜間惡夢影響睡眠品質，因而造成的壓力反應。

在復原的歷程當中，恢復身體與情緒的健康狀況是首要任務，在庇護場所提供舒適、令人放鬆的環境，藉由空間與穩定的睡眠、飲食等作息安排，有助於案主身心能量的恢復，必要時社工應協助連結醫療單位，給予合適的藥物或心理治療。

2. 法律諮詢與陪同服務

進入庇護安置服務中，案主經常面臨報案、保護令聲請之歷程，部分案主預備進行訴訟離婚，或與相對人之間有刑事訴訟。社工在進行個案管理過程中，需連結法律諮詢資源，以協助案主掌握法律知識與個人權益。必要時申請補助或運用法律扶助資源，協助案主委託律師完成訴訟。

對於新住民身分的婦女，進入庇護之後婚姻的存續（游美貴，2008）也是一大關切，特別是許多新移民婦女常遭受到以「挾持證件」及「行使公民權」為控制手段（戴世玫，2013），庇護過程中幫助新住民婦女排除語言文字及資訊取得的隔閡，充分掌握知的權利，亦為個案管理服務的一大工作重點。

3. 托育及子女教育服務

為了幫助庇護所內隨同庇護的子女也有個人發展的權利，同時幫助婦女更有個人空間面對自身議題，庇護所的個案管理社工也需透過社政及教育主管機關處理轉學或暫時就讀事宜，或開發民間幼托資源協助隨同庇護子女順利就托。

4. 經濟扶助與就業服務

在庇護期間住宿與餐食由庇護所負擔，然婦女如欲外出辦事、求職或展開新生活，皆需有一定的經濟能力。社工需視個別案主需求，連結相關的經濟資源，除了《特殊境遇家庭扶助條例》第 2 條中明定的緊急生活扶助、子女生活津貼、子女教育補助、傷病醫療補助、兒童托育津貼、法律訴訟補助及創業貸款補助等，亦可能需評估申請其他民間慈善單位補助。

家庭暴力對婦女經濟的危害，包括阻礙婦女外出工作的機會，使其無法賺取薪資保持經濟獨立，亦因為難以維護自我安全而影響就業的穩定（詹子晴、韓意慈，2018）。受暴婦女就業常受到創傷身心復原狀況、就職經驗欠缺或中斷，以及照顧責任之影響，而雇主對於僱用受暴婦女亦可能採取保留態度，這些因素也增加社工協助婦女就業之困難度，案主也需有更多學習以因應就業之挑戰，對於就業難度較高的案主，個案管理過程需連結勞動部門的就業服務，或轉介合適的支持性就業方案。

5. 居住服務

對於大多數人來說，居住成本占生活預算之相當比例。婦女離開庇護所，在外獨立租屋的負擔沉重，常使其不得不再回到暴力的家中（游美貴，2008）。案主若缺乏非正式支持系統協助，或是自立宿舍、社會住宅政策等的搭配，婦女結束庇護後的居住需求需要社工多方協助，例如申請公私部門的補助以補足租屋押金，或是連結其他關切居住正義的團體找尋友善房東等等。

(二) 強化婦女使用資源的能力

不論婦女決定返家或在外獨立生活，安全計畫是庇護所工作人員與婦女及其子女應討論的重要議題之一，庇護結束後若要離開暴力的家庭邁向獨立生活，更需要資源的挹注才能重新開始。部分婦女長期留在暴力關係原因，是對於離家後生活有不確定性，例如擔憂經濟問題、子女照顧等，因此對於離家庇護的婦女而言，具體了解獨立生活時可能面對的問題及因應資源是相當重要的（林雅容、林東龍、陳杏容、歐紫彤、潘淑滿，2016）。

庇護安置期間對於婦女而言，也是一個絕佳的學習與充權機會，有機會知道自己的權利，以適切的方式求助，認識社會資源並有機會連結自己的非正式支持系統，學習與環境中正式及非正式資源良性互動，甚至在新的生態環境中與他人互助，強化婦女使用資源的能力，才能讓其更有機會在抉擇新生活之後持續走下去。

(三) 網絡中服務提供者交互擴展

一個受暴婦女走出家庭暴力會面臨多元化的需求，非現行社會福利資源或社會支持系統所能支撐，需要更多、更長期的就業、托育與住宅政策協助，以及教養目睹暴力兒少的知識教育、個案管理服務與醫療的及時介入（戴世玫，2019）。

庇護服務的社工經常因為有機會與婦女有最密切也最貼近的相處，更有機會看見婦女的復原、需求及想望，幫助防治網絡中的成員或案主周遭的重要他人也能有相同的看見，更有助於團隊合作，找到最佳的合作模式。

對於尚未被開發的資源，個案管理社工更可以積極發揮倡議的角色，循合適管道反應意見並結合關心此議題的人，改善或立法保障更多人的權益。

7.3 庇護安置服務的倫理議題

社會工作可說是在所有的專業中最具價值取向的專業之一，這些價值體系形成了專業的使命。以中華民國社工師公會全國聯合會（2020）所揭示的社會工作倫理原則，包括了尊重、關懷、正義、堅毅、廉潔、守法、專業。社工在謹守每一項倫理原則時，卻也經常面臨不同價值與倫理間的衝突。

在庇護安置服務中因著社工貼近服務對象，有更多機會面臨倫理衝突。我們也可以從以下案例中一窺庇護安置服務社工常見的價值衝突與倫理兩難：

一、專業價值與個人價值

社工的訓練背景是尊重案主，也清楚不應該對案主有價值判斷與偏見，但是當社工面對著對婚姻的態度與行動都和自己迥異的案主，帶著知識背景與個人生命經驗，可能判斷案主的遭遇其實部分來自案主的責任。有時候庇護安置服務的社工因著與案主近距離的相處，覺察自己對案主有負面的看法或情緒，多少影響自己的工作熱情與服務態度，同時又因此覺得很羞愧與罪惡感，覺得自己不夠專業，不能勝任這樣的工作，甚至可能萌生退意（汪淑媛，2008）。再者，因著保護服務體系中，社工被賦予的工作角色多著重在危險評估、安全維護等，以預防暴力再次發生為工作目標，面對案主關心婚姻情感的維繫而不將避免風險擺在首位，目標的差距往往讓社工相當衝突，懷疑自身專業及服務體系究竟該如何發揮作用？

BOX 7-1

案例一：決定返家繼續與相對人共同居住

在庇護中心住了兩個月，瑪莉（37 歲）還是決定返家。

黃社工回憶起這一路陪伴瑪莉的過程：接瑪莉入住庇護所的那天，虛弱的瑪莉訴說懷孕時先生仍無情地施暴，腹中的胎兒因此流產，她在醫院告訴醫療人員小產是因為遭受婚姻暴力，手術後不敢返家，醫院立即做了通報及安全維護措施，社會局也代為聯繫安排庇護所。還在前往庇護所的路上，瑪莉就告訴黃社工：「這次真的心寒了！沒想到他連自己未出世的孩子都敢殺，我一定要離婚。」庇護期間社工和照顧團隊協助瑪莉調養身體，待其體力稍微恢復以後，也針對過往的暴力事件聲請了保護令，並提出離婚訴訟。

瑪莉說在調解庭上先生釋出善意，承諾要改善情緒控制的問題，也真的開始去心理諮商，雖然她也懷疑他能不能持續，但不給機會怎能知道呢？瑪莉也說當初結婚並不是隨便決定的，離婚也沒辦法輕易決定。同時她也擔心決定返家會讓黃社工失望，畢竟她們已經朝著離婚的目標準備了那麼多。

工作原則

1. 即便暫時未能理解案主的決定，但仍盡力秉持專業訓練，以開放的態度傾聽、理解案主做出此決定的想法。通常傾聽會帶來不同想法，能夠理解案主決定的脈絡。
2. 再次確認案主做此決定是出於自願，除了自身的生活外，案主的決定是否影響其他第三者的權益福祉。
3. 針對可能的安全議題提出討論，在案主返家前盡可能學習緊急狀況的因應方法及避免再次受傷的可行作法。
4. 回饋服務歷程案主的學習及改變，並祝福案主帶著庇護經驗中的新學習面對未來的挑戰。

「案主的個人基本福祉」是在此狀況下需要優先被考量的價值及倫理守則，社工除了看案主結束庇護的原因來自評工作的成果外，更應看見案主經歷服務過程的內在質變，肯定輸送服務過程中團隊展現的陪伴與培力工作本質。

二、案主自決與家長主義

當受暴婦女做出的決定令社工感到不放心，例如決定返家繼續與相對人共同生活，或是在生活安排、子女照顧或監護等事情的決定上，社工評估到案主決策帶來的風險，即使專業訓練中多麼看重案主自決權，社工在這樣的情境中也不免受到動搖。案主自決不等於任由案主在充滿未知的狀況下做出有限的選擇，在此倫理兩難中，需要社工盡可能幫助案主接收足夠的資訊，清楚相關的自身權益，盡可能擴充案主的思考以做出最適切的決定。

案例二：在庇護所不當對待子女的婦女

每當家園其他的婦女或社工提醒阿香（30 歲）約束一下女兒小雅（4 歲）的行為，阿香總是立即在人前啪地一聲賞小雅一巴掌，挨了一巴掌的小雅放聲大哭，阿香語帶憤怒又抱歉地說：「不是我不管，這孩子就是這樣管不動，我該怎麼辦？」團體生活中有這樣的噪音其實真的很惱人，再說這樣的管教顯然是無效，還讓小雅行為更加失控，越來越愛哭也越來越黏人。

李社工理解阿香帶著孩子到庇護所時，身心皆處於不穩定的狀態，小雅因目睹父母之間的暴力又與阿香倉促逃出，很沒有安全感，所以特別黏媽媽。阿香經常頭痛沒有多餘的體力與能力好好照顧也受到驚嚇的小雅，被孩子黏得緊緊的更無法喘息，母女倆的互動真是相當負面循環。李社工清楚通報職責，同時擔憂通報將造成與阿香之間的關係破裂，但兒少的權益也是重要的，更何況不通報會讓自己專業涉及法律風險。將如何介入才能滿足兩方的權益及自我保護？

錯誤示範

1. 默默通報，案主發現在庇護所打小孩的行為被通報後，社工就否認到底。
2. 義正嚴詞地表達，這是觸犯法律的行為，我們要依法通報。

工作原則

1. 機構平時就應制定依法通報的工作規範及流程，讓工作者有所依循，同時也要讓案主知道機構工作人員為兒少保護的責任通報人。說明主管機關除了公權力角色以外，也同時具有資源連結和服務輸送的角色，擴充案主對於通報制度的看法，以減少被通報時感到被指責、懲罰的感覺。
2. 庇護所可提供親職技巧予案主，連結資源以協助其有效幫助隨行子女適應庇護所的生活。
3. 確認要通報時再次向案主強調通報職責，強調通報制度的初衷是看見案主帶孩子的困難，並鼓勵婦女與兒少保護體系良性互動，有助得到適切的資源，減輕教養壓力。
4. 視案主需求，適當協助案主面對兒少保護社工的調查。

若案主自決影響到他人或第三者的權益，案主自決權將會受到限制。此作法也符合專業自我保護的價值原則，Reamer（1994）提出當專業人員應負責任的議題（Liability）興起，逐漸升高的法律風險讓專業自我保護的價值抬頭（包承恩、王永慈譯，2000）。而機構和主管也需要協助社工能夠掌握法律規範，以符合專業的倫理及責信。

三、專業界線與多重角色

社工必須和案主保持清晰的界線，有清楚的專業角色。較受非議的多重關係包括了其他社交接觸、交換禮物、共進餐飲、維持友誼、分享個人資訊、有生意往來，以及和案主有性接觸等等。關注多重關係議題主要是避免案主受到傷害和剝削（包承恩、王永慈譯，2000）。而庇護所內社工的工作型態與其他社會福利服務的社工不同，並非只有每個禮拜或每個月與案主見面幾分鐘，而是每天都有多次接觸的機會，經常一起用餐，甚至共度重要節慶，而某些個案中長期安置甚至長達半年以上，讓專業關係更加密切。然而在庇護所的團體生活中有一些規則必須要求遵守，有時案主會違反規定，例如晚歸、小孩喧鬧，造成管理上的困擾，這時社工又得扮演規範執行角色。

BOX 7-3

案例三：助人者和規範執行者的角色衝突

月娥（51 歲）是個待人處事圓融的大姐，雖然為了躲避婚姻暴力而住進庇護所，但她沒有表現出消沉，經常在庇護所幫助其他的姐妹帶小孩，她是專業保母，子女已經成年又孝順，已在籌備接她同住，社工和月娥都不太擔心日後工作及居住的問題。月娥經常主動幫助其他帶著孩子一起庇護的年輕姐妹臨托，讓這些姐妹可以放心出門工作或辦事。月娥在庇護所幫忙煮飯、帶小孩，可以賺到一點點工資，因為沒太多個人開銷，所以又買了飲料請大家喝。

王社工覺得在服務月娥的過程中不僅順利建立相當好的專業關係，也從中看到了一個婦女的韌性。然而某次社工在庇護所巷口竟看見月娥跟家人約碰面，每位案主入住時都已與庇護所協議好會保密住所，以維繫庇護所的隱密性，沒想到月娥卻是違規的那一個。

錯誤示範

看在月娥平常合作良好的份上，這次就睜隻眼閉隻眼。

工作原則

1. 強調規範的重要性，也真誠表露社工的困擾，讓案主能夠理解並認同規範，避免影響其他住民或忽視團體規範。
2. 視違規狀況影響程度進行後續處置，也避免衍生其他影響。
3. 提供適當的意見反映管道，經常與住民溝通、調整規範的適切性。

多重的角色不一定造成衝突，但是如同 BOX7-3 的狀況，當社工是服務提供者又是規範控制者時，在專業關係上會造成緊張，也造成社工的挫折。在此類事件上，很需要機構主管給予社工和案主雙方清楚的規範，並在執行規範過程予以協助。

四、有限資源的分配

社工經常會遇到資源有限的情形，庇護所的床位資源也是有限的資源，應分配給哪些人？當床位有限但庇護需求者眾多時，該讓哪一位住進來？

BOX 7-4

案例四：有限資源分配的難題

轉案單位說，阿美（46 歲）帶著一個 11 歲的女兒，女兒因為目睹阿美與前夫之間嚴重的婚姻暴力，因而有嚴重的情緒困擾而休學，阿美為了陪伴及照顧女兒無法穩定工作，因著繳交租金常拖延，加上前夫有時候會來吵鬧，阿美母女被房東下達最後通牒，限期搬走，轉案單位希望安排她們暫時進住庇護所，但是阿美為了幫助情緒困擾的女兒適應搬家的事實和準備打包，沒辦法今晚就入住。庇護所值班的社工評估過後，也認為阿美母女相當需要庇護資源，但目前另外一組個案也在評估需要入住，屆時庇護所就滿床了。

資源分配常有四種標準來思考：平等（equal）、需要（need）、補償（compensation）、貢獻程度（contribution）。在 BOX 7-4 的案例中，應維持程序上先來後到的平等，或是由社工決定誰的需要最大？在衡量個別案主和個別庇護團隊的狀況後，最後的抉擇勢必會有不同的定論，很難有標準答案。然重要的是，社工必須要知道分配的標準與機制，以及涉及的倫理議題本質，也必須願意在任何情況下對專業上所做的抉擇做合理的說明（包承恩、王永慈譯，2000）。

7.4 社會工作者從事庇護安置服務的自我準備

在目前臺灣的家庭暴力防治輸送體系裡，庇護所有如隱身於都市叢林中，不僅不易被外界所知，服務使用者的來源也藉由正式的防治網絡成員轉介，比起在其他場域工作的社工，在庇護所的工作較容易感到封閉。社工若有意從事庇護服務，可有以下的思考及自我預備。

一、工作者之自我照顧

因為工作型態以個案服務為主，日復一日近距離接觸倖存者的創傷，深度傾聽與陪伴，再加上案主結束服務後，礙於庇護所的保密規範，案主未必能返回庇護所，工作者少有機會了解服務帶給個案的長遠幫助與影響，服務過程中所累積的工作倦怠與替代性創傷也因此而產生。汪淑媛（2006）提出了庇護機構社工保持身心平衡對機構的氣氛與對服務品質的重要性，並建議除了社工自身能夠建立紓壓管道、妥善自我照顧以外，機構在督導管理過程中也應重視社工替代性創傷議題，認可並正常化社工的替代性創傷反應，以舒適安全的工作環境、適切的教育訓練及同儕支持團體，協助庇護機構社工因應高度工作情緒張力。

二、多元文化的工作能力

隨著新移民人口的增加，庇護服務的使用者逐漸轉型為多元文化的型態。因應婦女需求的轉變，首當其衝的是工作人員的文化能力。例如：新移民婦女遭遇婚暴後，又需面臨證件、國籍歸化等問題，而即便面對的是有相同國籍的案主，不同地域的文化與生活經驗、種族、族群，甚至是宗教信仰、家族歷史背景，皆形塑人們不同的婚姻、家庭觀，影響個人面臨婚姻抉擇中的思考與情緒。在庇護所的服務中，社工帶著自己生命經驗與成長脈絡，和不同文化背景的案主共同生活，甚至需要面對不同的飲食、年節儀式與其他生活習慣等等，可謂是接納與尊重的最大考驗。

臺灣的社會工作倫理守則揭示社工提供服務時，必須「接納案主的個別差異與多元文化」。而多元文化能力是社工服務案主的過程中，必須透過持續自我覺察與內在對話，不斷地累積知識，以理解來自不同族群、歷史背景之案主，逐漸累積成長為一個具備文化能力的成熟工作者（曾華源主編，2013）。

三、庇護型態的轉型

因應社區家庭暴力防治的功能，從庇護所到社區服務的延伸，庇護服務需要更具多元的服務模式（游美貴，2002）。Dobash 和 Dobash（1992）認為，庇護所不僅是提供受虐婦女逃離暴力的安全住所，更給予受虐婦女得以接觸其他處境類似的婦女，使其彼此激勵，因此庇護所不再只是社會服務，而被視為是個人和社會改變的機制（游美貴，2008）。

相較於國內目前多半以隱密的機構式庇護所提供服務，歐美國家基於充權、女性主義與社區防治等信念，辦理「安全而不隱密」的服務模式，庇護所不再隱密而是公開且可被大眾辨識的地點，同時在庇護所裡設有家庭暴力服務中心，在同一地點提供庇護、諮詢、協調和支持等多元服務（游美貴，2013；郭彩榕等，2013）。從開放式庇護的工作模式中，除了看見庇護安置服務中看重人性尊嚴、反暴力的信念與價值擴展到影響社區，也看到工作者發揮更大的社會倡導的角色，促進社區社會對受暴婦女的協助，以翻轉社會文化對家庭暴力的合理化，改善對受暴婦女及其子女的污名。借鏡其他社會的經驗，反思國內仍需面對家庭暴力防治的公民意識，在社會文化的思潮轉變中，讓庇護安置服務與工作者發揮更大的價值，是下一階段的努力目標。

問題思考

一、社會工作個案管理者在目前庇護安置服務中，可以做到哪些服務內涵？

二、在庇護安置服務常見倫理議題之案例中，哪一項讓你有所省思？談談你的想法。

三、若你要從事庇護安置服務，有哪些自我預備與提醒？

參考文獻

天主教善牧社會福利基金會（2020）。安心家園歷史背景介紹，取自：http://www.goodshepherd.org.tw/chtw/

汪淑媛（2006）。家暴婦女庇護中心工作者情緒張力與因應策略，《社會政策與社會工作學刊》，10（1），189-226。doi：10.6785/SPSW.200606.0189

林雅容、林東龍、陳杏容、歐紫彤、潘淑滿（2016）。〈親密關係暴力：臺灣女性之受暴與求助經驗〉，《臺灣社會工作學刊》，17，1-42。

林萬億（2012）。《臺灣的社會福利：歷史經驗與制度分析》。臺北：五南。

郭彩榕等（2013）。《荷蘭性別暴力防治體系與被害人保護服務工作考察報告》。臺北：內政部，取自：https://report.nat.gov.tw/ReportFront/ReportDetail/detail?sysId=C10202606

曾華源主編（2017）。《社會個案工作》。臺北：洪葉文化。

游美貴（2008）。〈臺灣地區受虐婦女庇護服務轉型之研究〉，《臺大社會工作學刊》，18，143-190。doi：10.6171/ntuswr2008.18.04

游美貴（2013）。《受虐婦女庇護實務》。臺北：洪葉文化。

黃淑鈴（2015）。〈從香港某家庭暴力庇護中心服務～反思臺灣家暴庇護安置中心作為〉，《亞洲家庭暴力與性侵害期刊》，11（1），137-154。

葛書倫（2003）。《婚姻暴力被害人安置措施之研究》（內政部家庭暴力及性侵防治委員會委託研究，092000000AU701001）。臺北：內政部家庭暴力及性侵害防治委員會。

詹子晴、韓意慈（2018）。〈突破受暴婦女的就業困境—準備性職場服務經驗的研究〉，《臺灣社會福利學刊》，14（1），111-153。doi：10.6265/TJSW.201806_14(1).03

潘淑滿（2007）。《親密暴力：多重身分與權力流動》。臺北：心理。

衛生福利部保護服務司（2017）。辦理家庭暴力被害人庇護安置處理程序，取自：https://dep.mohw.gov.tw/dops/cp-1287-14944-105.html

戴世玫（2013）。〈轉動中的權力控制輪：美國家庭暴力實務研究的多元圖像論述〉，《社區發展季刊》，142，164-175。

戴世玫（2019）。〈貧困母職：攜子自立受暴婦女的照顧抉擇〉，《財務社會工作與貧窮研究學刊》，2（2），1-24。取自：https://www.atss.org.tw/Seminar/20130927/B1-3.pdf

Dobash, R. E. & Dobash, R. P. (1992). *Women, violence and social change*. London: Routledge.

P A R T

2

法院社會工作

Chapter 8
民事保護令與撰狀實務
黃心怡

Chapter 9
法院家庭暴力事件服務處之倡議與服務
黃心怡、戴世玫

Chapter 10
《家事事件法》之制度與訪查
黃心怡、王青琬

Chapter 11
家暴與家事案件中社會工作者的陪同出庭
黃心怡

Chapter 12
收出養制度與實務
王青琬

CHAPTER

8 民事保護令與撰狀實務

本章重點

» 認識我國民事保護令的種類與內容。

» 了解民事保護令的撰狀實務情形。

» 了解民事保護令的證據蒐集。

8.1 民事保護令的種類與內容

我國《家庭暴力防治法》之立法跨越不同領域，包含民、刑事實體法、程序法以及其他領域之法律，為一部綜合性之法規。其中又以引進英美法系之保護令制度為其特色，此亦為亞洲大陸法系國家首創完成之保護令立法。保護令在有家庭暴力法之國家中扮演極重要的角色，可以說是家庭暴力之被害人最直接及最常用之法律救濟途徑。依我國《家庭暴力防治法》規定，保護令分為通常保護令、暫時保護令及緊急保護令：

一、通常保護令

(一) 通常保護令之聲請

通常保護令案件係指法院保護被害人、目睹家庭暴力兒童及少年或其特定家庭成員免受家庭暴力，由法院通知兩造並開庭審理後所核發之裁定。通常保護令得由被害人、檢察官、警察機關或直轄市、縣（市）主管機關向法院聲請。被害人如果是未成年人、身心障礙者或因故難以委任代理人聲請時，他的法定代理人（即父母、監護人）、三親等內的親屬（即父母、祖父母、子女、

孫子女、兄弟姐妹等）或檢察官、警察機關、各地家庭暴力防治中心都可以協助聲請。

保護令的聲請，應以書面為之，可以由被害人之住居所地、相對人（即實施暴力的人）之住居所地、或家庭暴力發生之地方法院管轄。所稱「住居所」是《民法》上概念，指當事人依一定事實，足認以久住之意思，住於一定之地域者，即為設定其住所於該地；所謂「一定事實」，包括戶籍登記、居住情形等，尤以戶籍登記資料為主要依據，但不以登記為要件。因此若被害人原本居住在臺南，但受暴後搬到臺中娘家居住，被害人即可以在臺南地方法院聲請、也可以在臺中地方法院聲請保護令；若被害人受到家暴的地點在新竹，被害人也可以到新竹地方法院聲請保護令。

（二）通常保護令之條款

通常保護令可聲請的條款包含下列幾點，聲請人得就被害人之需求請求法院核發：

1. **禁止實施暴力：**禁止相對人對於被害人、目睹家庭暴力兒童及少年或其特定家庭成員實施家庭暴力。
2. **禁止騷擾、接觸、跟蹤、通話、通信或其他非必要的聯絡：**禁止相對人對於被害人、目睹家庭暴力兒童及少年或其特定家庭成員為騷擾、接觸、跟蹤、通話、通信或其他非必要之聯絡行為。
3. **命相對人遷出：**命相對人搬出被害人、目睹家庭暴力兒童及少年或其特定家庭成員之住居所；必要時，並得禁止相對人就該不動產為使用、收益或處分行為。
4. **命相對人遠離特定場所：**命相對人遠離包含被害人、目睹家庭暴力兒童及少年或其特定家庭成員之住居所、學校、工作場所或其他經常出入之特定場所之特定距離。
5. **交付汽、機車必需品使用權：**定汽車、機車及其他個人生活上、職業上或教育上必需品之使用權；必要時，並得命交付反還。

6. **暫定親權**：定暫時對未成年子女權利義務之行使或負擔，由當事人之一方或雙方共同任之、行使或負擔之內容及方法；必要時，並得命交付子女。
7. **暫定會面交往**：定相對人對未成年子女會面交往之時間、地點及方式；必要時，並得禁止會面交往。
8. **給付租金或扶養費**：命相對人給付被害人住居所之租金或被害人及其未成年子女之扶養費。
9. **給付費用**：命相對人交付被害人或特定家庭成員之醫療、輔導、庇護所或財物損害等費用。
10. **命相對人完成處遇計畫**：命相對人完成認知教育輔導、親職教育輔導、心理輔導、精神治療、戒癮治療或其他輔導、治療等處遇計畫。
11. **命負擔律師費**：若保護令聲請有聘請律師，得命相對人負擔相當之律師費用。
12. **禁止閱覽相關資訊**：禁止相對人查閱被害人及受其暫時監護之未成年子女戶籍、學籍、所得來源相關資訊。
13. **其他必要命令**：命其他保護被害人、目睹家庭暴力兒童及少年或其特定家庭成員之必要命令。

(三) 通常保護令之審理

法院受理保護令之聲請後，即行審理程序。考量保護令事件當事人之隱私與案件之特殊性，採不公開審理，即開庭時不對外公開。審理程序中，為考量被害人、其未成年子女及證人之出庭安全，法院得依聲請人聲請或依職權進行隔別訊問或採取下列保護安全措施：

1. **不同時間到庭或退庭。**
2. **到庭、退庭使用不同之出入路線及等候處所。**
3. **請警察、法警或其他適當人員護送離開法院。**
4. **請社工陪同開庭。**
5. **使用有單面鏡設備之法庭。**
6. **其他適當措施。**

每個案件開庭次數不一定，法官可能視證據內容、聲請內容決定。法院於審理終結前，得聽取直轄市、縣（市）主管機關或社會福利機構之意見。最後法院會考量證據是否充分、是否構成家暴事實、暴力再發生的可能性決定保護令核發或駁回。

(四) 通常保護令之時效

通常保護令之有效期間最長為二年，自核發時起生效。通常保護令失效前，當事人或被害人、檢察官、警察機關或直轄市、縣（市）主管機關得聲請延長保護令，每次延長期間為二年以下。

二、暫時保護令與緊急保護令

(一) 暫時保護令與緊急保護令之聲請

暫時保護令應以書面為之，得為聲請之人與通常保護令相同。另為保護被害人，在通常保護令審理終結前，法院也得依被害人、檢察官、警察機關或各直轄市、縣（市）主管機關書面聲請或依職權核發暫時保護令。因此，暫時保護令主要是為填補通常保護令審理期間，家庭暴力尚未達急迫危險程度時，被害人人身安全可能的保護空窗期。

緊急保護令基於被害人有遭受家庭暴力的急迫危險，僅得由檢察官、警察機關或各直轄市、縣（市）主管機關以書面、言詞、電信傳真或其他科技設備傳送方式向法院聲請，且法院應於受理聲請後 4 小時之內核發。

暫時與緊急保護令可以聲請之管轄法院與通常保護令相同。

(二) 暫時保護令與緊急保護令之條款

暫時保護令可聲請的條款僅為通常保護令之 1 至 6 款、12 款及 13 款，聲請人得就被害人之需求請求法院核發：

1. **禁止實施暴力**：禁止相對人對於被害人、目睹家庭暴力兒童及少年或其特定家庭成員實施家庭暴力。

2. **禁止騷擾、接觸、跟蹤、通話、通信或其他非必要的聯絡：**禁止相對人對於被害人、目睹家庭暴力兒童及少年或其特定家庭成員為騷擾、接觸、跟蹤、通話、通信或其他非必要之聯絡行為。
3. **命相對人遷出：**命相對人搬出被害人、目睹家庭暴力兒童及少年或其特定家庭成員之住居所；必要時，並得禁止相對人就該不動產為使用、收益或處分行為。
4. **命相對人遠離特定場所：**命相對人遠離包含被害人、目睹家庭暴力兒童及少年或其特定家庭成員之住居所、學校、工作場所或其他經常出入之特定場所之特定距離。
5. **交付汽、機車必需品使用權：**定汽車、機車及其他個人生活上、職業上或教育上必需品之使用權；必要時，並得命交付反還。
6. **暫定親權：**定暫時對未成年子女權利義務之行使或負擔，由當事人之一方或雙方共同任之、行使或負擔之內容及方法；必要時，並得命交付子女。
7. **禁止閱覽相關資訊：**禁止相對人查閱被害人及受其暫時監護之未成年子女戶籍、學籍、所得來源相關資訊（原第 12 款）。
8. **其他必要命令：**命其他保護被害人、目睹家庭暴力兒童及少年或其特定家庭成員之必要命令（原第 13 款）。

（三）暫時保護令與緊急保護令之審理

法院於受理緊急保護令之聲請後，依聲請人到庭或電話陳述家庭暴力之事實，足認被害人有受家庭暴力之急迫危險者，應於 4 小時內以書面核發緊急保護令。法院核發暫時保護令或緊急保護令，也得不經開庭審理程序即裁定。若暫時保護令與緊急保護令經開庭審理，審理程序與通常保護令相同。

（四）暫時保護令與緊急保護令之時效

若聲請人僅聲請暫時保護令（含緊急保護令），而未聲請通常保護令，當法院核發暫時保護令後，案件仍未終結，視為當事人已聲請通常保護令。法院終結審理通常保護令核發或駁回聲請前，暫時保護令之效力均為有效，但當法院核發通常保護令或駁回聲請時，暫時保護令就失其效力。

三、通常保護令、暫時保護令與緊急保護令之比較

▼表 8-1　通常保護令、暫時保護令及緊急保護令比較表

<table>
<tr><th>比較項目</th><th>通常保護令</th><th>暫時保護令</th><th>緊急保護令</th></tr>
<tr><td>聲請人</td><td colspan="2">1. 被害人本人
2. 法定代理人、三親等內親屬
3. 檢察官
4. 警察局（分局）
5. 直轄市、縣（市）主管機關</td><td>1. 檢察官
2. 警察局（分局）
3. 直轄市、縣（市）主管機關</td></tr>
<tr><td>聲請方式</td><td colspan="2">應以書面為之</td><td>1. 書面聲請狀
2. 言詞
3. 電信傳真
4. 其他科技設備傳送方式</td></tr>
<tr><td>可聲請保護令內容</td><td>1. 禁止實施暴力
2. 禁止騷擾、接觸、跟蹤、通話、通信或其他非必要的連絡
3. 命相對人遷出
4. 命相對人遠離特定場所
5. 交付汽、機車等必需品使用權
6. 暫定親權
7. 暫定未成年子女會面交往
8. 給付被害人居住之租金或未成年子女扶養費
9. 給付醫療、輔導、庇護所或財物損害費用
10. 命相對人完成處遇計畫
11. 命負擔律師費
12. 禁止相對人閱覽被害人及未成年子女之戶籍、學籍、所得來源等資訊
13. 其他必要命令</td><td colspan="2">1. 禁止實施暴力
2. 禁止騷擾、接觸、跟蹤、通話、通信或其他非必要的連絡
3. 命相對人遷出
4. 命相對人遠離特定場所
5. 交付汽、機車等必需品使用權
6. 暫定親權
7. 禁止相對人閱覽被害人及未成年子女之戶籍、學籍、所得來源等資訊
8. 其他必要命令</td></tr>
</table>

（續上表）

比較項目	通常保護令	暫時保護令	緊急保護令
具親密關係之非同居伴侶可聲請的保護令內容	1. 禁止實施暴力 2. 禁止騷擾、接觸、跟蹤、通話、通信或其他非必要的連絡 3. 命相對人遠離特定場所 4. 給付醫療、輔導、庇護所或財物損害費用 5. 命相對人完成處遇計畫 6. 命負擔律師費 7. 禁止相對人閱覽被害人戶籍、學籍、所得來源等資訊 8. 其他必要命令	1. 禁止實施暴力 2. 禁止騷擾、接觸、跟蹤、通話、通信或其他非必要的連絡 3. 命相對人遠離特定場所 4. 禁止相對人閱覽被害人戶籍、學籍、所得來源等資訊 5. 其他必要命令	
審理方式	開庭審理	得不經審理程序	
生效時期	法院核發時生效	1. 法院核發時生效 2. 尚未聲請通常保護令者，視為已聲請	
失效原因	1. 期間屆滿 2. 保護令失效前，當事人或被害人聲請撤銷，經法院裁定撤銷 3. 通常保護令所定之命令，於期間屆滿前，經法院另為裁判確定者，該命令失其效力 4. 保護令失效前，當事人或被害人聲請變更，經法院裁定者，被變更部分失效 5. 經抗告法院廢棄、另為裁定	1. 聲請人撤回通常保護令之聲請 2. 法院准許發通常保護令 3. 法院駁回通常保護令之聲請 4. 保護令失效前，法院依當事人或被害人之聲請撤銷之 5. 保護令失效前，當事人或被害人聲請變更，經法院裁定者，被變更部分失效 6. 經抗告法院廢棄、另為裁定	
有效期間	兩年以下	失效前均有效	
違反保護令之法律責任	違反法院依第 14 條第 1 項、第 16 條第 3 項所為之下列裁定者，為《家庭暴力防治法》所稱違反保護令罪，處三年以下有期徒刑、拘役或科或併科新臺幣十萬元以下罰金： 1. 禁止實施家庭暴力 2. 禁止騷擾、接觸、跟蹤、通話、通信或其他非必要之聯絡行為 3. 遷出住居所 4. 遠離住居所、工作場所、學校或其他特定場所 5. 完成加害人處遇計畫		

資料來源：《家庭暴力防治法》；司法院網站：https://www.judicial.gov.tw/tw/cp-104-4892-04014-1.html

8.2 民事保護令的撰狀實務

一、如何撰寫民事通常保護令

司法院網站有提供制式保護令聲請書狀供民眾參考，但並非只能使用法院制式書狀，只要聲請之書面資料確實記載《家庭暴力防治法施行細則》第 5 條所列之下列事項即可聲請：

（一）聲請人之姓名、性別、出生年月日、國民身分證統一編號、住居所或送達處所及與被害人之關係；聲請人為法人、機關或其他團體者，其名稱及公務所、事務所或營業所。

（二）被害人非聲請人者，其姓名、性別、出生年月日、住居所或送達處所。

（三）相對人之姓名、性別、出生年月日、住居所或送達處所及與被害人之關係。

（四）有代理人者，其姓名、性別、出生年月日、住居所或事務所、營業所。

（五）聲請之意旨及其原因、事實。

（六）供證明或釋明用之證據。

（七）附件及其件數。

（八）法院。

（九）年、月、日。

以下以現代婦女基金會研發之保護令聲請狀為撰寫範例說明（現代婦女基金會，2009）：

民事通常保護令聲請狀

當事人欄

聲請人＿＿＿＿＿＿＿＿ 出生日期：年　月　日　身分證統一編號：

職業：　與被害人關係：

☐同被害人　聯絡電話：☐保密（載於附件一）

☐無保密：＿＿＿＿＿＿＿＿

☐即法定代理人　戶籍地址：☐保密（載於附件一）

☐即代理人　☐無保密：＿＿＿＿＿＿＿＿

居住地址：☐保密（載於附件一）

☐無保密：＿＿＿＿＿＿＿＿

送達處所：☐保密（載於附件一）

☐無保密：＿＿＿＿＿＿＿＿

➔ 是否請求法官隔離詢問或其他適當之安全措施：

☐ 是（原因＿＿＿＿＿＿＿＿＿＿＿＿＿＿＿＿）

☐ 否

➔ 審理時，是否需要社工陪同：☐是　☐否

相對人＿＿＿＿＿＿＿＿ 出生日期：年　月　日　身分證統一編號：

職業：　與被害人關係：

戶籍地址：＿＿＿＿＿＿＿＿

居住地址：＿＿＿＿＿＿＿＿

聯絡電話：＿＿＿＿＿＿＿＿

撰狀說明

1. 在填寫保護令時需要填寫兩造資料，但如果相對人還不知道聲請人（或被害人）現在的住或聯絡電話時，一定要在聯絡地址處註明「保密（載於附件）」。附件填寫完後，用信封密封起來，再連保護令書狀一起遞狀，這樣就可以請求法院保密現住地址及聯絡電話。
2. 若聲請人並非被害人本人，或被害人、相對人有多人，可自行增加欄位。
3. 依《家庭暴力防治法》第 13 條可向法院聲請隔別訊問或社工陪同開庭，但仍需看法官是否准許。

兩造關係　※ 請附戶籍謄本

□**婚姻中**（□共同生活 □分居）共有子女（男）＿＿人＿＿歲；（女）＿＿人＿＿歲。

□**離婚**　（□共同生活 □分居）共有子女（男）＿＿人＿＿歲；（女）＿＿人＿＿歲。

□**同居關係**（□現有、□曾有）若係同居關係，應就有無子女、同居時間、同財共居等事實說明：

＿＿＿＿＿＿＿＿＿＿＿＿＿＿＿＿＿＿＿＿＿＿＿＿＿＿＿＿＿＿

□**直系血親**（□現有、□曾有；稱謂：＿＿＿＿＿）

□**直系姻親**（□現有、□曾有；稱謂：＿＿＿＿＿）

□**四等以內旁系血親**（□現有、□曾有；稱謂：＿＿＿＿＿）

□**四等以內旁系姻親**（□現有、□曾有；稱謂：＿＿＿＿＿）；□其他：＿＿＿＿＿

應備文件	聲請保護令必備三個月內之兩造戶籍謄本正本，記事欄不可省略。若兩造不同戶籍，聲請人可先聲請自己戶籍謄本附上，法官認為有必要時，會再開庭通知備註欄註明聲請相對人戶籍謄本，聲請人可憑此至戶政機關聲請對造戶籍謄本。

聲請意旨

撰狀說明

並非所有條款都要勾選，應視被害人的需求與必要性勾選。每多聲請一款，法官可能就需要多花一點時間進行調查，保護令可能就越慢裁定。

第 1 款　□**相對人不得對下列之人實施身體、精神或經濟上之騷擾、控制、脅迫或其他不法侵害之行為：(14-1-1)**

□被害人（□同聲請人）

※ 若被害人與聲請人不同，請填寫下列資料：

姓名：＿＿＿＿＿＿出生年月日：＿＿／＿＿／＿＿身分證統一編號：

聯絡電話：　□保密（載於附件一）

□無保密：＿＿＿＿＿＿＿＿＿＿＿＿＿＿＿＿

戶籍地址：　□保密（載於附件一）

□無保密：＿＿＿＿＿＿＿＿＿＿＿＿＿＿＿＿

居住地址：　□保密（載於附件一）

□無保密：＿＿＿＿＿＿＿＿＿＿＿＿＿＿＿＿

□目睹家庭暴力兒童及少年（姓名／出生年月日）：＿＿＿＿＿＿＿＿＿＿

＿＿＿＿＿＿＿＿＿＿＿＿＿＿＿＿＿＿＿＿＿＿＿＿

※ 相對人是否有對下列之人實施暴力？若有且需納入保護對象者，請填寫下列資料：

□被害人子女（姓名／出生年月日）：＿＿＿＿＿＿＿＿＿＿＿＿＿＿

□被害人其他家庭成員（姓名／出生年月日／與被害人關係：　　　　　）

＿＿＿＿＿＿＿＿＿＿＿＿＿＿＿＿＿＿＿＿＿＿＿＿

注意事項及風險評估	1. 被害人是指主要受暴者。 2. 目睹家庭暴力兒童及少年指看見或直接聽聞家庭暴力之孩子。
應備文件	驗傷單、悔過書、協議書、簡訊照片、受傷照片（最好跟臉部一起拍）、破壞物品的現場照片、受（處）理家庭暴力暨兒少保護案件調查紀錄（通報）表、通聯紀錄、證人、錄音光碟及其逐字稿。以上不是都要具備，盡量把蒐集到的附上即可。

第 2 款 □相對人不得對下列之人為下列聯絡行為：(14-1-2)

□被害人；□目睹家庭暴力兒童及少年；□特定家庭成員

□騷擾；□接觸；□跟蹤；□通話；□通信；□其他非必要聯絡行為：______________。

注意事項及風險評估	1. 因為騷擾的定義比較廣，所以聲請保護令時通常都會請求這一項。 2. 就通話、通信而言，因家屬或夫妻間通話、通信在所難免，特別是如果是有未成年子女的夫妻，更難要求對方不能通電話，執行上也比較困難，所以也比較難核發此款。
應備文件	悔過書、協議書、簡訊照片、破壞物品的現場照片、受（處）理家庭暴力暨兒少保護案件調查紀錄（通報）表、通聯紀錄、證人、錄音光碟及其逐字稿。以上不是都要具備，盡量把蒐集到的附上即可。

第 3 款 □相對人應在____年____月____日前或於裁定後____日內，遷出下列之人

□被害人；□目睹家庭暴力兒童及少年；□特定家庭成員**之住居所**：(14-1-3 前段)

(住址)____，

並將鑰匙交付被害人。

□相對人不得就上開不動產（包含建物及其座落土地）為任何處分行為；亦不得為下列有礙於被害人使用該不動產之行為：(14-1-3 後段)

□出租；□出借；□設定負擔；□其他：__________________

注意事項及風險評估	1. 如果被害人不準備搬回家或者是兩造一直都沒有同住，就毋需聲請。 2. 房子不一定要登記在被害人名下，但房子登記被害人名下，法官比較可能核發此款。 3. 如果房子登記在相對人名下，但擔心因聲請保護令相對人做出報復行為，可以限制相對人對房子做出處分或是斷水電等行為。 4. 有些法官會詢問相對人搬出後，可搬到哪裡，是否有其他地方可住。如相對人有其他住處，法官通常較會核發此款。
應備文件	土地所有權狀謄本／建物所有權狀謄本／租賃契約謄本行照影本。

第 4 款　□相對人必須遠離下列場所至少＿＿＿＿＿＿＿＿公尺：(14-1-4)

□①被害人；□②目睹家庭暴力兒童及少年；□③特定家庭成員　之住居所

住居所（地址）：＿＿＿＿＿＿＿＿＿＿＿＿＿＿＿＿

□①被害人；□②目睹家庭暴力兒童及少年；□③特定家庭成員　之工作場所

工作場所（地址）：＿＿＿＿＿＿＿＿＿＿＿＿＿＿＿＿

□①被害人；□②目睹家庭暴力兒童及少年；□③特定家庭成員　之學校

學校（校名／地址）：＿＿＿＿＿＿＿＿＿＿＿＿＿＿＿＿

□①被害人；□②目睹家庭暴力兒童及少年；□③特定家庭成員　之其他場所

其他經常出入之特定場所（地址）：＿＿＿＿＿＿＿＿＿＿＿＿＿＿＿＿

注意事項及風險評估	1. 相對人曾經／可能到被害人住所騷擾。 2. 子女遭到相對人波及；且相對人也曾經／可能會到子女的學校騷擾。範圍不限於學校，可擴及安親班、補習班及保母處等地。 3. 相對人曾經／可能到被害人工作場所騷擾或施暴。 4. 被害人經常出入的場所，相對人也曾經／可能到那裡騷擾或施暴（例如：娘家）。 5. **如果相對人目前還不知道被害人的地址，建議不要填寫遠離令，因為寫出來，地址就曝光了。**但若訴訟中或核發保護令後，相對人知道了該地址，可再向法院聲請變更保護條款，增加遠離地址。 6. 若未聲請要求相對人遷出共同住居所，就難以聲請要求相對人遠離被害人住居所。
應備文件	所有要遠離的場所都必須要有確定的建物，並寫出詳細地址或地標。

第 5 款　□下列物品之使用權歸被害人：(14-1-5)

□汽車（車號：＿＿＿＿＿＿＿＿）※ 請附行照影本

□機車（車號：＿＿＿＿＿＿＿＿）※ 請附行照影本

□其他物品：＿＿＿＿＿＿＿＿(例如：證件、電腦等) ※ 請附行照影本

相對人應依照法院裁定內容，將上該物品連同相關證件、鑰匙等交付被害人。

注意事項及風險評估	通常是日常生活的必需品，或物品登記在被害人名下，否則難以要求相對人歸還。
應備文件	1. 載明應交付之特定物品名稱、數量等，愈具體愈好；且應說明加害人應交付之原因。 2. 如果是汽機車最好具備行照影本；或其他可證明汽機車為被害人所有之證件。 3. 其他物品可能有：身分證、健保卡、存摺印鑑或電腦等生活工具。

第 6 款　□下列未成年子女之權利義務行使或負擔（親權）暫定由：(14-1-6)

（子女姓名：＿＿＿＿＿＿性別：＿＿出生日：＿＿／＿＿／＿＿）

□被害人

□相對人應應依照法院裁定內容，將子女（姓名）＿＿＿＿＿＿交付被害人。

注意事項及風險評估	1. 被害人與相對人有未成年子女才需聲請此款，即希望法院定「暫時性」的親權。 2. 一般而言，此款主要是針對有準備幫子女辦理「轉學籍不轉戶籍」俗稱「祕密轉學」者；或者，已離婚但約定子女親權由相對人行使，在法院未改定子女親權時對未成年子女的保護措施。若沒有此方面的打算及需求，就無需聲請此款。 3. 交付子女的場所可以訂在公部門提供的場所或是公共場所，以確保被害人的安全。
應備文件	1. 備戶籍謄本正本（包括未成年子女）。 2. 提出自己適任親權人之原因、理由，例如：經濟狀況、在職證明、身體健康情形、穩定之住居所、良好的成長環境、子女之教育計畫、教養態度及生活照顧等；並說明相對人不適任之原因、理由暨相關事證資料。 3. 說明子女目前與誰同住，以利法官決定有無交付子女之必要。

第 7 款　□相對人與前開未成年子女之會面交往：(14-1-7)

□相對人不得與前開未成年子女會面交往

□會面交往之時間、地點、方式：＿＿＿＿＿＿＿＿＿＿＿＿＿＿＿＿

注意事項及風險評估	1. 被害人與相對人有未成年子女才需聲請此款。 2. 如果對子女暴力嚴重可要求禁止對方會面交往。 3. 如果要讓相對人探視但又擔心再次受暴，可將探視的地點定在公共場所，並將探視時間、頻率、接送方式說明清楚，以避免未來相對人因為藉由探視子女騷擾被害人。
應備文件	若子女年齡太小，可於書狀中提出希望會面之時間（如長短、次數等）；或相對人有慣性施暴情形，可於書狀中建議相對人宜先接受親職教育或相關處遇治療後使得會面。若探視過程中子女有遭受相對人暴力的可能，可於訴狀中要求家暴中心介入協助進行子女之探視。

第 8 款　□相對人應按月於每月＿＿日前給付被害人：(14-1-8)

（給付方式＿＿＿＿＿＿＿＿＿＿＿＿＿＿＿＿＿＿＿＿＿＿＿＿）

□住所租金新臺幣＿＿＿＿＿＿元整　※ 請附租賃契約

□扶養費用新臺幣＿＿＿＿＿＿元整

□未成年子女（姓名）＿＿＿等＿＿＿名之扶養費用新臺幣＿＿＿＿＿＿元整。

注意事項及風險評估	被害人無工作，以前也是相對人支付上列款項，因擔心聲請保護令的舉動導致相對人不願再支付時，可聲請此款項。
應備文件	1. 檢附相關收據，若是子女生活費用部分最好列出明細，並寫出希望匯入的銀行帳號。 2. 提供相對人財力證明（如：薪資證明、扣繳憑單或報稅資料）或列出被害人支付家庭生活費用之數額（可供證明相對人有能力卻未支付之相關證明）。

第 9 款　☐相對人應按月於每月＿＿＿日前給付被害人：(14-1-9)

（給付方式＿＿＿＿＿＿＿＿＿＿＿＿＿＿＿＿＿＿＿＿＿＿＿＿＿＿＿＿）

☐醫療費用新臺幣＿＿＿＿＿＿＿＿元整　※ 請附相關費用收據

☐輔導費用新臺幣＿＿＿＿＿＿＿＿元整　※ 請附相關費用收據

☐庇護所或財物損害費用新臺幣＿＿＿＿＿＿＿＿元整。※ 請附相關費用收據

注意事項及風險評估	主要是因受暴而就醫所產生的醫療費用、輔導費用或財物損害費用，可請求相對人負擔。
應備文件	檢附費用收據，並寫出希望匯入的銀行帳號。

第 10 款　☐相對人應完成下列處遇計畫：(14-1-10)

☐認知教育輔導；☐心理輔導；☐精神治療

☐戒癮（☐酒精；☐藥物濫用；☐毒品；☐其他：＿＿＿＿＿＿＿＿＿）治療

☐其他輔導、治療：＿＿＿＿＿＿＿＿＿＿＿＿＿＿＿＿＿＿＿＿＿＿＿＿

注意事項及風險評估	法院得逕命相對人接受認知教育輔導、親職教育輔導及其他輔導，並得命相對人接受有無必要施以其他處遇計畫之鑑定。處遇計畫之鑑定是法院會先請醫生、心理師、社工師等專業醫療人員進行審前鑑定，鑑定報告出爐後才能讓法官核發，也因此法院需要花額外時間去安排鑑定，有可能延遲保護令裁定。
應備文件	此部分不需舉證，被害人以自己的觀察去選擇是否聲請此款，再由法院經由鑑定決定核發與否。但若已有相對人就醫證明，也可附上給法官參考。

第 11 款　☐相對人應負擔律師費新臺幣＿＿＿＿＿＿＿＿元整。※ 請附相關費用收據 (14-1-11)

注意事項及風險評估	保護令可以自己進行，不一定用請律師代理；且委任律師之後，被害人不一定都可以不用出庭。
應備文件	檢附委任律師費用收據。

第 12 款 □禁止相對人查閱被害人及受其暫時監護權之未成年子女相關資訊：(14-1-12)

□被害人戶籍　□被害人學籍　□被害人所得來源

□未成年子女戶籍　□未成年子女學籍　□未成年子女所得來源

注意事項及風險評估	此款主要是針對即將逃離相對人監控的被害人而言，如果現階段還沒準備離開者則毋需聲請。
應備文件	視實際狀況於聲請狀內說明事由。

第 13 款　□其他保護被害人、目睹家庭暴力兒童及少年及其特定家庭成員之必要命令：(14-1-13)

____

注意事項及風險評估	如有非上述款項，在此部分書寫（多數不會使用到此款項）。
應備文件	提出核發該命令之事證及相關資料。

事實理由

一、本次暴力事實：

1. **發生時間**：____年____月____日（上、下）午____時____分
2. **發生地址**：______________________________
3. **發生原因經過**：______________________________

   ____
4. **本次暴力是否有相關證據**：□無；□有，請續填證據類型，

   ※ □物證：□驗傷單（診斷證明）；□照片；□錄音（影）光碟；□錄音（譯文）；

   □其他______________

   ※ □人證：姓名__________關係__________、姓名__________關係__________
5. **其他家庭成員受害狀況**：

   ▶被害人之其他家庭成員是否遭受暴力？

   □否；□是，姓名（年齡）：______________，與被害人關係：______________

   ▶該家庭成員遭受何種暴力？

   □身體傷害；□性侵害；□妨害自由；□精神暴力（□騷擾、□威脅恐嚇、□辱罵、□經濟控制、□毀損物品）；請具體描述：______________________________

   ▶該家庭成員是否受傷？□否；□是，受傷部位及傷勢：______________________________

   ▶是否有相關證據？□無；□有

說　　明	本款項主要是陳述**最近一次**的暴力。
注意事項	1. 描述相對人於上述時間及地點，因何事毆打被害人，毆打或施暴過程如何，之中是否有發生其他事情，例如辱罵或毀損物品等，當時是否有人在場，暴力如何結束，以及被害人受傷的狀況（包括生理及心理的）。也可直接寫下相對人的口頭威脅對話等。 2. 重點在寫出暴力的前因、發生的過程及結果。寫一次過程即可，並把證據一併提出，勿把過去所有的暴力歷程都寫出來。
應備文件	附上該次暴力之驗傷單／照片／錄音（影）光碟／錄音譯文／報案證明等資料為證。

二、上一次暴力事實：

1. **發生時間**：＿＿年＿＿月＿＿日（上、下）午＿＿時＿＿分
2. **發生地址**：＿＿＿＿＿＿＿＿＿＿＿＿＿＿＿＿＿＿＿＿
3. **發生原因經過**：＿＿＿＿＿＿＿＿＿＿＿＿＿＿＿＿＿＿

   ＿＿＿＿＿＿＿＿＿＿＿＿＿＿＿＿＿＿＿＿＿＿＿＿＿＿

4. **本次暴力是否有相關證據**：□無；□有，請續填證據類型，

   ※ □物證：□驗傷單（診斷證明）；□照片；□錄音（影）光碟；□錄音（譯文）；

   □其他＿＿＿＿＿＿＿

   ※ □人證：姓名＿＿＿＿＿關係＿＿＿＿＿、姓名＿＿＿＿＿關係＿＿＿＿＿

說　　明	本款項主要是陳述**上一次**的暴力。讓法官瞭解暴力發生之頻率。
注意事項	重點在寫出暴力的前因、發生的過程及結果。建議以有證據且時間上較近的部分來寫，並把當次的證據一併提出，勿把所有的暴力歷程都寫出來。
應備文件	附上該次暴力之驗傷單／照片／錄音（影）光碟／錄音譯文／報案證明等資料為證。

★其他與人身安全有關事實補充：（如 1. 可能遭受急迫危險原因；2. 相對人有特殊狀況〔如：酗酒，請說明喝酒頻率、對被害人影響等〕；3. 過去受暴史或遭受高壓權控事例，請於本欄說明）

＿＿＿＿＿＿＿＿＿＿＿＿＿＿＿＿＿＿＿＿＿＿＿＿＿＿＿＿＿＿

＿＿＿＿＿＿＿＿＿＿＿＿＿＿＿＿＿＿＿＿＿＿＿＿＿＿＿＿＿＿

★上述暴力是否有相關證據：□無；□有，請續填證據類型，

※ □物證：□驗傷單（診斷證明）；□照片；□錄音（影）光碟；□錄音（譯文）；

□其他＿＿＿＿＿＿＿＿＿＿＿＿＿＿＿＿＿＿＿＿＿＿＿＿

※ □人證：姓名＿＿＿＿＿關係＿＿＿＿＿、姓名＿＿＿＿＿關係＿＿＿＿＿

撰狀說明

可依被害人狀況填寫，也可另用自述狀補充，例如：

1. 是否有急迫性及聲請之期待要說明？
2. 被害人出庭有何特殊需求？（例如僅會說客語需通譯協助、因……需社工陪同、因……將請家人或自行帶翻譯人員入庭協助、因……期望提早離庭、因重聽所以……）
3. 補充暴力史或聲請款項中有需要補充說明之處（如為何要爭取暫時監護權？為何要聲請遷出令？為何要聲請遠離令？如有請求給付生活費用，生活費用的計算方式及依據等）
4. 相對人前科紀錄有哪些？
5. 相對人酗酒頻率為何？一星期喝幾次？酒的種類有哪些？

三、被害人求助經驗

1. 相對人是否威脅恐嚇被害人或其他家庭成員不得尋求協助？

□否

□是，具體內容：＿＿＿＿＿＿＿＿＿＿＿＿＿＿＿＿＿＿＿＿

2. 被害人是否曾經聲請保護令？

□否

□是，聲請時間：＿＿年＿＿月＿＿日，案號／股別：＿＿＿＿＿＿＿＿

3. 被害人與相對人之間是否有其他訴訟？

□否

□是，＿＿＿＿＿＿＿＿＿＿＿＿＿＿(審理法院／地檢署，訴訟案號及股別)

四、其他

1. 相對人是否有下列情況？

□否

□是， □酗酒；□毒品；□藥物濫用；□精神疾病：＿＿＿＿＿＿＿＿

□其他＿＿＿＿＿＿＿＿＿＿＿＿＿＿＿＿＿＿＿＿

□不清楚

2. 相對人是否曾因上列狀況接受治療？

□否

□是，治療時間：＿＿年＿＿月＿＿日，治療單位：＿＿＿＿＿＿＿＿

治療方式與治療情形：＿＿＿＿＿＿＿＿

□不清楚

五、證據

1. 證人姓名、與當事人關係、住居所及聯絡電話：

   姓名＿＿＿＿＿＿＿＿關係＿＿＿＿＿＿＿＿電話＿＿＿＿＿＿＿＿
   住址＿＿＿＿＿＿＿＿＿＿＿＿＿＿＿＿＿＿＿＿＿＿＿＿＿＿＿＿
   姓名＿＿＿＿＿＿＿＿關係＿＿＿＿＿＿＿＿電話＿＿＿＿＿＿＿＿
   住址＿＿＿＿＿＿＿＿＿＿＿＿＿＿＿＿＿＿＿＿＿＿＿＿＿＿＿＿

2. 證物（**以下各項除 戶籍謄本 外，其餘項目均非必備，依實際狀況，有檢附項目打勾即可**）

   □戶籍謄本正本＿＿＿份（證物＿＿＿）
   □驗傷單（正本／影本）＿＿＿張（證物＿＿＿）
   □照片＿＿＿張（證物＿＿＿）
   □錄音／影光碟＿＿＿份；錄音譯文＿＿＿份（證物＿＿＿）
   □報案證明／家庭暴力事件通報表＿＿＿份（證物＿＿＿）
   □其他：＿＿＿＿＿＿＿＿＿＿＿＿＿＿＿＿＿＿＿＿＿＿＿＿＿＿＿＿

3. 附件

   □住居所保密文件（附件＿＿＿）
   □自述狀（附件＿＿＿）
   □土地／建物所有權狀謄本／租賃契約影本＿＿＿份（附件＿＿＿）
   □汽車／汽車行照影本＿＿＿份（附件＿＿＿）
   □保護令裁定影本＿＿＿份（附件＿＿＿）
   □相關費用收據影本＿＿＿份（附件＿＿＿）
   □涉及家庭暴力被害人詢問通知書（附件＿＿＿）
   □其他：＿＿＿＿＿＿＿＿＿＿＿＿＿＿＿＿＿＿＿＿＿＿＿＿＿＿＿＿

此致

臺灣　　地方法院家事法庭

聲請人：　　　　　　（簽章）
法定代理人：　　　　　　（簽章）
代理人：　　　　　　（簽章）

中　華　民　國　　　　　年　　　　　月　　　　　日

二、如何撰寫民事暫時保護令

暫時保護令與通常保護令之聲請狀內容除條款差異外（暫時保護令僅能聲請通常保護令之 1 至 6 款、12 款及 13 款），其餘均相同。因法院核發暫時保護令後，視為當事人已聲請通常保護令，因此也可在暫時保護令聲請狀上勾選需要之條款後，增加聲請通常保護令之條款，並註明「**暫時保護令如經法院核准，併聲請對相對人核發下列內容之通常保護令**」。

8.3 民事保護令的證據蒐集

由於民事保護令是期待法院限制他人的行動與權益，當兩造卻各執一詞時，何者所述與證據所呈現的樣態相符，便是法官所要評估判斷之方向。證據種類可分成人證與物證：

一、人證

(一) 誰可以擔任證人？

證人指非當事人，但有「親見」或「親聞」事件之人。如果受暴現場有證人在場，可以請證人出來作證。人證在訴訟時十分重要，因此當遭受家庭暴力時，應盡可能地讓周遭親人、朋友知道加害人的施暴行為，以便在需要時出庭作證。

(二) 家事案件中，未成年子女是否有不擔任證人之權利？

依據《家事事件法》第 51 條準用《民事訴訟法》第 307 條第 1 項之規定，在一定條件下得拒絕證言，其中包含證人為當事人之配偶、前配偶、未婚配偶或四等親內血親、三等親內姻親或曾有此親屬關係者。另，依照同法第 2 項之規定，得為拒絕證言者，審判長應於訊問前或知有第 1 項情形時告知。是以，子女係父母之一等直系血親卑親屬，在父母間爭訟事件，得拒絕證言。但在《民事訴訟法》第 308 條載明之事項，不得拒絕證言。

(三) 什麼是具結？

「具結」係指證人以文書保證其所陳述為真實，經具結後如就案情重要關係之事項而為虛偽之陳述時，應受《刑法》上偽證罪之處罰。其目的在於強制其據實陳述，以發現真實。法官於證人作證前，需告知其有法律上拒絕之義務，同時需告知證人，具結後之證言若有不實陳述，可依《刑法》第 168 條偽證罪規定，處七年以下有期徒刑。證人需朗讀結文，並簽屬結文。

(四) 證人可以不用具結？

依據《家事事件法》第 51 條準用《民事訴訟法》第 314 條規定，未滿 16 歲之人、符合《民事訴訟法》第 307 條第 1 款至第 3 款得拒絕證言之人，得不令其具結。

二、物證

(一) 驗傷單

在肢體暴力之情況下，被害人可於暴力發生當天至醫院驗傷。驗傷最好是當天，但如果當天被控制行動無法外出，也應在可以外出時立即至醫院驗傷。另外有些傷勢當天看不出來，但是過了一、二天會瘀腫、發炎甚至惡化，當傷勢變嚴重時，也可再次到醫院驗傷。每一張驗傷單都只有六個月提出傷害告訴的期限（自傷害暴力起六個月內），但是並非驗傷單超過六個月期限就可以丟棄，這些驗傷單保留下來，可作為日後訴請離婚或是聲請保護令的證據，因為可用來證明是否長期受虐及受虐的頻率等等。

(二) 照片

1. **受肢體暴力之照片**：可以拍下身體上的傷勢，如：瘀傷、紅腫等，因為驗傷單上對於傷勢僅有多少公分紅腫、裂口等描述，不如照片來的貼切，照片最好是有紀錄日期、局部與可辨識為被害人所受傷害之照片為佳。另受傷部位會因為時間長度有所改變，尤其瘀青部分在受傷後二至三天會更加明顯，建議被害人可拍攝一至三或五天該傷口之狀況。

2. **財務毀損與環境破壞照片**：若加害人有毀損家中物品與環境，被害人可於事後拍照備存。
3. **言語暴力或恐嚇之內容**：加害人所傳送簡訊、通訊軟體之內容，若有涉及言語暴力、恐嚇等令被害人產生恐懼害怕之內容，亦可以手機擷取圖片之方式，將涉及暴力之內文標記，列印輸出。

(三) 影音檔案

如果可以錄到加害人當場施暴的狀況，或事發後所錄相對人承認施暴的錄音，也是證據之一。而碰到言語恐嚇和精神暴力時，錄音帶／光碟（事發時或事發後之錄音皆可）也是直接的證據。錄音後，要將錄音檔寫成逐字稿，並將錄音帶／光碟與逐字稿一併附於聲請狀中。若有影片檔案，可以將加害人施暴的影像擷取下來成照片檔案。

(四) 其他物證

包括被害人被扯壞的衣物、摔壞的東西、加害人使用的兇器（拍照即可）、悔過書、電話騷擾之通聯紀錄等。

在遭受家庭暴力後，以上提到保全證據的方法對維護自身權益相當重要，但要提醒被害人自身之安全狀況亦應是更需要被重視的。若在暴力的當下情況非常危及，被害人應該以自身安全為優先考量，切莫為了蒐集證據而陷於危險之中。

問題思考

一、民事保護令的種類、聲請人、聲請方式及可聲請之保護內容？

二、書面聲請之保護令，聲請狀內容包含哪些事項？

三、經常作為保護令的證據有哪些？

參考文獻

現代婦女基金會（2009）。《保護令庭看聽》。臺北：現代婦女基金會。

法院家庭暴力事件服務處之倡議與服務

本章重點

» 歐美國家在司法體系建制家庭暴力防治工作的脈絡。
» 歐美國家司法介入家庭暴力的專業服務發展重點。
» 臺灣法院家庭暴力事件服務處成立的倡導歷程與服務。

臺灣法院家庭暴力事件服務處方案的誕生，緣起於家庭暴力的被害人多為社會弱勢族群，在面對司法的過程中，有諸多障礙與困難；為解決此一困境，臺灣仿效歐美先進國家於法院設置社工服務單位，一方面在法院直接提供家庭暴力求助者更多便利的法律與福利服務，以及協助法院連結其他外在資源，另一方面也倡議司法體系能建構更友善的司法環境。

9.1 歐美國家在司法體系建制家庭暴力防治工作的脈絡

女性遭受暴力侵害的現象幾乎是全球共同面臨的問題，家庭暴力尤甚。根據世界衛生組織（簡稱 WHO）發布的事實調查報告，全球大约三分之一（30%）的婦女在一生中遭受過親密伴侶的身體或性暴力，或者非伴侶的性暴力。大多數的暴力是親密伴侶暴力，來自丈夫、前夫和男性伴侶。全世界 15-49 歲年齡組有性伴侶的婦女中，將近三分之一（27%）的女性陳述她們曾遭受來自其親密伴侶的某種身體暴力或性暴力（WHO, 2021）。2007 年全美反暴聯盟（National Coalition Against Domestic Violence，簡稱 NCADV）的調查研究則指出美國有四分之一（25%）的女性曾遭受暴力傷害。雖然其中

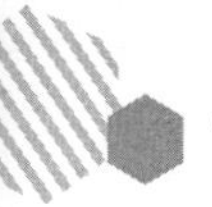

女性遭受家庭暴力的確切數字，經常因為定義的不同和隱藏有未通報的現象，而顯得難以明確掌握，但各種女性遭受暴力侵害盛行率的推估，可以提供一個了解女性遭受家庭暴力現象的數量基礎背景，同時這些數據也反映出女性被害人在遭受不同形式的暴力之後，亟需要司法系統介入以及司法程序協助的必要性。以下就以美國、加拿大和英國三個國家為例，說明歐美國家在司法體系中發展家庭暴力防治的歷史脈絡和發展重點。

一、美國司法體系家庭暴力防治工作

美國自 1970 年代開始，被害人保護的問題才開始受到重視；自 1980 年代在各地區審判權中開始採用家庭暴力「零容忍政策」及「禁止撤回政策」，其防治政策的制訂主要回應司法系統未能正視婚姻暴力的問題，也同時將控告及起訴的責任轉移至警察和檢察官身上，其目的希望公權力的介入，讓人民知道家庭暴力並非家務事，而是嚴重的社會與治安的問題；然自 1990 年代時，全美已超過 5,000 個被害人服務計畫（王珮玲、沈慶鴻，2008）。尤其當 1994 年美國聯邦政府首次對家庭暴力與性侵害議題制訂專屬法案，由柯林頓總統簽署《反婦女暴力法案》（Violence Against Women Act，簡稱 VAWA），開始全面性介入婦女受暴事件中，並且提供預防性及服務性方案；同時美國依據該項法案成立「司法部反婦女暴力辦公室」（U.S. Department of justice Violence Against Women Office，簡稱 VAWO）作為聯邦層級中家暴案件的主責單位，領導全國終止家庭暴力工作，而社會福利部門則擔任資源協調者角色（劉淑瓊，2002）。

目前美國各州法院之重罪法庭、家事法庭均指派專人處理家庭暴力案件，甚至設置家庭暴力專門法庭，法庭內應設有家庭暴力接案中心，由律師、檢察官、受害者服務中心等單位，共同協助受害者處理法律問題。在美國各司法系統中被害人服務方案是非常普遍的措施，其中法院內設有被害人的倡導人，多數為社工擔任，主要提供被害人法院內外各個項服務，包括協助聲請保護令、出庭陪同、諮商輔導、資源轉介、申請各項補助、法庭兒童托育服務等各項工作（王珮玲、沈慶鴻，2008）。

二、加拿大司法體系家庭暴力防治工作

加拿大各省自 1993 年開始制訂防治家庭暴力政策，並至 2006 年間陸續修正法案，其法案內容中不乏強調司法責任，實施各項保護令與干預令，且各省也普遍設置家庭暴力法庭（Domestic Violence Court，簡稱 DVC）。其中安大略省的 DVC 方案中，整合了警察、社工、檢察官、觀護體系等，並發展受害者、目睹兒童及加害人的相關服務方案，所有方案中皆以受害人及其子女安全需求為最優先的考量（劉淑瓊，2002）。

除此，司法部門主導的方案還有：

（一）**指定家暴受害人的協調員**：設立專責檢察官，並受有相關的專業訓練以負責家庭暴力起訴的協助。

（二）**回應男性加害人方案**：主要為加害人的諮商／教育輔導方案，由社區機構執行，其目的要求加害人為自己的行為負責任。被轉介到此一方案的加害人，通常被判觀護的附加條件、條件刑、假釋或判決前的保釋等。

（三）**受暴者方案**：從研究中發現女性犯罪被害人高達九成也是家暴被害人，因此特製矯治機構未被監禁的女性提供相關的教育與服務。

（四）**受暴目睹者的協助方案**：招募並訓練志工參與審判過程，以陪同受害人或目睹者出庭，適時予以情緒支持並提供法庭程序資訊。

（五）**受害者的知會系統**：目的是將監禁中的加害人狀態讓受害者知道，包括何時移監、移監、何處何時辦理開釋公聽會、何時釋放、保外就醫地點、時間等相關訊息，甚至加害人如被判社區監控，也需提供負責監控的保護管束或假釋官的姓名、電話，以備不時之需。

三、英國司法體系家庭暴力防治工作

英國在家庭暴力的防治工作起源於「安全與正義的會議報告」（Consultation Paper Safety Justice），此為英國家庭暴力法案的重要事件。英國的被害人支持組織早於 1985 年成立，從草創提供被害人短期服務，到後來擴充檢方證人的保護工作，1996 年時在英格蘭及威爾斯的各個法院開辦「刑

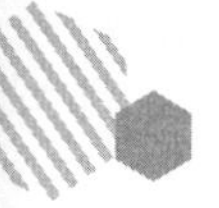

事法院證人服務」工作。2003年英國宣布安全和正義的會議報告中，提出家庭暴力議題的三大方向：預防、保護正義、支持，並且提及家庭暴力專家（Independent Domestic Violence Advisor，簡稱IDVA）的設置，認為在司法體系建制獨立單位，可以出入司法系統，以提供被害人直接的支持服務。在英格蘭和威爾斯的家庭暴力特別法庭的設置中，發現透過法院支援受暴婦女的方案可以有效阻截家庭暴力問題。特別是經由法院提供的陪伴服務是有幫助的，包括法律服務、出庭陪同，以及其他資源支持建議，都能有效降低家暴事件（王珮玲、沈慶鴻，2008）。

9.2 歐美國家司法介入家庭暴力的專業服務發展重點

一、司法介入與被害人保護法案的倡導有關

美、加、英三國在司法體系中提供家庭暴力被害人的保護與服務工作，與被害人保護的相關法案倡導有極大的關聯。美國依據被害人及證人保護法，在司法系統中設有被害人及證人之保護方案，提供被害危機介入、緊急狀態的協助，及資源轉介與相關補助申請等。且各州均已制訂相關之《被害人人權法案》（Victims' Bill of Rights），明訂犯罪被害人法律權益保障等服務。其重要目的在於增進被害人與檢、警合作，將加害人繩之以法，並減少被害人的司法二度傷害（高鳳仙，2003）。加拿大亦根據《被害人人權法案》發展一系列受害者服務方案，例如安大略省政府於2000年執行受害者正義行動方案，其目標發展整合性司法部門服務，有效回應犯罪受害人與社區服務提供者的需求。服務內容包括：在司法部門設立受害者專責小組，犯罪受害者辦公室以擴展受害者的服務，並將預防重點放在回應最弱勢的兒童與成人需求上。從上述說明可知受害者亦為重要證人，所以證人的保護工作同時也發展各項司法介入受害者的保護服務工作上（姚淑文、李姿佳，2010）。

二、家庭暴力法庭的專業化發展

「專業化」的發展是成為有效的系統改革的關鍵。美國各州、郡的法院設有家庭暴力特別法庭及接案中心，主要建構於「問題解決」及「治療」的取向，並且認為成立家暴特別法庭，讓法庭朝向專業化，對於司法及起訴的專門知識上會有正向的影響，也可以對加害者的責任追溯以減低再犯率，並讓被害人在初進入司法階段時給予更完整的支持；在加拿大成立家庭暴力特別法庭的成效評估中，認為可以成功減少案件的時間，並使法庭程序更有效率；英國在家暴特別法庭中成立家庭暴力專家小組，為了強調法庭的專業化導向，該專家小組成員必須透過專業認證課程與不斷訓練（姚淑文、李姿佳，2010）。

三、家庭暴力法庭強調多元服務與倡導

在美國司法系統設立被害人服務方案，並成立家庭司法中心，多數由社工成為被害人的倡導人並提供服務，服務包括聲請保護令、出庭陪同、諮商輔導、資源轉介、申請補助等。美國家庭暴力預防基金會認為一個有成效的家庭暴力法庭有下列重要要素：

（一）**透過倡導取得保護的服務。**

（二）**合作的夥伴關係。**

（三）**受害者與兒童友善法庭。**

（四）**專家任命。**

（五）**相同待遇。**

（六）**資訊整合系統。**

（七）**評估與責信建立。**

（八）**風險評估和擬定計畫。**

（九）**持續在職的訓練。**

（十）**執行監控機制。**

（十一）**判決的一致性標準。**

除了以上要素外，美國家暴特別法庭並整合刑事、民事、家事及保護令審理的特色（姚淑文、李姿佳，2010）。

加拿大的家庭暴力國家報告在家庭暴力法庭的評估中，指出法庭的設置可以達到以下效果（姚淑文、李姿佳，2010）：

（一）**提升法院在支持受害人的服務效益。**

（二）**讓倡導者和資訊的傳遞更為順暢。**

（三）**促進受害人的參與以及獲得需求滿足。**

（四）**增加社會大眾對司法的信賴度。**

英國家庭暴力法庭設置獨立的家庭暴力專家（IDVA），其功能包含法庭的協助與倡導。其服務要素包含（姚淑文、李姿佳，2010）：

（一）**危機介入，以確保短期及長期的安全。**

（二）**對家暴案件提出風險評估及管理。**

（三）**具有自主性的服務。**

（四）**提供具有多元文化及個別化需求的專業化的服務。**

（五）**跨機構的合作以發展受害人的安全計畫。**

（六）**增加受害人的安全滿意度及減少再次被害機會的可測量成果。**

從上述美、加、英三國的家庭暴力法庭設置的脈絡和發展重點來看，家暴防治方案的司法介入皆以受害人保護為主要的推動工作，並且在專業化的工作推動中，強調對資源系統倡導的必要，使司法單位成為社區資源與跨機構的連結最重要的防治推手（姚淑文、李姿佳，2010）。

9.3 臺灣法院家庭暴力事件服務處的成立歷程與服務

由於受到所處文化和社會環境的影響，不同種族和族群在女性的角色地位上存在著明顯的差異，因此社會對待女性的態度也有所不同（Gutierrez & Lewis, 1999）。相較於 Feerick 和 Silverman（2006）美國歷年的統計資料推估，全美約有 8%-12% 的女性遭受親密伴侶暴力，統計數字則顯示超過五十萬的全美女性遭受親密伴侶暴力，親密伴侶暴力案件中女性被害人占 85%；Yoshihama 和 Dabby（2009）則從整理美國境內對於亞裔社區的家庭暴力所有研究的結果發現，盛行率從 41% 到 61% 不等，相較於上述全球女性和全美女性的調查結果盛行率高出許多，顯示亞洲女性遭受暴力侵害的情形相當嚴重，應對這樣艱難的社會文化情境，除了通過亞洲第一部的《家庭暴力防治法》，臺灣在家庭暴力事件服務處的成立設置上也經歷一段重要的倡議歷程。

一、臺灣家庭暴力事件服務處重要脈絡事件

▼表 9-1　家庭暴力事件服務處重要脈絡事件表

年份	重要事件
2000 年	高鳳仙法官於臺北市政府的委員會議中提案，建議法院內設置專業社會工作人力，一方面安撫被害人的情緒、提供福利資源；另一方面，協助被害人完成司法程序以爭取法律權益。
2001 年	高鳳仙法官與民間團體展開拜會司法與臺北市政高層終於獲得士林地方法院的首肯，同意提供場地。
	臺北市政府決議，由政府出資主辦、士林地方法院配合主辦、民間團體承辦的方式進行。
2002 年	1 月 21 日臺灣士林地方法院設立全國第一個「家庭暴力事件聯合服務處」，該服務處由臺北市政府出資、委託現代婦女基金會辦理，士林地方法院提供場地。
2003 年	臺北、苗栗、屏東、臺東、桃園等五個地方法院比照士林地方法院模式，成立「家庭暴力事件聯合服務處」。
2004 年	雲林、嘉義、高雄、臺南等四個地方法院成立「家庭暴力事件聯合服務處」。

（續上表）

年份	重要事件
2005 年	新竹、板橋、臺中、南投、花蓮等五個地方法院成立「家庭暴力事件聯合服務處」。
2006 年	彰化、宜蘭等二個地方法院成立「家庭暴力事件聯合服務處」。
2007 年	《家庭暴力防治法》修正條文第 19 條第 2 項增訂「直轄市、縣（市）主管機關應於所在地地方法院自行或委託民間團體設置家庭暴力事件服務處所，法院應提供場所、必要之軟硬體設備及其他相關協助。但離島法院有礙難情形者，不在此限。」
	基隆地方法院成立「家庭暴力事件聯合服務處」。
	4 月 2 日苗栗地方法院檢察署成立「苗栗地檢署犯罪被害人保護服務處」，由現代婦女基金會承辦，提供性侵害、家庭暴力及一般犯罪被害人及其家屬有關社會福利與關懷服務。
2009 年	澎湖地方法院成立「家庭暴力事件聯合服務處」。

資料來源：張錦麗、王珮玲、顏玉如（2013）。

二、第一個法院家庭暴力事件服務處的成立倡議歷程

（一）倡議起源：由司法發聲、社政響應

為解決防治網絡聯繫欠佳、服務提供便利性與立即性不足，以及法院審理家庭暴力案件面臨的諸多困境，《家庭暴力防治法》起草人高鳳仙法官，乃於 2000 年於臺北市政府委員會中提案，建議於法院內設置專業社會工作人力，一方面安撫被害人的情緒、提供福利資源；另一方面協助被害人完成司法程序以爭取法律權益。該提案獲得多位委員聲援，初步構想是法院提供場地、社政單位負責人力與經費，共謀被害人服務方案（張錦麗、王珮玲、顏玉如，2013）。

（二）困境與契機：倡議者積極溝通與拜會，協商可行方案

然而法院基於「司法審判中立」的考量，在早期社政與司法的合作會議中，司法部門對於社政單位派駐人力至法院中提供服務就顯得有些疑慮，一方面認為在法院中只專門為被害人提供協助，有失司法公正客觀形象；另方面也

擔心其他弱勢是否也起而效尤。高鳳仙法官不畏挫折，不斷拜會司法與臺北市政高層，期望遊說他們捐棄疑慮與成見，回歸弱勢者人權需求本質，重新思考方案推動的可能性，爾後終於獲得士林地方法院的首肯，同意提供場地。然而北市防治中心卻擔心人力不足等問題，使得方案的孕育又遭逢阻力。高鳳仙法官乃於委員會再度提案，並主張若人力不足，可考慮將方案委外經營；同時，同是擔任委員的張錦麗也不斷澄清社工進駐法院，有其社會工作扶助弱勢以及司法倡導的功能（姚淑文、李姿佳，2010；張錦麗、王珮玲、顏玉如，2013）。

最後於 2001 年 7 月 13 日臺北市政府召開第二屆家庭暴力暨性侵害防治委員會第五次大會，主席白副市長裁示以試辦方式推動，由社會局採委託民間團體執行，同時獲得現代婦女基金會執行長張錦麗支持並承諾由現代婦女基金會來辦理，如此，服務的推展從困境中走出，呈現新的契機（張錦麗、王珮玲、顏玉如，2013）。

(三) 籌設與運作：展開另一倡導與整合的階段

臺北市家暴中心排除萬難，補助現代婦女基金會兩名人力進駐法院，並確立提供法律諮詢、陪同出庭、個案輔導會談、資源轉介與福利諮詢等服務內涵，並決定於 2002 年 1 月 21 日開辦，開啟臺灣法院服務處的服務。

但司法與社政的合作並非一蹴可成，而是必須建立整合的機制，且在不違背方案目標與各自體系價值的前提下，找到能提升對方利基的著眼點。就整合的機制而言，正式的「聯繫會報」、「個案研討會」以及相關的「網絡座談會」，或非正式的拜訪與會談，均有助於解決運作中產生的問題，並進一步制定相關的政策。而在不違背各自系統的價值體系方面，對法院而言，其最關心的價值則為「審判中立」與「司法公平」的原則，如何在不違背此前提下，一方面提供法院更多清楚的資訊與服務，以作為公平審判的依據，另一方面則為提升法院作為此整合方案開路先鋒的價值與榮譽。現代婦女基金會具體的策略包含「修正民事保護令聲請狀」、「促使法院求助者釐清至法院的相關需求與提出更明確的資訊」、「提供法院相關福利服務資訊」、「提供有條件的協調服務」等；此外，也經常性舉辦相關研討會、觀摩會或拜會行動，借用媒體的力量提高此方案在社會與法院體系以及高層的能見度。

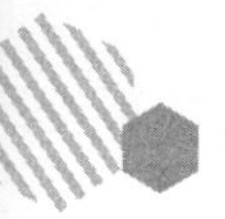

三、服務模式建立後各縣市相繼開辦

方案開始展開服務後，現代婦女基金會同步進行評估，對有意願推展的縣市義務提供服務相關軟體、知識，或代為訓練將開展服務處的社工。同時為強化方案的成效與擴大宣傳的效應，現代婦女基金會於 2003 年舉辦「服務處方案觀摩暨研討會」。

家暴服務處方案模式建立後，嗣後幾年間各縣市快速發展：2003 年有臺北、苗栗、屏東、臺東及桃園等五個地院成立；2004 年有雲林、嘉義、高雄、臺南等四個地方法院成立；2005 年有新竹、板橋、臺中、南投、花蓮等五個地院成立；2006 年有彰化、宜蘭等二個地院成立；2007 年，臺灣本島最後一個未設立的基隆地院也完成設立；2009 年離島澎湖地院亦設立。至此全國各縣市十九個地方法院皆設置了家暴服務處，以公部門委託、私部門承辦之公私協力方式辦理服務方案（王珮玲、沈慶鴻，2008）。

四、倡議《家庭暴力防治法》增訂設置家庭暴力事件服務處之法源依據

家暴服務處方案普及全臺各地後，民間團體思考此方案無法源基礎，正當性恐遭質疑，一旦發生各縣市政府財務困窘或司法院、各地法院收回成命不准再設立，各地家庭暴力事件服務處將面臨關閉，家庭暴力被害人也將面臨在法院內求助無門之困境。因此民間團體展開立法倡議，提出《家庭暴力防治法》增訂條文建議，希望於該法中增訂法院主動設立家暴服務處之規定，在法律上明確訂定家暴服務處的角色與功能。

但此建議條文於立法院審議時，遭司法院強力反對，認為民間團體的建議條文存有「違反審判獨立」及「地方政府推諉職責至司法體系」等問題；經過多次折衷、協商後，最後於 2007 年 3 月 28 日《家庭暴力防治法》修正條文第 19 條第 2 項增訂「直轄市、縣（市）主管機關應於所在地地方法院自行或委託民間團體設置家庭暴力事件服務處所，法院應提供場所、必要之軟硬體設備及其他相關協助。但離島法院有礙難情形者，不在此限。」此增訂條文內容雖將家暴服務處設立之職責歸於地方政府，但亦有明確規範法院應配合協助之

處；民間團體雖不滿意，至少已將家暴服務處方案進展至有法源依據，對方案的穩定發展有相當助益（張錦麗、王珮玲、顏玉如，2013）。

五、家庭暴力事件服務處之服務

倡議設立家暴服務處方案，主要目的是為創造一個友善的司法環境，建構司法體系與家庭暴力防治網絡整合的工作模式，期待強化社政與司法的連結，透過完整、便利的服務，讓當事人能在提出司法程序時，獲得各項福利與法律服務。

目前家暴服務處由各直轄市、縣（市）主管機關委託民間團體設置，因此會因各民間團體的資源、人力規劃服務內容等而有不同，但綜歸方案所提供的服務內容大致包含：

（一）**個案服務：**協談輔導、家暴相關法律諮詢、保護令撰寫協助、開庭與調解陪同、安全計畫擬定、福利資源提供與轉介、網絡協調與合作等。

（二）**倡導服務：**於實務工作中發覺家庭暴力防治網絡運作需倡議議題，運用正式與非正式的資源對防治網絡（社政、警政、醫療、戶政、司法、衛政、教育等）成員進行倡導。特別對於司法體系，運用家暴服務處熟悉司法體系、人員的優勢，透過正式（如會議、轉介合作、個案研討等）與非正式（個別拜會、輕鬆交流、活動等）方式，倡議司法體系能友善回應家庭暴力防治。

（三）**社區宣導：**透過社會或社區宣導的方式，向社會大眾介紹家暴服務處所提供的服務項目與內容，宣導若有家暴司法服務需求，可至家暴服務處諮詢及求助。

如同本書第 1 章所提，和律師一起在司法歷程提供協助的司法社工角色起源相當早，美國的社工 Sara Lieber 女士等人專門為律師和弱勢案主群，進行社會工作的諮詢，從事調查、報告、聽證、轉介和督導等服務（Middleton, 1983）。法院社會工作的面向讓弱勢族群能夠得到有效的協助，更多有關家內暴力服務協助的實證研究和政策制度的建立，更支撐社會工作在法律事項介入的重要性（National Institute of Justice & American Bar Association, 1998），這使得社會工作專業在司法場域更加不可或缺，現今在臺灣法院家庭暴力事件服務處，已成為一個重要的司法社會工作服務入口，同時也是弱勢個案情境立法倡議的立基。

問題思考

一、歐美國家司法介入家庭暴力防治工作的三個發展重點為何？

二、臺灣家庭暴力事件服務處的三個成立倡議歷程為何？

三、家庭暴力事件服務處之服務內涵為何？

參考文獻

王珮玲、沈慶鴻（2008）。《駐地方法院家庭暴力事件服務方案評估研究》。臺北：內政部委託研究報告。

姚淑文、李姿佳（2010）。《從家庭暴力事件服務處成立談司法倡導》。

高鳳仙（2003）。〈論美國法院之家庭暴力被害人服務處〉。發表於法院設置家庭暴力事件聯合服務處方案觀摩暨研討會。內政部舉辦，研討會日期：2003 年 8 月。

張錦麗、王珮玲、顏玉如（2013）。《編撰臺灣性別暴力防治倡議史》。臺北：衛生福利部委託研究報告。

劉淑瓊（2002）。《臺灣地區家庭暴力防治業務取向研究 - 地方政府推動家庭暴力實務運作模式及建構跨專業資源網絡之規劃研究》。臺北：內政部委託研究報告。

Feerick, M. M., & Silverman, G. B. (Eds.)(2006). *Children Exposed to Violence*. Baltimore: Paul H. Brooks Publishing.

Gutierrez, M. & Lewis, E. A. (1999). *Empowering Women of Color*. New York: Clumbia university Press.

Middleton, M. (1983). Red Tape Cutters. *American Bar Association Journal, 69* (5), 579.

National Institute of Justice & American Bar Association. (1998). *Legal interventions in family violence: Research findings and policy implications*. Washington, DC: U.S. Department of Justice, Office of Justice Programs.

WHO (2021). *Violence-against-women*. On Mar 10, 2021, Retrieved from: https://www.who.int/news-room/fact-sheets/detail/violence-against-women.

Yoshihama, M. & Dabby, C. (2009). *Facts & Stats: Domestic Violence in Asian, Native Hawaiian and Pacific Islander Homes*. CA: APIAHF Health Forum.

CHAPTER 10

《家事事件法》之制度與訪查

本章重點

» 介紹《家事事件法》之推動歷程與重要原則。

» 了解《家事事件法》對未成年子女權益之保障。

» 認識監護權訪視調查的規範與內容。

» 認識家事事件服務中心的成立過程與服務內容。

家事事件與其他訴訟事件本質不同，家庭紛爭多帶有長期累積性、高度情緒性，處理家事案件往往必須結合其他專業知識，連結社會資源統籌運用，才可能真正解決家事問題。因此立法院經多次召開公聽會、會同專家學者、民間團體共同討論後，於 2011 年 12 月 12 日三讀通過《家事事件法》，並於附帶決議中，要求司法院研議《少年及家事法院組織法》增訂家事服務中心。2013 年修正通過《少年及家事法院組織法》第 19-1 條之修正案，新增地方政府得自行或委託民間團體設置家事服務中心的法源依據，希望藉由家事服務中心的設立提供當事人更完善的諮詢，使家事事件得更圓滿解決。

10.1 《家事事件法》之推動歷程與重要原則

一、《家事事件法》的立法過程

《家事事件法》未通過前，關於家事事件之處理，分別散見於《民事訴訟法》、《非訟事件法》等法律，並無統一適用之法典。惟家事事件係處理具一定親屬關係之人因共同生活、血緣親情、繼承等所產生之紛爭，與一般財產訴訟不

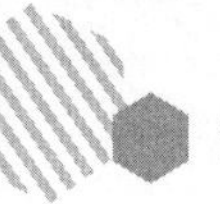

同，法院處理時，除釐清當事人間之糾葛外，更著重於當事人及其未成年子女間長期關係之調整，自有藉助各項專業社會資源，以統合妥適迅速處理之必要。

《家事事件法》之推動可追溯至 1993 年，婦女新知基金會召開「邁向二十一世紀兩性平等的家事審判制度」座談會，在會中呼籲制定《家事審判法》之重要，期望家事案件設立家事法院、合併相關法規專門處理家事案件之審理，而《家事審判法》即為《家事事件法》之前身。立法院於 1997 年 10 月修正通過《少年事件處理法》時附帶決議，要求司法院應盡速成立少年法院。1999 年 1 月間立法院修正通過附帶決議，要求研究普設家事法庭（院）專責辦理家事事件。2000 年間，立法委員提案促請司法院整合現行少年法院，於全國各區分設「家事及少年法院」，以專人、專責、專業之方式，職掌司法少年及家事事件之審理（賴淳良，2012）。

1999 年的全國司法改革會議，當時為了回應民意要求及社會急速變化需要，與會人員不分朝野，共同做成建議制定《家事審判法》的決議。司法院依司法改革會議決議，組成「家事事件法研究制定委員會」，共召開 215 次會議，草擬百餘條條文（賴淳良，2012）。

歷經約十餘年的草案研擬，立法院於 2010 年 11 月 19 日三讀通過《少年及家事法院組織法》時，附帶決議：「二、家事事件法草案，請司法院於本法通過後一年內送立法院審議。」經過學者、民間團體等意見及立法院審議期間多次協商，終於 2011 年 12 月 12 日三讀通過《家事事件法》，總統於 2012 年 1 月 11 日公布，同年 6 月 1 日施行（賴淳良，2012）。

二、《家事事件法》的立法目的

依《家事事件法》第 1 條規定「為妥適、迅速、統合處理家事事件，維護人格尊嚴、保障性別地位平等、謀求未成年子女最佳利益，並健全社會共同生活，特制定本法。」因此可知《家事事件法》之基本精神著重於使專業法官本著同理心審理家事事件，適時連結相關資源，發揮統合解決家事紛爭的功能，建構一套柔性親民且完整的家事裁判制度，走向服務便民的司法風貌，使當事人更容易了解、接近並使用法院（賴淳良，2012）。

三、《家事事件法》的專業處理原則

因家事事件本身和民事財產事件不同，牽涉諸多糾紛並具備一定複雜度，需由專業人員的協助才得以適當處理。家事事件由少年及家事法院或地方法院家事法庭處理。處理家事事件的法官、程序監理人、家事調解委員等人員，要具有性別平權意識、了解權力控制議題、多元文化，以及處理家事事件相關知識等專業素養（《家事事件法》第 2 條、第 8 條、第 16 條、第 32 條）。

四、《家事事件法》之調解前置原則

調解前置是指在進入審判程序前必須先經過調解程序，突顯調解之重要性。家庭成員間所生爭執，與單純友人或陌生人間所生紛爭，最大之不同在於除了權利義務關係之爭執外，常伴隨著情感之糾葛，能真正了解紛爭之核心問題，並促成當事人合意解決紛爭，才能在兼顧兩造情感關係維持之前提下，徹底解決紛爭。法院基於「家庭自治原則」，期望由當事者互相溝通、自主處理家庭糾紛，《家事事件法》採行「強制調解」主義，除了少數非訟事件（如保護令事件，不得調解）外，絕大部分事件都必須先經過調解程序，在專業調解委員協助下，由當事人進行溝通與對話，自主處理家庭衝突（賴淳良，2012；李國增，2014）。

五、《家事事件法》之審理原則

(一) 不公開處理原則

「訴訟之辯論及裁判之宣示，應公開法庭行之。」《法院組織法》第 86 條前段定有明文，此為法庭公開原則，其機能主要是透過國民旁聽訴訟的進行狀況而得監督審判程序，促使審判程序更加公正而確保其公正性，以獲得國民對司法裁判的信賴（沈冠伶等，2012）。但由於家事事件涉及當事人間不欲人知之私密事項，為保護家庭成員之隱私及名譽，以利圓融處理，故於《家事事件法》第 9 條第 1 項明定以不公開法庭行之。故法院於審理家事事件時，無論於法庭內、外，均須遵守《家事事件法》第 9 條所定不公開審理之規定。如

法官允許他人旁聽時，應讓當事人或關係人有陳述意見的機會，並應載明於筆錄，宣示允許旁聽之理由（《家事事件審理細則》第 10 條及第 11 條）。

(二) 統合處理原則／合併審理原則

因家事事件的特性為同一家庭經常會同時有身分上或財產上權利關係之爭執，不適合採取割裂或治標不治本之方式處理，因此設有統合處理原則。為避免當事人間因家事紛爭興訟不斷，免生裁判之抵觸，《家事事件法》第 41 條規定：就數家事訴訟事件或請求之基礎事實相牽連之家事訴訟事件與家事非訟事件（例如請求離婚，一併請求贍養費、定子女監護、扶養費），可請法院一起審理、裁判。

10.2 《家事事件法》之未成年子女權益保障

未成年子女在家事事件中，雖可能非當事人，但卻往往被迫必須參與或面對家人間的家事訴訟，甚至成為程序中重要的關係人或證人。以家事法庭中最常見的離婚訴訟附帶請求未成年子女權利義務行使負擔之內容及方法之事件為例，依《民法》第 1055-1 條規定，法院裁定時，應依子女最佳利益為考量，審酌其一就是「子女之意願」，因此常面臨未成年子女必須面對複雜的法庭程序。

但是，法庭活動對於成年人而言都可能都會感到陌生、緊張，更何況是未成年人，除了會有對於陌生法庭與嚴肅氣氛感到壓力外，因為父母衝突還需要出庭及表態，孩子可能會在父母的拉鋸中有忠誠兩難，甚至開庭結束後，也可能擔心家人改變對自己的態度，或對法院判決結果焦慮與不安。

相對於我國以往法制的不足，聯合國於 1989 年即通過《兒童權利公約》，明定「兒童應與成年人般平等享有人權」等權利及保護其司法的權益。除在第 3 條規定法院就未成年人之事務應以彼等之最佳利益為優先考量，另綜觀公約第 12 條、第 13 條、第 14 條及第 19 條等內容，更明定當未成年人涉訟時，各締約國政府均應提供所需要的協助，在司法審理的過程中，也應給予未成年人就與其自身有關事務有充分且自由表意之權利，而其所表示的意思，則視其年齡與成熟程度予以適當的處理，甚或透過其代理人或適當機構來陳述意見。此外，《公民與政治權利國際公約》第 23-4 條更規定「採取適當步驟，確保夫妻在婚姻方面，在婚姻關係存續期間，以及在婚姻關係消滅時，雙方權利責任平等。婚姻關係消滅時，應訂定辦法，對子女予以必要之保護」，又其第 24-1 條復明定「所有兒童有權享受家庭、社會及國家為其未成年身分給予必需之保護措施，不因種族、膚色、性別、語言、宗教、民族本源或社會階級、財產或出生而受歧視」。

世界先進國家亦多分別制定或增修其等法院處理家事事件之程序法內容，例如英國亦在 1989 年依上開國際潮流趨勢修訂《兒童法》，強調應以兒少的意願及想法為監護權人選決定上的最優先考量因素，繼於 2009 年發展出推定兒童優先（Children First）的試驗方案，優先適用於父母離婚的監護權爭執，讓未成年子女有機會參與調解過程，強調由兒少自己表達意見（蕭胤瑮，2012）；德國、日本分別於 2009 年及 2011 年制定或增修其等法院處理家事事件之程序法。

《家事事件法》第 1 條即揭示立法目的之重點在於「謀求未成年子女之最佳利益」，而其中尤以引進程序監理人、家事調查官之制度，並擴大社工陪同之範圍，將審判上諮詢兒童心理專家意見予以明文化等制度，更能突顯保障未成年子女權益的精神（蕭胤瑮，2012）。

一、程序監理人制度

程序監理人為中立之第三人，是未成年子女在法律程序中的代言人與權益保護者，任務是確保在法院審理程序以及裁判結果中，未成年子女的最佳利益都能受到保障。家事案件中，有關未成年子女的各種安排，如親護、會面交往等，法院為了維護未成年孩子的最佳利益，於必要時，可以依職權或依聲請為未成年子女選任程序監理人。

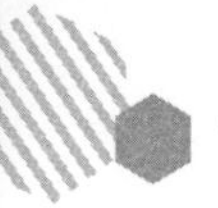

（一）法院選任程序監理人之時機

法院於審理家事事件時，如遇無程序能力人與其法定代理人有利益衝突之虞、無程序能力人之法定代理人不能行使代理權或行使代理權有困難，亦或為保護有程序能力人之利益而法院認為有必要時，得依利害關係人聲請或法院依職權選任一人或一人以上為程序監理人。例如夫妻訴請離婚，兩造就未成年子女權利義務之行使負擔爭執不下，雙方均聘請律師積極爭取，此時法院為維護未成年子女之權益，即可依《家事事件法》第 15 條之規定，為該未成年子女選任程序監理人。

（二）程序監理人之資格

程序監理人需為受監理人為訴訟行為，具有公益性及專業性，其資格依《家事事件法》第 16 條第 1 項規定，得被選任為程序監理人者，包括社會福利主管機關、社會福利機構所屬人員，或律師公會、社會工作師公會或其他相類似公會所推薦具有性別平權意識、尊重多元文化，並有處理家事事件相關知識之適當人員。

（三）程序監理人之權限

程序監理人有為受監理人之利益為一切程序行為之權，並得獨立上訴、抗告或為其他聲明不服；不過，當程序監理人之行為與有程序能力人之行為不一致者，則以法院認為適當者為準。

二、擴大社工陪同制度

處理家事事件，常有由未成年人在法庭表達意願或陳述意見之必要。如家庭暴力事件兒童常是案件中唯一證人，或是父母離婚時，要表達由父親或母親為主要照顧者的意願，這些狀況都可能讓兒童充滿矛盾、恐懼、不安、緊張。若能有社工陪同，可在開庭前緩和其心理壓力、消除開庭前的緊張情緒；在開庭時協助其完整、正確表達意見及想法；開庭後協助其因應來自家屬的壓力，或教育父母面對孩子出庭應有態度及教導父母有效安撫兒童開庭焦慮的技巧。

因此，《家事事件法》即參照《家庭暴力防治法》第 13 條第 2 項、第 3 項等規定，並擴張其適用範圍，於第 11 條明定法院得視個案之必要性，通知社政主管機關指派社工或其他適當之專業人員陪同未成年人到場以穩定、安撫其情緒，甚至為使未成年人意願表達或意見陳述得順暢無礙，法院得令未成年人與當事人進行隔別詢問，並提供友善環境、採取適當及必要措施，保護兒童及陪同人員之隱私及安全。

三、兒童心理專業人士的介入

法院就家事事件詢問未成年人，為了解其真正意願及看法，審理時應盡量採取積極傾聽與同理的態度，以期解除未成年人的焦慮感，並協助其對事件能完整陳述及表達情緒，確認未成年人能聽懂、理解其意義。

親子非訟事件既於未成年子女之權益影響重大，法院除應依《家事事件法》第 106 條之規定保障其聽審請求權外，於裁定前更應依未成年子女年齡及識別能力等不同狀況，於法庭內、外，親自聽取其意見或藉其他適當方式，曉諭裁判結果對於未成年子女可能發生之影響，藉以充分保障其意願表達及意見陳述權。又未成年人陳述意見或表達意願，有時必須仰賴兒童及少年心理專家或其他專業人士之協助，因此《家事事件法》第 108 條即引進兒童及少年心理或其他專業人士協助之規定，得請其到場或出具意見，作為法官判斷時之參考，協助法官充分了解未成年人陳述的真實性及其真正意願所在。

四、引進家事調查官作為輔助人力

家事紛爭既常因家庭成員或親屬間感情之糾葛引發，故發掘、了解家事紛爭背後隱藏之真正問題，才能維護未成年人最佳利益所在。《家事事件法》參考日本、韓國法制設立，以及我國《少年事件處理法》所設少年調查官之規定，設置家事調查官，承法官之命，以其專業社工、教育、心理、輔導等學識知能就特定事項而為調查，並協助法官分析家事事件個案所需之專業輔助，進而引入社會資源，安適處理家事事件（蕭胤瑮，2012）。

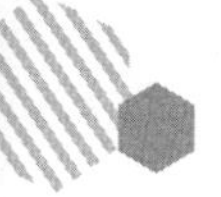

10.3 監護權訪視與調查

一、監護權訪視調查之緣起

隨著社會經濟與家庭人口結構的急劇變化，臺灣的家庭面臨前所未有的衝擊，近年來離婚率的大幅飆升，衍生出未成年子女監護與扶養責任的議題。當夫妻雙方由於涉及離婚訴訟，以致居住生活安排的分隔，對各個家庭成員，尤其是未成年子女的居住照顧與身心發展有著極大的影響。

在臺灣，有關家庭解組過程中未成年子女之權利義務的行使，是屬於司法判定的範疇。根據雷文玫（1999）的說法，我國《親屬法》將離婚前父母對未成年子女權利義務行使與負擔視為「親權」，並在《民法》親屬編中詳細羅列說明；父母在離婚後單方因故不適合行使親權時，對於未成年子女的權利義務行使與負擔就必須有所安排，稱之為「監護權」。

2006 年於《民法》修訂時，主張以法官自由心證的「子女之最佳利益」以解決父母離婚後的子女監護事件。此外，由於父母因離婚之一方無法繼續對子女行使親權，有其不能與子女共同生活之事實障礙，因而建議「監護」與「親權」應範圍相同，不應特別區隔，並以「子女最佳利益」作為離婚事件中未成年子女監護之審酌原則（張瑜鳳，1992；鄭麗珍，2005）。

實務上常見父母雙方無法達成兩願離婚的原因，往往就是小孩的親權歸屬問題無法達成共識，導致雙方必須走上法院、訴請裁判離婚。而法院裁定未成年子女權利義務之行使或負擔時，應依子女最佳利益，審酌一切情狀。而「子女最佳利益」之審酌，除了相關書狀文件外，法院亦會參考社工之訪視報告（即所謂的「家訪報告」），或家事調查官之調查報告（政理法律事務所，2020）。也就是，社工在未成年子女監護權之「家庭訪視調查評估報告」，經常會成為法官裁定未成年子女監護權歸屬的重要參考依據。

二、監護權訪視調查之評估指標與決策

根據《民法》第 1055 條的規定：「夫妻離婚，對於未成年子女權利義務

之行使或負擔，依協議由一方或雙方共同任之。未為協議或協議不成者，法院得依夫妻之一方、主管機關、社會福利機構或其他利害關係人之請求或依職權酌定之。」若是前項協議不利於子女者，法院得依主管機關、社會福利機構或其他利害關係人之請求或依職權為「子女之利益」改定之。並且於《民法》第1055-1條範定：「法院為前條裁判時，應依子女之最佳利益，審酌一切情狀」（全國法規資料庫，2020），故而「子女最佳利益」就成為法院酌定監護權重要的評估指標。

然而，實務上對於「子女最佳利益」之準則並未有具體的定義，似乎僅能仰賴法官依職權及參考相關資料所做出的自由心證，決策過程中充滿人為研判的變數（雷文玫，1999）。其中一項參考的重要資料 —— 社工針對「監護權」的訪視評估報告，就是在提供法官有關子女成長環境的全貌，輔以各項客觀事實與社工實地觀察評估，以便法院做出符合子女最佳利益的決定，盡可能降低離婚可能對未成年子女帶來的重大傷害（Lindley, 1988；鄭麗珍，2005）。究竟法官對於子女監護權裁定之考量面向涵括什麼內容呢？

根據《民法》第1055-1條，法院依職權酌定「監護權歸屬」的評估指標涉及很多面向，包括下列事項：

（一）**子女之年齡、性別、人數及健康情形。**

（二）**子女之意願及人格發展之需要。**

（三）**父母之年齡、職業、品行、健康情形、經濟能力及生活狀況。**

（四）**父母保護教養子女之意願及態度。**

（五）**父母子女間或未成年子女與其他共同生活之人間之感情狀況。**

（六）**父母之一方是否有妨礙他方對未成年子女權利義務行使負擔之行為。**

（七）**各族群之傳統習俗、文化及價值觀。**

前項子女最佳利益之審酌，法院除得參考社工之訪視報告或家事調查官之調查報告外，並得依囑託警察機關、稅捐機關、金融機構、學校及其他有關機關、團體或具有相關專業知識之適當人士就特定事項調查之結果認定之（全國法規資料庫，2020）。關於社工訪視（調查）報告所呈現的內容除基本資料與

家系圖外，還包括居家環境、訪視情形、雙親態度與特殊事項等，社工訪視（調查）報告之統一參考指標及格式請參閱附錄 2（第 335 頁）。

雖然如此，上述法條的範定只是列舉法官用來判定「監護權」的資料蒐集方向，並未清楚界定這些因素在決策的考量標準所占之權衡比重。雷文玫（1999）就曾以臺灣桃園地方法院民事判決 85 年度婚字第 66 號的判例為例，說明法官運用《民法》第 1055-1 條之資料來決定「子女最佳利益」之荒謬判決：原告與被告雙方的監護條件大致相似，一方因不堪同居之虐待而訴請離婚，法官判決顯示法院依據尊重子女意願讓原告與被告各取得一個孩子的監護權。然而，若平心而論，將兩名手足分開監護是否真符合「子女最佳利益」呢？

三、監護權酌定之「子女最佳利益」與社工角色

關於監護權酌定之「子女最佳利益」原則，王如玄（2000）指出，英國《普通法》經常依據所謂的「幼年原則」，也就是該法假定年紀較小的兒童，將會比較需要母親的關愛與照顧，故法官傾向將監護權判給母親。以色列的一項研究也顯示：社工的訪視調查報告傾向建議「由母親取得監護權」（Guy et al., 2016）。

賴月蜜（2003）運用檔案文件分析法，分析英國在 1992 至 2000 年所裁定的判例中，關於「兒少最佳利益」所考量的因素，包括：兒童的意願與想法、兒童年齡、父母的親職能力、父母的個性表現、父母的婚姻與居住狀況、可能造成傷害與危險的情況、父母照顧孩子的意願與態度、親子關係、親友支援、兒童的背景及特質、兒童生理、情感與教育的需求、兒童與聲請人間的互動關係、主要照顧者、父母或同居人有兒虐情形、兒童的健康狀況、父母的健康情形、手足關係、父母的背景、兒童的性別、父母的年齡、父母或同居人是否有藥酒癮行為等。

在美國，有關未成年子女監護權判定，亦是以「兒少最佳利益」作為準則，根據 Uniform State Law 的規範，其包含的因素有：兒童家長的監護意願；兒童所期待的監護人選；兒童與家長、手足、重要他人的互動關係；兒童在家庭、學校與社區中的適應狀況；所有相關人員的身心健康情形等

（Wallace & Koerner, 2003；鄭麗珍，2005）。

承上所述，各國有關監護權決策大致皆依據「兒少最佳利益」原則，但各國法律對於該原則的具體實踐卻仍是模糊不定，幾乎還是取決於法官個人的研判與自由心證，難以歸納原則（鄭麗珍，2005）。根據《民法》第1055-1條的規定，法官在審酌「子女最佳利益」時，可參考社工之訪視報告，這條文賦予社工介入監護權調查的角色。目前，國內在執行監護權訪視調查的社工大致有兩類，一是地方政府所屬的社工進行訪視調查；二是地方政府編列訪視調查費用，委託民間社會福利團體之社工進行調查訪視，其中以家扶基金會所屬的中心承接委託辦理的縣市最多（鄭麗珍，2005）。

曾嫈瑾等人（2009）的研究認為國內在兒童監護權訪視的過程中，社工被賦予重要的評估角色，以確保守護「兒少最佳利益」。在充滿爭執與監護權變動的家庭關係中，社工必須從不同面向來考量最適切的決定。若從兒童保護系統來看「兒少最佳利益」，亦有相關研究（張玲如、邱琬瑜，2012）指出，社工需要從服務輸送的過程與兒少所處的場域來檢視兒少權益的維護。

鄭麗珍與游美貴於2004年接受兒童局委託，進行有關「社會工作人員監護權訪視調查案件評估指標之研究」，該研究報告指出：儘管社工在監護權調查報告所涵蓋的面向皆以《民法》第1055-1條的注意事項為依據，但每位社工的調查報告所呈現之評估指標卻不盡相同，仍存有許多個人自由心證的空間；此外，有相近半數（46.9%）的報告建議，係以「請法官裁決」占最大多數，顯示社工對於子女監護權訪視調查，似乎僅將自己界定在調查員的角色（鄭麗珍，2005）。Guy等人（2016）的研究發現：社工對於子女監護權之評估或建議，常會受到傳統社會規範（traditional social norms）的影響；儘管為了堅守「兒少最佳利益」，而需要充實兒童發展和需求的相關理論知識，但是很多時候社工的個人信念與價值，會影響所謂兒少最佳利益的「模糊地帶」（the expert fills the space），進而影響法院的裁定結果。

Saini等人（2019）的研究指出，過去兒童保護社工缺乏適當的訓練與經驗，以及陷入子女監護權爭議的家庭工作，很多時候反而是更激化對立與衝突。因此，提供一致性、支持性、適當的督導機制，有助於發展出整合性的介入措施及服務，例如：學校輔導、婚姻諮商、早期療育等多專業實務，以止息在監護權爭奪中的家庭風暴。社工的角色在「充滿火藥味」的監護權訪視調查中，需要注入更多的理性與調和，才能找出真正貼近「兒少最佳利益」的一條路。

10.4 家事服務中心的成立與服務

為因應《家事事件法》新制的施行，達到妥適、統合處理家事事件之立法目的，立法院於 2011 年 12 月 12 日三讀通過《家事事件法》時曾附帶決議，要求司法院研議《少年及家事法院組織法》增訂家事服務中心。2013 年修正通過《少年及家事法院組織法》第 19-1 條「少年及家事法院應提供場所、必要之軟硬體設備及其他相關協助，供直轄市、縣（市）主管機關自行或委託民間團體設置資源整合連結服務處所，於經費不足時，由司法院編列預算補助之。前項之補助辦法，由司法院定之。」新增設置家事服務中心的法源依據，提供家事事件當事人或關係人更多元化之服務及輔導。

目前各法院家事服務中心提供的服務內容，因應在地資源不同及承辦民間團體的差異，呈現多元化的現象，其服務內容概述如下（許映鈞，2017）：

一、基本服務項目

（一）**陪同出庭**：陪同弱勢當事人及未成年人出庭，給予情緒支持與陪伴，緩解其面對司法程序之壓力。

（二）**諮詢輔導**：提供家事事件相關之初步資訊、諮詢及輔導服務。

（三）**會談及情緒支持**：提供當事人及關係人初步會談服務，給予情緒及心理支持，必要時轉介專業之諮商及輔導。

（四）**社會福利資源之提供與轉介**：評估當事人及關係人實際需求，提供相關社福資訊或轉介相關社福機關、機構協助。

（五）**法定通報**：若於服務過程中發現有依法應通報但未通報之個案，如家庭暴力或性侵害之被害人等，應依法通報相關單位。

二、多元服務資源平台

除基本服務項目外，各法院家事服務中心視在地資源設置不同之服務項目，其內容如下：

（一）**法律扶助**：財團法人法律扶助基金會指派律師於家事服務中心提供法律諮詢服務。

（二）**高衝突家庭之親職教育**：由家事服務中心規劃提供親職教育課程，協助當事人提升親職能力，以從根本解決家事紛爭。親職教育之實施方式包括個案輔導、小團體課程及大班授課模式，亦有部分法院透過家事服務中心實施全面性之「調解前親職教育」，確實提高調解成功率，疏減訟源。此外，亦有家事服務中心協助離婚夫妻擬訂未成年子女照顧計畫、會面交往計畫等服務，協助父母與未成年子女間親情維繫，減緩未成年子女因父母離異所生衝擊，對於家事事件之調解及審理亦有助益。

（三）**監督會面交往及交付子女**：對於高衝突性之親子會面交往及交付子女事件，當事人於過程中時常發生進一步衝突，而使親子關係更加惡化，此時透過專業社工實施監督會面交往，即有必要。過往，僅於部分都會區法院有監督會面交往的社福資源，且其服務能量亦常有不足。目前已有部分家事服務中心利用法院空間提供相關服務，實質保護未成年子女之權益。

（四）**原住民、新住民服務**：由於原住民、新住民於家事事件紛爭中常處於較弱勢地位，故由相關主管機關派員或以資訊連結方式提供相關服務及外語翻譯服務等。

（五）**戶政服務**：部分地方政府戶政單位於家事服務中心設櫃，提供戶政業務服務，以利當事人就近辦理離婚登記等。

（六）**就業資源連結**：由家事服務中心連結地方政府勞工局（處）所屬就業服務站，提供就業媒合、職訓等資源。

（七）**其他服務事項**：如連結警政保護人身安全，結合衛生醫療資源，或為求助之當事人擬定個案人身安全計畫、進行探視議題討論及開庭時之兒童臨托服務等。

問題思考

一、《家事事件法》的立法目的與審理原則為何？

二、何謂《家事事件法》之調解前置原則？

三、《家事事件法》中保障未成年子女權益之重要制度為何？

四、家事服務中心的服務內容為何？

參考文獻

王如玄（2000）。〈幼年原則在子女監護權人決定基準上之地位〉，《律師雜誌》，246，94-97。

李國增（2014）。〈家事事件法之審理原則與特色〉，《日新司法年刊》，10，292-302。

沈冠伶等（2012）。〈家事程序法制之新變革及程序原則——家事事件法之評析及展望——民事訴訟法研究會第一百一十四次研討紀錄〉，《法學叢刊》，57（2），203-276。

張玲如、邱琬瑜（2012）。〈何處是兒家？由兒少最佳利益探討我國兒童保護安置系統〉，《現代桃花源學刊》，創刊號，13-32。

張瑜鳳（1992）。〈論離婚後子女監護之歸屬〉，《法律評論》，58（6），28-33。

許映鈞（2017）。〈駐法院家事服務中心 - 柔性司法之展現〉，《法扶報報》，取自：https://www.laf.org.tw/index.php?action=LAFBaoBao-detail&tag=265&id=21

曾孆瑾、高緻真、蔡明芳（2009）。〈從「兒童少年最佳利益」探討社會工作者在間互訪視的多樣性評估指標與困境〉，《臺灣社會工作學刊》，7，129-162。

游美貴、鄭麗珍（2004）。《社會工作人員監護權訪視調查案件評估指標之研究》。臺北：內政部兒童局委託研究報告。

雷文玫（1999）。〈以「子女最佳利益」之名：離婚後父母對未成年子女權利義務行使與負擔之研究〉，《臺大法學論叢》，28（3），245-309。

鄭麗珍（2005）。〈有關監護權調查評估的指標〉，《社區發展季刊》，112，141-151。

蕭胤瑮（2012）。〈以家事事件法為中心 - 落實未成年人參與家事事件程序之保障〉，《法律扶助》，12-18。

賴月蜜（2003）。〈從英國 1992-2000 年居所裁定檢視「兒童最佳利益」概念之適用〉，《臺大社工學刊》，8，47-90。

賴淳良（2012）。〈家事司法制度革新之回顧與展望〉，《法律扶助》，37，3-11。

全國法規資料庫（2020）。《民法》第 1055 條與 1055-1 條，取自：https://law.moj.gov.tw/LawClass/LawSingle.aspx?pcode=B0000001&flno=1055（上網日期：2020 年 12 月 21 日）。

政理法律事務所（2020）。離婚律師告訴你離婚時如何爭取監護權／親權判定的標準，取自：https://legalpro-family.com.tw/fieldin.php?id=26&gclid=CjwKCAiAsOmABhAwEiwAEBR0ZtC5Pa5sW7rj_wLI30qjNc3r0iqP_bV7YoiuWfmwKHqVUQygssFBlxoCA5QQAvD_BwE（上網日期：2020 年 12 月 20 日）。

Guy, E., Hani, N., & Odelia, S. (2017). Between Professionalism and Traditional Social Norms: Social Workers' Parental Custody Recommendations. *British Journal of Social Work, 47*, 2032-2048.

Lindley, M. E. (1988). *A Manual on Investigating Child Custody Reports*. Springfield, Illinois: Thomas Books.

Saino, M., Nikolova, K., & Black, T. (2019). An Integrative Model for Taming the Storm: Casework Supervision in Child Protection Services for Working with Families Involved in High-Conflict Child Custody Disputes. *Child Welfare*, *97*(3), 41-59.

Wallace, S. R. & Koerner, S. S. (2003). Influence of Child and Family Factors on Judicial Decisions in Contested Custody Cases. *Family Relations, 52*, 180-188.

CHAPTER 11

家暴與家事案件中社會工作者的陪同出庭

本章重點

- 認識家庭暴力與家事案件的社工陪同法源。
- 了解社工陪同出庭的功能與準備。
- 了解社工陪同出庭服務的評估與處遇。

11.1 家庭暴力與家事案件的社會工作者陪同法源

家庭暴力案件屬於家庭與親密關係的暴力，被害人遭受暴力本已身心受創甚鉅，在開庭時還可能需要陳述受暴歷程或面對加害人，造成再次傷害，因此為建立司法友善環境，《家庭暴力防治法》於第 13 條第 4 項規定：「被害人得於審理時，聲請其親屬或個案輔導之社工人員、心理師陪同被害人在場，並得陳述意見。」

而家事案件中，常有未成年人或受監護、輔助宣告之人在法庭表達意願或陳述意見之必要。如父母親在家暴、分居或離婚的案件中，孩子因長期與父母親共同生活，孩子成為當然或唯一證人，不論孩子的意願為何，或是否有心理準備，孩子都有可能以證人或關係人的角色參與司法出庭作證，以指認親人遭受暴力傷害的事實，或是抉擇面臨父母分離要跟從誰的忠誠兩難。為了降低未成年人或受監護、輔助宣告之人出庭陳述的焦慮及恐懼，《家事事件法》第 11 條第 1 項規定：「未成年人、受監護或輔助宣告之人，表達意願或陳述意見時，必要者，法院應通知直轄市、縣（市）主管機關指派社會工作人員或其他適當人員陪同在場，並得陳述意見。」

▼表 11-1　家暴與家事案件針對社工陪同出庭的法源及相關規定

法規	內容
家庭暴力防治法	第 13 條 聲請保護令之程式或要件有欠缺者，法院應以裁定駁回之。但其情形可以補正者，應定期間先命補正。 法院得依職權調查證據，必要時得隔別訊問。 前項隔別訊問，必要時得依聲請或依職權在法庭外為之，或採有聲音及影像相互傳送之科技設備或其他適當隔離措施。 **被害人得於審理時，聲請其親屬或個案輔導之社工人員、心理師陪同被害人在場，並得陳述意見。** 保護令事件之審理不公開。 法院於審理終結前，得聽取直轄市、縣（市）主管機關或社會福利機構之意見。 保護令事件不得進行調解或和解。 法院受理保護令之聲請後，應即行審理程序，不得以當事人間有其他案件偵查或訴訟繫屬為由，延緩核發保護令。 第 36-1 條 **被害人於偵查中受訊問時，得自行指定其親屬、醫師、心理師、輔導人員或社工人員陪同在場，該陪同人並得陳述意見。** 被害人前項之請求，檢察官除認其在場有妨礙偵查之虞者，不得拒絕之。 陪同人之席位應設於被害人旁。 第 36-2 條 被害人受訊問前，檢察官應告知被害人得自行選任符合第三十六條之一資格之人陪同在場。
法院辦理家庭暴力案件應行注意事項	十七、訊問被害人應以懇切態度耐心為之，尤應體察其陳述能力不及常人或成年人，於其陳述不明瞭或不完足時，應令其敘明或補充之。 **對於未成年、受監護或輔助宣告、身心障礙被害人之訊問，宜由其親屬或個案輔導之社會工作人員、心理師陪同在場；必要時，應通知直轄市、縣（市）主管機關指派社會工作人員或其他適當人員陪同在場。** 陪同之人得坐於被陪同人之側，並得陳述意見。 十八、社會工作人員陪同時，其報到簽名，得以所屬機關（構）、工作證號或代號代替。其應提供之人別資料，亦同。

（續上表）

<table>
<tr><th>法規</th><th>內容</th></tr>
<tr><td>法院辦理家庭暴力案件應行注意事項</td><td>前項以外之陪同人，如認提供人別資料有危及安全之虞者，得向法院陳明後準用前項規定。但法院認無必要者，不在此限。

前二項陪同人之真實人別資料應予密封，並準用第十點第二項規定。

十九、法院於保護令事件審理程序中，應切實注意被害人、其未成年子女及證人之出庭安全，令相對人與其等保持適當之安全距離；必要時，得行隔別訊問或採取下列保護安全措施：
（一）不同時間到庭或退庭。
（二）到庭、退庭使用不同之出入路線及等候處所。
（三）請警察、法警或其他適當人員護送離開法院。
（四）請社會工作人員陪同開庭。
（五）使用有單面鏡設備之法庭。
（六）其他適當措施。</td></tr>
<tr><td>檢察機關辦理家庭暴力案件注意事項</td><td>十三、檢察官對家庭暴力案件被害人之訊問，應以懇切態度耐心為之，並得依本法第三十六條之規定，依聲請或依職權在法庭外為之，或採取適當隔離措施。

被害人於偵查中受訊問時，得依本法第三十六條之一之規定，自行指定其親屬、醫師、心理師、輔導人員或社工人員陪同在場，該陪同人並得陳述意見；檢察官除認其在場有妨礙偵查之虞者，不得拒絕被害人前開請求。

被害人受訊問前，檢察官應依本法第三十六條之二之規定，告知被害人得自行選任符合第三十六條之一資格之人陪同在場。</td></tr>
<tr><td>家事事件法</td><td>第 11 條

未成年人、受監護或輔助宣告之人，表達意願或陳述意見時，必要者，法院應通知直轄市、縣（市）主管機關指派社會工作人員或其他適當人員陪同在場，並得陳述意見。

前項情形，法院得隔別為之，並提供友善環境、採取適當及必要措施，保護意見陳述者及陪同人員之隱私及安全。</td></tr>
<tr><td>家事事件審理細則</td><td>第 18 條

未成年人、受監護或輔助宣告之人陳述意見或表達意願，法院認為有必要時，應通知直轄市、縣（市）主管機關指派社會工作人員或其他適當人員陪同。</td></tr>
</table>

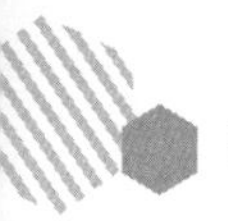

（續上表）

<table>
<tr><th>法規</th><th>內容</th></tr>
<tr><td>家事事件審理細則</td><td>前項情形，除社會工作人員外，亦得由未成年人、受監護或輔助宣告人之親屬或學校老師等其他適當人員陪同在場。

法院於未成年人、受監護或輔助宣告人陳述意見或表達意願前，應徵詢有無與其他當事人或關係人隔別訊問之必要。陪同人並得陳述意見。

陪同人得坐於被陪同人之側。

第一項通知，應載明被陪同人之姓名。就有關被陪同人之住所、所在地或所涉事件之案由依法應予保密者，應予密封。

第 19 條
未成年人、受監護或輔助宣告人陳述之意見或意願，涉及當事人或第三人隱私或陪同人、被陪同人之安全者，除法律規定應提示當事人為辯論者外，得不揭示於當事人或關係人。

陪同未成年人、受監護或輔助宣告人陳述意見或表達意願之社會工作人員，得於報到簽名時，以其所屬機關、機構、工作證號或代號代替。陪同人之人別資料，若有危及陪同人之安全者，亦同。

第 39 條
家事調查官除法律另有規定外，就調查所知事項，應保守秘密。程序監理人、陪同之社工人員或其他人員，因執行職務所知事項，亦同。

第 153 條
被安置人陳述意見或表達意願，法院認為有必要時，得適用本法第十一條之規定，通知直轄市、縣（市）主管機關指派社會工作人員或其他適當人員陪同。

訊問兒童及少年性剝削防制條例所定之被害人時，應通知直轄市、縣（市）主管機關指派社會工作人員陪同在場，並得陳述意見。

前項被害人之法定代理人、直系或三親等內旁系血親、配偶、家長、家屬、醫師、心理師、輔導人員或社會工作人員得陪同在場並陳述意見。但得陪同之人為前開條例所定犯罪嫌疑人或被告時，不在此限。

訊問兒童或少年時，應注意其人身安全，並提供確保其安全之環境與措施，必要時應採適當隔離方式為之，亦得依聲請或依職權於法庭外為之。

第 159 條
嚴重病人陳述意見或表達意願，法院認為有必要時，得適用本法第十一條之規定，通知直轄市、縣（市）主管機關指派社會工作人員或其他適當人員陪同。</td></tr>
</table>

11.2 社會工作者陪同出庭的角色與準備

一、社工陪同出庭之功能

大部分的當事人對於開庭的知識多是透過報章雜誌或電影媒體的呈現得知，對法院文化以及法庭環境相當陌生，因此在接獲開庭通知書後，常有許多擔憂與焦慮。社工陪同目的即在於提升個案於法院訴訟及法院文化的認識，透過社工提供服務與資訊，讓其知悉訴訟階段的過程，以及可事先進行開庭準備事宜，降低其焦慮感。社工陪同的功能包含下列：

（一）情緒支持

對於法庭陌生環境，社工開庭的陪伴能帶給個案很大的安定力量。特別是家暴被害人，在法庭上需面對具權威感的法官及施暴的加害人陳述受暴過程，社工的陪同可以增加其安全感。家事案件當事人也可能因為陳述內容涉及情感糾結與牽扯而情緒激動或哭泣難過，社工陪同可立即安撫與同理。

（二）安全協助

家暴被害人可能在開庭前已經與相對人分居、甚至住所保密，因此開庭過程可能發生相對人透過開庭前後威脅被害人安全、要求被害人撤告或跟蹤被害人；而家事案件也可能因為衝突性高，在開庭前後發生衝突或危機。社工陪同可結合、運用法院安全維護相關資源，例如：等候空間隔離、與法警合作、安全通道入庭運用或與院外警政資源合作，陪伴個案安全離開。

（三）權益保障

社工陪同前可先讓個案熟悉法院審理流程、法庭環境與文化、法官問訊可能內容，讓當事人在法庭上更足具力量，能夠得以清楚表達需求與想法，而有所堅定的力量。另外社工在開庭過程中的陪伴，也較能確保案主在法庭上的權益得以確保，不會因為權威的法庭文化，令個案卻步，或在壓力之下，而有難以支撐的情況，散失應有的權益。

二、社工陪同出庭準備

社工在提供陪同出庭服務前，應就法院的人員、程序、環境有基本認識與知識，才能提供個案正確資訊與服務。

（一）法院重要人員

案件進入法院後，當事人可能接觸的重要法院人員至少包含法官、書記官、訴訟輔導科人員、法警：

1. **法官**：法官負責案件審理，除非開庭，其他時間一律不與當事人、律師接觸。當事人僅能夠透過書狀或開庭向法官說明案情。每個法官都配有股別及書記官，例如：「家」股、「福」股。
2. **書記官**：當事人、律師可直接與書記官聯繫。承辦的書記官負責寄送法院文件，製作筆錄、查詢庭期、預約閱卷等行政事務。
3. **訴訟輔導科（單一窗口）**：在法院聯合服務中心設有服務櫃檯，有專業人員提供服務，也設有專線電話，向當事人說明法律程序以及提供書狀範例參考，但服務內容不包含代撰狀紙或案件成敗評估。訴訟輔導科也可以幫當事人查詢「案號」、「承辦股別」與「書記官分機」。
4. **法警**：協助維護法院內安全，若有開庭安全疑慮，可請法警協助。

（二）法院程序及注意事項

1. **法令的認識與程序**：關於家暴案件，社工需了解保護令的類別、內容、功能、程序等，對家事案件也應熟悉相關調解、訴訟、非訟程序及救濟程序。
2. **其他注意事項**：社工應了解法院收案後可能程序，以利協助當事人。

(1) **分案**：法院收到訴訟書狀後，約三到五天就會分案給某一個股別法官審理。

(2) **法院寄發通知**：法院會以「雙掛號」寄送給當事人開庭通知書。若當事人因事外出無其他家人在家收受信件，郵差會留下字條黏貼在大門口告知要去哪裡收信，通常是派出所。

(3) **開庭通知：**開庭通知單上會有開庭日期、時間。需注意通知單備註欄是否有法院要求事項，例如補正、開庭當天帶證人或證物等。開庭當天需攜帶有照片之個人身分證件進行報到。

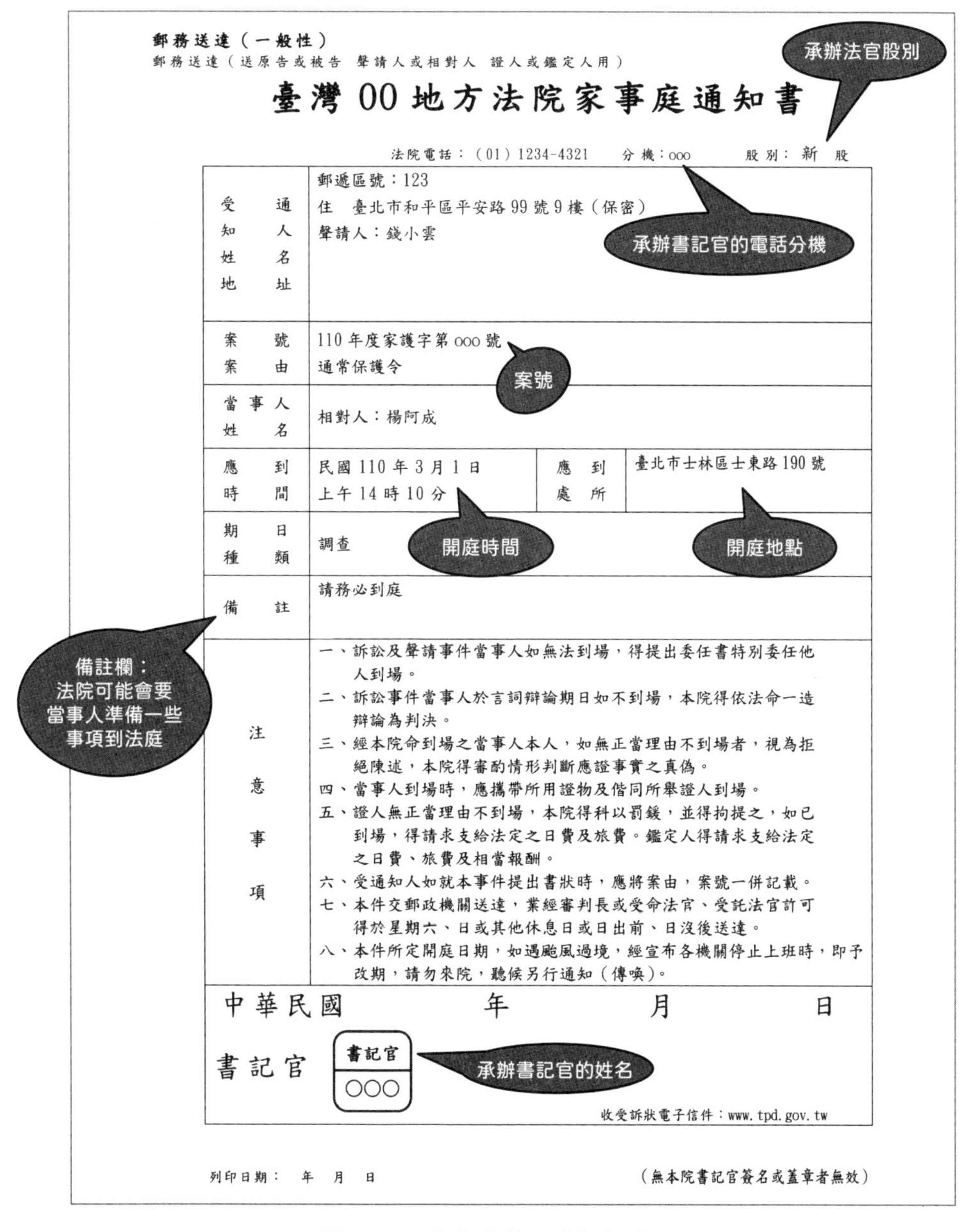

郵務送達（一般性）
郵務送達（送原告或被告 聲請人或相對人 證人或鑑定人用）

臺灣 00 地方法院家事庭通知書

法院電話：（01）1234-4321 分機：○○○ 股別：新 股

受通知人姓名地址	郵遞區號：123 住 臺北市和平區平安路 99 號 9 樓（保密） 聲請人：錢小雲		
案號 案由	110 年度家護字第 ○○○ 號 通常保護令		
當事人姓名	相對人：楊阿成		
應到時間	民國 110 年 3 月 1 日 上午 14 時 10 分	應到處所	臺北市士林區士東路 190 號
期日種類	調查		
備註	請務必到庭		
注意事項	一、訴訟及聲請事件當事人如無法到場，得提出委任書特別委任他人到場。 二、訴訟事件當事人於言詞辯論期日如不到場，本院得依法命一造辯論為判決。 三、經本院命到場之當事人本人，如無正當理由不到場者，視為拒絕陳述，本院得審酌情形判斷應證事實之真偽。 四、當事人到場時，應攜帶所用證物及偕同所舉證人到場。 五、證人無正當理由不到場，本院得科以罰鍰，並得拘提之，如已到場，得請求支給法定之日費及旅費。鑑定人得請求支給法定之日費、旅費及相當報酬。 六、受通知人如就本事件提出書狀時，應將案由，案號一併記載。 七、本件交郵政機關送達，業經審判長或受命法官、受託法官許可得於星期六、日或其他休息日或日出前、日沒後送達。 八、本件所定開庭日期，如遇颱風過境，經宣布各機關停止上班時，即予改期，請勿來院，聽候另行通知（傳喚）。		

中華民國 年 月 日

書記官 書記官 ○○○

收受訴狀電子信件：www.tpd.gov.tw

列印日期： 年 月 日 （無本院書記官簽名或蓋章者無效）

圖 11-1 家事事件開庭通知書

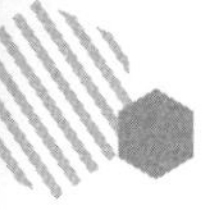

(4) **案件進度線上查詢：**法院提供線上查詢案件審理進度服務。得聲請查詢之人，可填寫「線上查詢案件進度聲請狀」，或於「起訴狀」等相關訴狀內聲請，並提供 e-mail 帳號，向受理訴訟之法院提出聲請。若聲請通過，法院有最新審理進度時，會主動寄發 e-mail 通知，聲請人也可以隨時上網查詢（http://cpor.judicial.gov.tw）。

(三) 法庭配置

依據「法庭席位布置規則」，家事法庭席位分為一般家事法庭（如附錄3，第 347 頁）及溝通式家事法庭（如附錄 4，第 348 頁）。

(四) 安全計畫

1. 開庭之前

若家暴個案開庭時恐懼面對相對人，或擔心在開庭後可能暴露行蹤，可請個案在聲請保護令的同時即先在狀紙上註明聲請隔離開庭，或者於事後撰寫聲請狀向法官請求安排隔離訊問。

法官會決定是否同意隔離，隔離的方式有幾種，包含：

(1) **同一天開庭但分開訊問時間。**

(2) **在不同日期開庭。**

(3) **同天、同時間開庭，只是個案入庭陳述時，對造先在法庭外面等候，減少干擾。**

陪同社工也可事先與家庭暴力事件服務處聯繫，討論當天安全路線規劃與協助事宜，或商借會談室或安全等候空間。若擔心相對人會有暴力舉動，社工可協助個案先與法警說明狀況，提高警戒，遇有緊急危險狀況，方可獲得立即性的支援。

2. 開庭當日

▼表 11-2 開庭當日安全計畫

開庭當日	
庭前	
提早到庭	▪ 開庭當天可請個案提早到法院，利用多餘時間了解法院周邊環境，減低對環境陌生而出現的焦慮。 ▪ 若個案接近開庭時間才到法院，不僅無法先觀察逃生路線，若遇相對人或陪同家屬情緒高張，也可能受到對方情緒波及，增加被騷擾或被施壓的困擾，影響個案應訊時的思緒。
報到手續	**個案報到** ▪ 請個案開庭前備妥開庭通知書及有照片之身分證明文件，提前至法庭外報到處由庭務員（或司法志工）協助報到手續（證人亦同上述報到程序）。當事人身分證名文件將由庭務員先收走供法官開庭時核對身分，開庭結束後發還。 ▪ 報到手續完成後，可查看報到處的庭期表，詳記開庭編號。 ▪ 輪到當事人開庭時，庭務員會至法庭外點呼雙方名字，並引導進入法庭內進行開庭程序。 **陪同社工報到** ▪ 依據「法院辦理家庭暴力案件應行注意事項」第 18 條，《家事事件審理細則》第 19 條，陪同之社工人員，得於報到簽名時，以其所屬機關、機構、工作證號或代號代替，以保障陪同出庭社工人員身分資訊，**因此陪同社工不需要在當事人報到單上署名全名**。
準備事項	▪ 等候開庭期間，需依照開庭編號並注意燈號數字，以確實掌握開庭時間，切勿錯過庭號，或因人不在現場候庭，而造成法院人員四處找尋，有些法官並不允許錯過庭號或遲到的當事人延後進庭，而採另訂庭期審理。 ▪ 司法院網站（https://csdi.judicial.gov.tw/ctstate/）亦提供線上開庭進度查詢，個案可透過手機掌握開庭進度。 ▪ 等待開庭時，社工可以協助個案整理此次開庭所攜帶的相關文件或證據。 ▪ 開庭有其秩序，法官掌握法庭秩序及程序，需提醒個案面對對造陳述不實勿急於爭駁插話或與對造發生爭執，可待對造結束陳述，再舉手向法官表達意見，以避免引發法官訓斥。
安全計畫	▪ 家暴案件若未能事前遞呈書狀請求隔離或法官未同意隔離訊問，一個補救方式即是當庭採取書狀或口頭方式請求先離庭。 ▪ 陪同社工也可與家庭暴力事件服務處聯繫，請服務處社工協助由其他安全路線離開。

（續上表）

開庭當日	
庭後	
安全計畫	▪ 開庭後，若擔心被跟蹤或騷擾，建議快速離開法院。 ▪ 若遇遇緊急事件（如：相對人惡意騷擾、咆哮、謾罵、跟蹤），陪同社工或個案可立即就近尋求法警提供安全維護。 ▪ 建議個案離庭時變換交通工具，如：先搭計程車再轉乘捷運；亦可請個案親友開車或招攬計程車就近在法院大門口處接應，以利快速離開法院。 ▪ 若有安全議題，建議事前電洽家庭暴力服務處共同研議離庭安全，以避免當天家暴服務處人力無法支援。

資料來源：現代婦女基金會（2009）。

11.3 社會工作者陪同出庭服務評估與處遇

一、陪同出庭前社工評估

多數個案沒有開庭經驗，對於上法庭會感到非常焦慮與恐懼，社工是否需陪同個案出庭，除了個案主動提出要求外，社工可依以下的評估主動詢問個案陪同需求：

（一）**出庭經驗**：如果個案是第一次接觸法院，從來沒有出庭經驗時，社工可主動詢問是否需要陪同出庭。

（二）**人身安全的程度**：如果家暴被害人沒有親友陪同出庭，或擔心在法院單獨面對加害人，易遭到加害人再度傷害時，社工可評估陪同案主出庭。

（三）**情緒支持的需要程度**：如果個案面對法官的審理，因為畏懼法官的權威，容易產生緊張、焦慮而不知如何表達，或是本身擔心面對加害人，有強烈不安全感者，社工可評估陪同出庭。

（四）**法律理解的程度**：如果個案對於相關法律知識有很多疑問、不了解，甚至誤解，社工可藉由陪同出庭，可進一步協助其釐清對法律的疑惑。

（五）**其他特殊狀況**：如果個案是兒童、新住民、身心障礙者或其他弱勢者，若評估其在法庭上表達意見可能有困難，社工可評估陪同出庭。

二、社工陪同出庭處遇內容

社工陪同出庭服務不僅只是形式上陪同入庭，更重要的是實質上陪同服務，因此社工提供陪同前、中、後之服務（現代婦女基金會，2020）：

（一）陪同出庭前的處遇

社工可能在開庭日之前先與個案進行開庭前準備，或約個案在開庭當日提早 30 分鐘至 1 小時提前進行準備。

1. **出庭安全計畫討論**：若評估個案有被跟蹤的可能性，社工陪同出庭前需先與個案討論安全計畫，包含開庭前到法院、離開法院的安全路線、交通工具搭乘方式；另若評估個案在法院有安全虞慮，社工也應先與個案討論安全計畫。
2. **情緒安撫與支持**：社工安撫個案出庭前的不安、恐懼，穩定其情緒，以降低個案內心的焦慮感，做好出庭前的心理準備。
3. **法院環境介紹**：社工先讓個案了解法院的地理位置、空間佈置、報到地點、等候地點、行走路線，以及法庭內的空間配置、法庭內人員的職稱介紹，讓個案對法院現場空間能夠有初步的概念，使其有安定的感覺，降低其緊張焦慮感。
4. **告知相關法律知識**：法院審理各種案件有一定的法律程序或規則，社工於陪同出庭前，事先讓案主充分了解出庭的程序、法律或法庭運作的規則與規定、法律專業術語解釋、各種程序的差異、法律的權益，讓個案心理有所準備，避免出庭過程中，因為不了解法律程序而產生誤解。
5. **角色扮演**：社工透過角色演練，與個案練習開庭可能發生之情況。
6. **陪同出庭經驗分享**：社工透過陪同經驗分享，讓個案了解審理案件法官開庭的特性及可能問訊內容，使個案對進入法庭心理有所準備。

7. **角色期待的澄清**：個案對於出庭陪同的社工角色有時會有過度或不正當的期待，例如期待社工替其陳述受暴事實或成為證人，因此社工若評估有必要時，可於陪同前，向其澄清社工出庭陪同過程的角色、立場，避免個案誤解或產生錯誤的角色期待。
8. **補正提醒**：社工於開庭前，確認個案是否有再補正相關資料給法院，例如：攜帶戶籍謄本、證據、證人等。

（二）陪同出庭中的處遇

1. **情緒安撫**：陪同出庭中，個案往往因為陳述以往的受暴經驗或過於緊張焦慮而情緒崩潰，社工可安撫案主的情緒。如個案情緒過於激動，導致無法繼續開庭，社工可視狀況向法官提出建議，讓個案先到法庭外略做喘息及冷靜情緒後，再繼續開庭。
2. **協助陳述發言**：當案主無法完全表達個人之意思、有新事證因為開庭緊張遺忘，或無法理解法官的訊問時，社工可視狀況或經法官同意，協助個案發言或協助解釋法官所表達之專業術語。若個案需要隔離開庭或提早離庭，社工也可協助個案向法官提出需求或主動向法官說明。
3. **說明案件狀況**：可視狀況或經法官詢問，補充社工對該案件的評估、協助個案的社會資源為何等。
4. **觀察開庭過程**：出庭的過程中，社工可觀察案主與相對人的互動、態度、表情及心理反應，以利於後續協助個案；同時也應觀察法官審理的態度、用語、觀念，以利日後為案主權益倡導之參考。

（三）陪同出庭後的處遇

1. **陪同安全離開**：出庭後若個案有立即安全議題，社工協助個案安全離開法院，或可請法警或家暴服務處社工提供協助，以避免對造的跟蹤或攔阻。
2. **解釋開庭內容**：社工可針對整個開庭內容與個案討論，並解釋法官或律師專業術語，讓個案更了解自己出庭的過程狀況及後續可能的程序。

3. **情緒支持與鼓勵**：個案出庭結束後，雖然有如釋重負的感覺，但仍然會產生焦慮、擔憂自己的行為表現是否妥當，社工先給予情緒支持與鼓勵，肯定個案勇於陳述的表現，增進其自我肯定。
4. **安全計畫擬定**：出庭後，如果個案仍回家居住，或只有子女單獨與施暴者回家，且可能會面臨施暴者的報復，社工會與個案討論其後續的人身安全問題，必要時需連結相關資源。
5. **後續計畫的討論與擬定**：社工陪同出庭後，除了上述處遇外，也需與案主討論後續的計畫，包括是否要繼續訴訟、下次出庭的準備內容、證據是否充足、是否要委任律師、是否要補充訴狀內容、子女及生活的安排等。
6. **紀錄**：社工在出庭陪同後，需根據此次陪同出庭的法庭觀察、案主狀況、與服務內容做紀錄，紀錄除了可提供後續服務參考外，也可符合方案委託的要求，符合倡導的精神。
7. **倡導**：出庭過程中，部分法官因為本身審理的態度、用語、觀念可能造成案主二度傷害，社工可透過個別案件與法官討論，或累積案例運用正式、非正式倡導方式對法官進行倡導，以降低類似事件的再發生。

一、社工陪同出庭之功能為何？

二、陪同出庭的安全計畫準備為何？

三、社工陪同出庭前、中、後的處遇內容為何？

參考文獻

現代婦女基金會（2009）。《保護令庭看聽》。臺北：現代婦女基金會。

現代婦女基金會（2020）。《家暴服務處之陪同出庭服務方案》。臺北：現代婦女基金會。

CHAPTER 12

收出養制度與實務

重

- 認識收出養制度的歷史發展脈絡。
- 了解我國在收出養制度的沿革與法令規範。
- 了解我國收出養實務的困境與挑戰。

「家」是每個兒童及少年成長發展的地方，尤其在兒少情感依附、社會化等多種需求的滿足上更扮演著基本而不可或缺的角色。然而，並不是每個家庭都能提供孩子一個平安與快樂的成長環境。當家庭失功能、遭逢重大變故或發生家暴兒虐事件，無法提供孩子適當的照顧或教養時，「家外安置」(out of home placement) 就成為保護兒童權益的「替代性照顧」。暫時性的家外安置也無法長久取代家庭在孩子成長過程中所扮演的角色，因此「收養」就成為家庭失功能情況下所採行的「永久性」替代性照顧服務。

「收養」(adoption)，係指透過法律上的擬制使原本非父母子女關係的人之間，創造出類似親子關係的制度；在中西方歷史上，無論是古希臘與羅馬，以及受羅馬法的歐洲或亞洲各國等，均有收養制度之存在（林民凱，2014：86)。

12.1 西方國家收養制度的歷史發展脈絡

收養制度，在原始社會即已存在，蓋出於人之為親的本能，在西方世界，收養制度最早可追溯至《聖經》中，摩西被 Pharaoh 法老的女兒收養，而後，希臘人與羅馬人收養的目的是為了提供繼承人或結合更多有權勢的家庭 (Cole, 1985)。然而收養制度之目的，隨著時代的演進，或依國家政策發展而

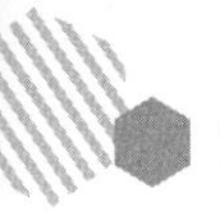

有所改變。自其發展的過程觀之，收養制度的演變大致歷經：「為家之收養」、「為親之收養」與「為子女之收養」（陳棋炎等，2013；高鳳仙，2015）。

最初，收養制度本於家族法上之血統繼續而產生，在早期家族制度下，一方面需有血緣者繼承，當缺乏有血緣之人可以傳承時，即依擬制方法，創設收養制度，此為「為家之收養」，羅馬法之收養為其代表。其後，父權的家族或宗族制度衰微，血統繼位的觀念漸弱，收養之目的是為慰娛晚年或增加勞力，其特色對於收養設有嚴格之形式限制（如年齡、性別等），係屬「為親之收養」，1804 年法國《民法》與 1896 年德國《民法》所規定的收養均屬之。在第一次及第二次世界大戰之後，產生許多戰爭孤兒及私生子，提供不幸兒童一個溫暖家庭為目的之收養於是萌生，收養目的逐漸轉為養育子女與增進子女的利益，朝向「為子女之收養」，其特色為簡化收養之形式要件，並採取許可主義以監督子女之幸福，法國於 1923 年修改《民法》關於收養之規定與英國於 1926 年制定為兒童福利之《收養法》；以及蘇俄於革命後，在 1926 年恢復以子女利益為考量之收養制度均屬之（陳棋炎等，2013；高鳳仙，2015）。

在早期農業社會與工業社會裡，成年人收養孩童主要是為了增加工作人力，「兒童最佳利益」的觀點則是工業革命後才出現的思維（Cole, 1985）。早年以英、美兩國為例，失依兒童和被忽視兒童主要由救濟院來提供照顧，之後便訓練去當學徒。至 19 世紀中葉，移民人潮湧入美國，失依兒童也隨之增加。美國的收養制度除極小部分為解決財產繼承的問題外，絕大部分是針對無家可歸的未成年人，為其尋求永久性之安置。然當時英國普通法系（Common Law）無相關案例可參考，因此各州需要制定《收養法》來因應，故最早可追溯到麻薩諸塞州於 1851 年率先通過《收養法》。之後美國為解決因各州收養法規之不同，而產生法規適用上之歧異問題，遂於 1994 年制定《統一收養法》（Uniform Adoption Act of 1994，簡稱 UAA），以促進失依未成年人之福祉（彭南元，2006）。

及至近期，聯合國於 1989 年制定《兒童權利公約》，其中第 21 條宣示了收養制度對於被收養兒童的權利維護：「承認或允許收養制度的簽約國應保證對兒童的最佳利益給予最大關切，這些國家應保證兒童之收養需經合法機關之許可，該機關（即法院）依照法律和程序之可靠相關資訊，並考量父母、親戚與法定監護人有密切關係之兒童狀況，確立收養關係」(黃若喬，2014)。

從上述西方國家收養制度的演進來看，收養制度由原始逐漸趨於文明，尤其著重收養應以「兒少最佳利益」為立基點。綜而論之，現代收養法令之發展取向有四(陳棋炎等，2013)：

一、正視收養制度之照顧機能，本於兒童福利之立場，以未成年人收養為中心。

二、極力簡化收養之實質要件，使孤兒、棄兒、私生子等不幸兒童較容易被收養於家庭中。

三、就收養之成立方法，採用收養宣告制(由國家機關決定)，於成立收養過程中充分保護兒童最佳利益。

四、就收養，尤其未成年人收養之效果，採「完全收養制」，使養子女取得婚生子女地位，而完全融入收養家庭之中，並斷絕養子女與本身血親之權利義務關係。

由此可知，如今收養制度的演進已朝向「為兒童」之收養目的之發展。

12.2 臺灣收養制度發展沿革與實務現況

「收養」在臺灣傳統社會，從早期收養的目的是「為宗」、「為家」、「為親」，成為不孕或無子嗣傳承的夫妻，延續香火、繼承子嗣的方式；而後在時代的演進下，收養的原因已趨於多元，為防老、養育子女、為繼承家業等，近年來更逐漸朝向考量被收養子女的利益(賴月蜜，2015)。

一、收養之法令規範

(一) 收養的定義

「收養」是正式的法律用語，也就是俗稱的「領養」，在法律上稱為法定血親或擬制血親。依《民法》第 1972 條規定：「收養他人之子女為子女時，其收養者為養父或養母，被收養者為養子或養女」(高鳳仙，2015)。

依據《民法》親屬編之規定，「收養」的要件可分為「實質要件」和「形式要件」兩種（郭振恭，2007；林民凱，2014）。「實質要件」包括：

1. **需有收養意思之合致。**
2. **需收養者與被收養者之年齡有適當之差距。**
3. **需非近親及輩份不相當親屬間之收養。**
4. **夫妻收養子女應共同為之。**
5. **需非一人同時為二人之子女。**
6. **夫妻之一方被收養應得他方之同意。**
7. **子女被收養應得其父母之同意。**
8. **收養或被收養需非被詐欺或被脅迫。**

「形式要件」有二，包括：

1. **應作成書面。**
2. **需要法院聲請認可。**

(二) 臺灣收養制度的法規發展

我國收養制度最早可溯及於西周的「宗法制度」，主要為收養男性，目的為延續香火，唐朝開始可收養棄嬰或孤兒，收養的風氣漸開（賴月蜜，2011）。早期的收養目的為「為宗」之收養，即在於延續宗嗣，使祖先血食（祭祖）不斷絕，由於祭祖需為男子，故立嗣限於男丁，為此目的之養子，稱為嗣子或過繼子，其地位與嫡子同；而後為保持家產、使家能興旺，目的為「為家」之收養；又有所謂撫養子，乃為充實勞力、養兒防老之「為親」之收養；《唐律》以後允許為救濟嬰孩或孤兒而收養，不再重視同宗或同姓，漸啟「為子女利益」而收養之開端（陳棋炎等，2013；高鳳仙，2015）。

由於清初對臺的開墾禁令，造成臺灣人口性別失衡、男多女少的現象，許多家庭自幼蓄養童養媳，一方面解決大筆聘金的問題，另一方面也增加家中勞動人口，協助照顧家務。養女除了被要求協助家務、限制婚配對象外，也可能遭受虐待、強暴亂倫等，甚至被轉賣為娼（曾秋美，1998；白麗芳、何祐寧，2014）。

舊《民法》廢除宗祧繼承，無論同姓異姓，皆無嗣子或義子之稱，收養子女只有一種，稱為「養子女」。其收養成立僅要求書面合意契約，自幼撫育為子女者，更不需要書面（陳棋炎等，2013）。臺灣在 1985 年之前，尚未有出生通報制度，只要收出養雙方私下協議，並向戶政單位登記，收養關係即可確定。因此，謊報出生資料，直接將孩子登記為親生子女、販嬰等情事層出不窮，兒童的基本權益未受到應有的保障（黃若喬，2014）。

直至 1985 年《民法》親屬編修正後，將收養關係由原來的「契約制」，修訂為法院「認可制」，依該法第 1079-1 條規定：「收養應以書面為之，並向法院聲請認可」，明確規範收養子女除當事人合意成立書面契約外，還必須聲請法院認可，收養行為需經法院認可後始生效力，才能到戶政單位登記。司法公權力正式介入收養行為，而非早期收養人、出養人雙方私下達成協議，即可進行被收養童的身分移轉。然而，當時法官的判決考量主要是收養父母的年齡與經濟條件，並非審酌是否符合「兒少最佳利益」（the best interests of the child），所謂養子女最佳利益的概念尚不明確。

1990 年代，兒童保護的觀念興起，《兒童福利法》於 1993 年修正通過，從以往的宣示性條文（五章 30 條條文），增列了許多與兒童保護相關條文（六章 54 條條文），包括：「出生通報制度」（彭淑華，2015）、需經由社工進行訪視調查，以及準收養父母與被收養子女先行共同生活一段時間（即「試養期」，又稱「共同生活期」），以確認被收養子女是否能適應新環境，供法官作為判決的參考之一（白麗芳、何祐寧，2014）。因此，「出生通報制度」大幅減少了販嬰的可能；而收養申請需經過「共同生活期」與社工訪視調查，也增加了收養相關資訊的完整性，提供法官在審酌認可時之判斷依據。

2003 年，《兒童及少年福利法》合併修法，收養案件開始需要調查是否有「出養之必要性」。根據聯合國《兒童權利公約》之規定，兒童應盡可能留在原生家庭成長，除非原生家庭完全無照顧能力，才會為其尋找一個合適的替代家庭（白麗芳、何祐寧，2014）。因此，2003 年修正通過的《兒童及少年福利法》不僅規範未成年之收出養案件應調查是否有「出養之必要性」，應適時給予出養家庭相關協助，亦於第 14 條增列：「須尊重兒童及少年意願，當兒少對收養事件不同意時，非確信被收養符合其最佳利益，法院應不予認可，以

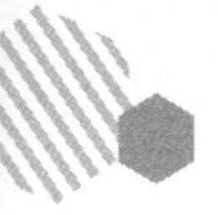

維護兒少在原生家庭成長的權利。」（全國法規資料庫，2020）。

2005 年，「兒童及少年收出養資訊中心」成立，成為保存收出養檔案資料的重要單位。由於早期臺灣並無收出養資料專責保存單位，而存放在法院的相關檔案資料，在一定年限之後會被銷毀，以致於被收養人在成年後，想尋找自己的親生父母，或是想了解自己的原生父母、出養過程、家族遺傳史與醫療紀錄等資訊時，都是相當困難的（白麗芳、何祐寧，2014）。有鑑於此，《兒童及少年福利法》亦要求主管機關應成立兒童及少年收出養資訊中心，負責保存出養人、收養人及被收養兒少之身分、健康等相關資訊之檔案，年滿 20 歲的被收養人即可向收出養資訊中心申請個人相關資料。

2007 年修正公布的《民法》親屬編，針對收出養制度進行大幅度修法，修正多達 24 條，不僅放寬收養者的條件，更敘明收養無效與收養撤銷之規定，強調需符合「兒少最佳利益」。該法修法的主要特色為：「放寬收養及終止收養之要件、強調子女最佳利益之收養、區分成年人收養與未成年人收養之要件與效力，使收養更具彈性」（王海南，2007；郭振恭，2007）；同時也參考《海牙國際收養公約》（the Hague Adoption Convention）的精神，明訂以國內收養人優先收養為原則（郭振恭，2007；林民凱，2014）。

2011 年 11 月 30 日《兒童及少年福利與權益保障法》修訂通過，針對收出養部分有了重大的修訂，規範所有非親屬收養皆需經由「機構媒合」，只有親屬與繼親收養仍採「私下收養」。其修法的理由指出：因實務上許多非親屬收養先進行私下收養之後，再聲請法院認可，但結果未必符合兒少最佳利益，甚至仍有變相販嬰之情事發生，影響兒少身分權益甚巨，故將第 16 條修正為出養事件「應」委託經許可之收出養媒合服務者代覓收養人，規範非親屬關係之未成年收養，不得採「私下收養」。在 2011 年修法以前，臺灣的收出養服務主要分為「機構媒合」與「私下收養」兩種方式。

「機構媒合」指的是收出養雙方皆向機構提出申請，由社工進行會談與訪視，以評估是否合適進行收出養，過程中收養人需參與親職準備教育課程，配合家訪評估與審查，由機構進行媒合後，會有一段共同生活的觀察評估期，以了解雙方生活適應情形，提供必要的支持與服務，通過觀察評估期之後，再向法院正式提出收養申請。

而「私下收養」則是指收出養人私下自行媒合孩子，並向法院聲請收養認可，法院再交由社工進行家訪評估（法院交查案件，簡稱法交案），最後再由法院裁定收養關係認可。由於私下收養的速度快，且收養人掌握較大的選擇權，送件時只要收出養人符合基本要件即可獲得裁定，因此過往許多無血緣關係的收養案件中，「私下收養」占大多數（白麗芳、何祐寧，2014）。

然而，「私下收養」著重成年人的利益，並未考量到被收養兒少的立場，故自 2011 年修法之後，於 2012 年 5 月 30 日正式開始實施，非親屬關係之未成年收養案件皆必須經由機構媒合，禁止私下收養（白麗芳、何祐寧，2014；賴月蜜，2016）。

為求清晰易懂，將歷年來收養法規修訂之重要規範，整理於表 12-1。

▼表 12-1　臺灣收養制度之沿革

1985 年	▪《民法》規定：收養子女應聲請法院認可。 ▪從「契約制」轉變為「認可制」。
1993 年	《兒童福利法》增列「出生通報制度」，並規定法院認可兒童收養案件，應命主管機構或其他兒童福利機構進行訪視調查，提供法官審酌之判斷依據。
2003 年	《兒童及少年福利法》規定：應設置兒童少年收養資訊中心，以保存被收養人相關身分資料。第 14 條增列「出養必要性」之審核。
2005 年	內政部兒童局依《兒童及少年福利法》之規定，成立「兒童及少年收出養資訊中心」，以保存被收養人的身分資料。
2007 年	《民法》親屬編針對收養部分進行大幅修法，放寬收養及終止收養之要件，強調「子女最佳利益」之收養。
2011 年	《兒童及少年福利與權利保障法》規定：除了親屬與繼親收養之外，「非親屬收養」一律必須經過合法收出養媒合機構辦理。

資料來源：作者自行整理，參考白麗芳、何祐寧（2014）；全國法規資料庫（2020）。

二、收養之實務現況

在臺灣所有的福利法規之中，以兒童福利的立法最早。臺灣於 1973 年立法通過《兒童福利法》，兒童福利開始獲得制度化的推展。1993 年，臺灣通

過《兒童福利法》修正案，開啟了制度化回應兒童保護工作的開端（彭淑華，2011）。其後，2011 年 11 月 30 日修正通過的《兒童及少年福利與權益保障法》，更針對收出養制度有一系列明確的規定，即所謂的「收養新制」。收養制度影響了收出養服務輸送系統，以下即針對現行的收出養流程、收出養媒合機構服務內容與收養家庭之圖像進行介紹，以勾勒出臺灣收出養實務面的服務現況。

(一) 臺灣收養方式與流程

根據衛生福利部社會及家庭署（簡稱社家署）（2020）的資料顯示，目前臺灣現行的收出養可分為兩大類：「繼親與親屬收養」與「非親屬關係收養」。根據 2011 年《兒童及少年福利及權益保障法》修法後之「收養新制」，「收養」可分為「私下收養」與「機構媒合」兩種。「繼親與親屬收養」仍延續「私下收養」的方式，私下合意後至法院聲請收養認可；而「非親屬關係收養」則規定一律採「機構媒合」，透過合法的收出養媒合機構作為中介媒合者，提供收養方、出養方與被收養兒少三方服務，協助收出養申請、短期安置照顧、出養評估與準備、收養家庭親職準備課程、評估審查、共同生活期服務、法院送件程序以及後續追蹤服務等（柯郁真，2016；衛生福利部社家署，2020）。

目前國內的收養方式仍以「私下收養」為大宗，約占當年度收養案件之 85% 至 90%，而經合法收出養媒合機構進行的收養相對比例較少（約為 10% 至 15%），如表 12-2。

換言之，由於親屬收養與繼親收養多為「私下收養」方式，無法具體探知其共同生活期的適應狀況，縱使法院委託民間機構進行訪查的「法院交查案件」，也大都是單次性的家訪調查，很多時候養父母與養子女早已同住多年。而「非親屬關係收養」已於 2012 年 5 月 30 日起，全面採「機構媒合」模式，欲收養非血緣關係的孩子一律需向合法收出養媒合機構提出申請。根據衛生福利部社家署（2020）「兒童及少年收出養媒合服務概況」的統計數據顯示：自 2012 年到 2018 年，臺灣透過「機構媒合」的被收養兒少人數，每年人數約為 245 至 347 位，其中經機構媒合於國內出養的兒少人數介於 100 至 155 位，也就是每年約有 100 多位的被收養子女會歷經國內的收養前準備流

▼表 12-2 國內外收養方式（2012 至 2018 年）

年度	國內外收養方式			當年度收養案件（件數）
	機構收養		私下收養（親屬、繼親）	
	國內收養	跨國境收養		
2012	77	181	2,221	2,479
2013	98	160	1,818	2,076
2014	151	170	1,766	2,087
2015	131	140	1,850	2,121
2016	125	148	1,671	1,944
2017	113	139	1,670	1,922
2018	133	99	1,589	1,821

資料來源：內政部戶政司人口統計與衛福部社家署收出養媒合概況（2020）。

程，並在收出養機構的安排之下，來到「準收養人」的家庭開始共同生活。

在臺灣，無論是「私下收養」或「機構媒合」，收養人與被收養人的親子關係認定，皆需經過法院裁定認可，目前臺灣非親屬關係之機構式收養的流程（參閱圖 12-1），大致為：機構諮詢／收養說明會→收養申請（文件初審）→親職準備教育課程→評估與審查→媒親配對→漸進式接觸與共同生活期→送件至法院（黃若喬，2014）。然而，由於機構式收養程序較為繁瑣，等待期普遍較長，相關研究顯示：機構式收養從提出申請到收到法院裁定確認書，平均約需耗時兩至三年的時間，如此漫長等待，徒增許多不確定因素，這也是使得許多潛在收養人望而卻步的主要原因之一。

另一方面，政府部門（衛福部社家署）明定機構可以分階段收費，每一件收養媒合服務，可向收養申請人收取新臺幣十萬至十二萬元的款項，依照收出養程序分為三至四個階段收費（衛福部社家署，2020）。然而，也由於這樣的收費機制，會讓收出養機構淪為「類仲介」的單位，而收養父母也會覺得自己是花錢購買服務，以至於當其「收養前準備」的評估審查沒有通過、沒有順利媒合到孩子，或是沒有通過共同生活期評估等，就可能會產生爭議（王青琬，2019）。

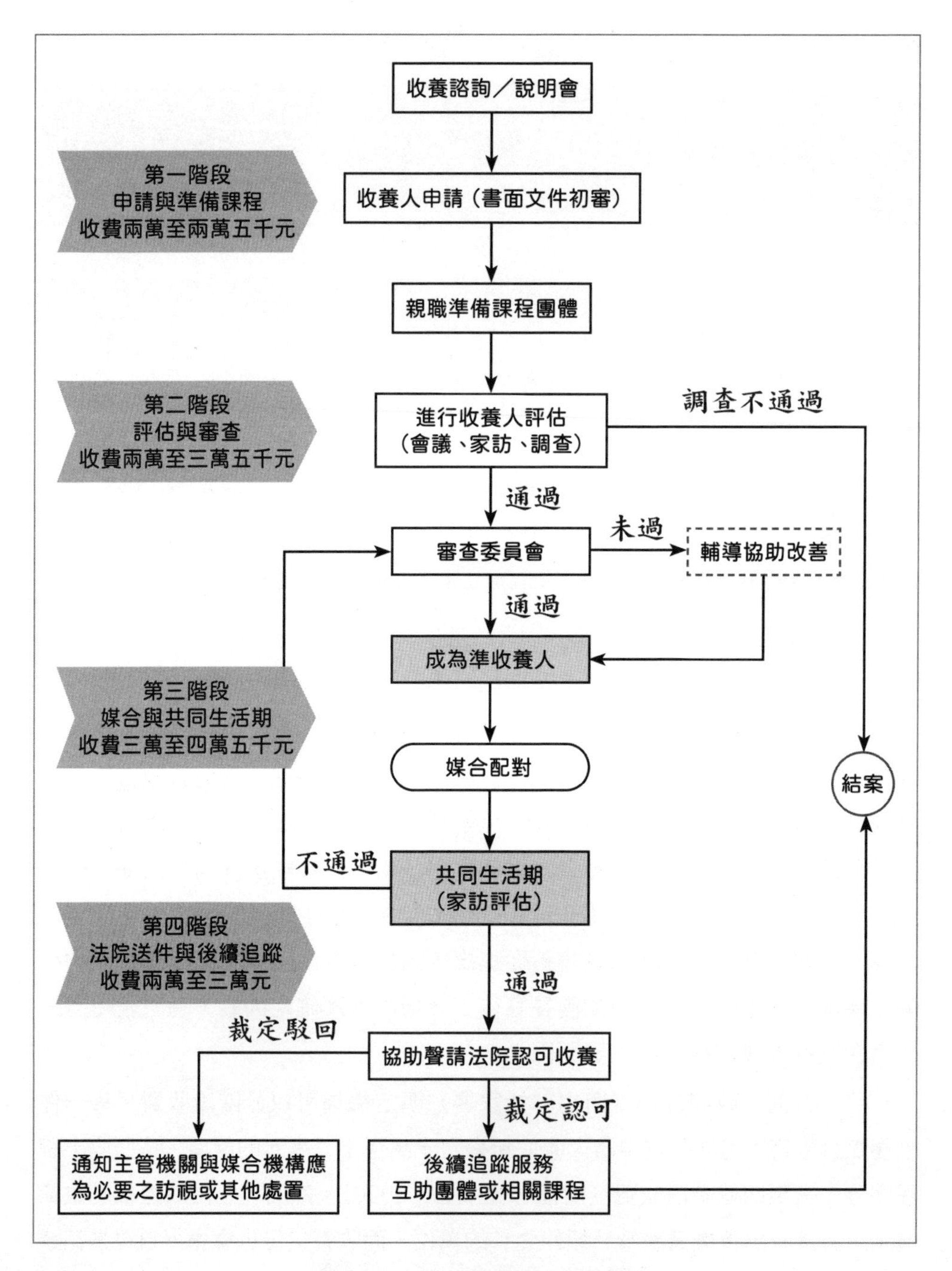

圖 12-1　國內機構媒合流程圖

資料來源：王青琬（2019）。

（二）臺灣合法收出養媒合服務機構

根據衛生福利部社家署（2020）的網站資訊，現今臺灣合法收出養媒合服務機構共計有九家：財團法人一粒麥子社會福利慈善事業基金會、財團法人中華民國兒童福利聯盟文教基金會、財團法人忠義社會福利事業基金會、財團法人勵馨社會福利事業基金會、財團法人天主教善牧社會福利基金會、財團法人臺北市基督徒救世會社會福利事業基金會、財團法人高雄市私立小天使家園、財團法人天主教福利會、財團法人宜蘭縣私立神愛兒童之家，關於各媒合機構服務的區域與許可範圍，詳見表 12-3。

▼表 12-3　國內合法收出養媒合服務機構一覽

<table>
<tr><th></th><th>機構名稱</th><th>服務區域</th><th>收出養許可範圍</th></tr>
<tr><td>1</td><td>財團法人一粒麥子社會福利慈善事業基金會</td><td></td><td>國內收養</td></tr>
<tr><td rowspan="3">2</td><td rowspan="3">財團法人中華民國兒童福利聯盟文教基金會</td><td>北區</td><td>國內收養
跨國境收養
（美國、澳洲、瑞典、荷蘭、挪威）</td></tr>
<tr><td>中區</td><td>國內收養</td></tr>
<tr><td>南區</td><td>國內收養</td></tr>
<tr><td>3</td><td>財團法人忠義社會福利事業基金會</td><td>全區</td><td>國內收養
跨國境收養
（美國、澳洲、瑞典、加拿大、丹麥）</td></tr>
<tr><td rowspan="3">4</td><td rowspan="3">財團法人勵馨社會福利事業基金會</td><td>北區</td><td>國內收養
跨國境收養（美國）</td></tr>
<tr><td>中區</td><td>國內收養</td></tr>
<tr><td>南區</td><td>國內收養</td></tr>
<tr><td>5</td><td>財團法人天主教善牧社會福利基金會</td><td></td><td>國內收養
跨國境收養（美國、瑞典）</td></tr>
<tr><td>6</td><td>財團法人臺北市基督徒救世會社會福利事業基金會</td><td></td><td>國內收養</td></tr>
<tr><td>7</td><td>財團法人高雄市私立小天使家園</td><td></td><td>國內收養</td></tr>
</table>

（續上表）

	機構名稱	服務區域	收出養許可範圍
8	財團法人天主教福利會		國內收養 跨國境收養 (美國、瑞典、荷蘭、加拿大、義大利、德國、英國)
9	財團法人宜蘭縣私立神愛兒童之家		國內收養

資料來源：作者自行整理，參考衛福部社家署網站（2020）合法收出養媒合服務者名單。

為確保收出養媒合機構的專業服務品質，衛生福利部於 2015 年公布了《兒童及少年收出養媒合服務者許可及管理辦法》第 2 條規範收出養媒合機構應提供及辦理的服務範圍如下（全國法規資料庫，2020）：

1. 收出養諮詢服務。
2. 接受收出養申請。
3. 轉介出養人福利服務。
4. 收出養前後相關人員會談、訪視、調查及評估工作。
5. 被收養人被收養前後之心理輔導。
6. 收養人與被收養人媒合服務。
7. 收養人親職準備教育課程。
8. 收養人與被收養人於先行共同生活或漸進式接觸期間所需之協助。
9. 收出養服務宣導。
10. 收出養家庭與被收養人互助團體及其他後續服務。
11. 收養家庭親職教育或相關活動。
12. 收養服務完成後之追蹤輔導，期間至少三年。
13. 其他與收出養有關之業務及服務等十三項服務範疇。

上述收出養媒合機構所提供的服務，可分為四階段執行（臺北市兒童及少年收出養資源中心，2020）：

1. **收養前準備**：提供收出養諮詢服務、辦理收養說明會、收養人準備教育課程，並且宣導正確的收養觀念。
2. **申請收養後**：登記收養的父母經過相關親職準備教育課程以及社工會談家訪評估，取得審查資格後，才能媒合孩子。經過媒親配對孩子之後，還會經歷一段「共同生活期」，期間持續接受社工家訪與共同生活期課程，經社工評估狀況穩定後，才會送件進入法院認可聲請。
3. **法律程序中**：進入法院程序後，社工會協助處理相關法律文件和程序，提供收養父母相關資訊，協助其生活適應與支持。
4. **收養裁定後**：完成法院收養認可程序後，社工需持續提供後續追蹤服務至少三年，提供收養家庭必要的支持與相關資源轉介。

實務上大部分的收出養媒合機構在協助收養父母與被收養子女媒親配對之後，就會進入到漸進式接觸與共同生活階段，在三至六個月的「共同生活期」，經社工進行家訪評估適應良好之後，協助向法院聲請認可。待法院裁定確認收養認可，機構的服務則改以追蹤輔導等其他支持性服務為主。

(三) 國內收養家庭之圖像

雖然修法後，國內收養新制與服務對於「兒少最佳利益」與收出養雙方權益的重視，均有很大的進展，然而相較於國外，臺灣社會的收出養風氣與觀念仍偏保守，加上特別重視血緣與家庭背景（詹惠珺，2012），因此，如上所述，目前國內的收出養方式仍是以親屬收養與繼親收養之「私下收養」為大宗（約 85% 至 90%）。經合法收出養機構媒合的僅占整體收養案件之 10% 至 15%，然而，卻可以從機構在「收養前準備」之服務與評估過程中，一窺國內收養家庭的圖像。

依據衛生福利部社家署兒童及少年收出養媒合服務概況表（2019）顯示：國內收養家庭，主要決定收養的原因為：生育困難、喜歡孩子、願意照顧有需要的孩子與傳宗接代等。絕大多數的收養父母年齡介於 40 至 50 歲，其次為 30 至 40 歲，以雙親收養為主，近年來單身收養的人數亦有增加。

針對被收養兒童的年齡統計，國內的收養父母偏好年齡層較小的孩子，3 歲以下被收養兒童約占 81.2% 以上，而 6 歲以上兒童僅占 3.7%（表 12-4）。

國內的收養家庭，除了偏好收養年齡層較小的出養童，普遍也期待能夠收養到健康、無特殊家庭背景的孩子，而具有特殊議題或身心狀況的孩子，多數在國內難以媒合到收養家庭，最終會經由跨國境出養，出養到其他國家（參閱表 12-5）。根據衛生福利部社家署針對經法院裁定認可出養的兒少背景統計：2012 年至 2017 年出養孩童有身心狀況的出養情況，以跨國境出養為主，足足高出國內收養約 6.1 倍；而有特殊家庭背景的孩子亦是以跨國境出養為多，高於國內收養 3.8 倍（賴月蜜，2019）。

由表 12-4 與表 12-5 可知，國內收養父母偏好年齡層較小（3 歲以下）、身心發展健康，且原生家庭無特殊背景或議題之兒童，故待出養童一旦年齡滿 3 歲以上就屬於困難媒合的「較大童」。此外，手足需共同出養、亂倫或性侵所生子女、原生父母有重大疾病、藥酒癮或犯罪紀錄等有特殊家庭背景者，也有將近八成會出養到國外。縱使政策法令明確規範：「以國內收養人為優先」，但國內現階段足以支持收養父母勇敢承擔特殊議題出養兒童的配套服務與措施仍嫌不足，使得國內收養父母對於出養童的期待，相較於國外收養父母，較為保守且限制多，致使有特殊需求的出養兒少，很難在國內找到一個永久的家（王青琬，2019）。

當孩子進入家外安置系統之前，多數已經帶著各種創傷經驗，無論當初離開原生家庭的原因為何，其在身體健康、心理健康、教育成就與經濟條件等各方面均較一般家庭中的兒童呈現相對弱勢（Newton, et al., 2000；彭淑華，2015）。實務上，許多等待出養的兒少，已歷經多次安置家庭或機構轉換，當他們最後不得已被迫出養，去到另一個新的家庭，亦已飽受拒絕、不易與新的替代照顧者建立信任或依附關係（彭淑華，2015：404），故需仰賴社工或司法專業人員能夠為其發聲，協助其在收出養過程中，確保「兒少最佳利益」的實踐。

▼表 12-4　被收養人兒童及少年出養統計（依年齡）(2012 年至 2018 年)

年齡＼年度	2012	2013	2014	2015	2016	2017	2018	總計（%）
未滿 1 歲	44	34	47	38	25	33	27	248（28.97%）
1 至未滿 3 歲	29	49	79	73	71	65	82	448（52.34%）
3 至未滿 6 歲	6	15	21	24	25	14	23	128（14.95%）
6 至未滿 12 歲	1	1	8	7	3	4	4	28（3.27%）
12 至 18 歲	0	1	0	1	1	0	1	4（0.47%）
合計	80	100	155	143	125	116	137	856（100%）

資料來源：王青琬（2019）。

▼表 12-5　經法院裁定認可出養兒少家庭背景統計（2012 年至 2017 年）

	一般（含年紀太小無法判斷）									有身心狀況	其他
		有特殊家庭背景（複選）									
	無特殊家庭背景	小計	父母有重大疾病	父母有吸毒或藥酒癮	父母有犯罪紀錄或入獄	亂倫或性侵害所生子女	需手足共同出養	其他	合計		
國內收養	491	203	51	56	59	15	13	29	694	51	14
跨國境收養	116	776	223	234	139	48	102	108	892	313	13
總計	607	979	274	290	198	63	115	137	1586	364	27

註：第三欄「小計」為「有特殊家庭背景（複選）」的個案數，與前一欄「無特殊家庭背景」加總後為第十欄「合計」。

12.3 收出養實務之困境與挑戰

一、「收養失敗」與「終止收養」對兒少最佳利益的影響

(一)「收養失敗」與「終止收養」之定義

「收養失敗」（adoption disruption）為翻譯名詞，又稱為「placement disruption」，意指在法院裁定收養關係確認完成「**之前**」，因為種種緣故而導致收養關係提早結束。而「終止收養」(adoption dissolution)，則是指在法院裁定收養關係確認完成「**之後**」，因為無法繼續維持收養關係，而向法院申請終止收養關係。根據我國《民法》親屬編第 1081 條之規定，養父母養子女之一方有下列情形之一者，法院因他方之請求，得宣告終止其收養關係（郭振恭，2007；賴月蜜，2011）：

1. **對於他方為虐待或重大侮辱。**
2. **遺棄他方。**
3. **因故意犯罪，受二年有期徒刑以上之刑之裁判確定而未受緩刑。**
4. **有其他重大事由難以維持收養關係。**

根據內政部戶政司的終止收養人數統計（2020），「終止收養」人數逐年攀升，多數為「成年被收養人」提出（多達 896 件），而其中終止收養案件涉及未成年者（0 歲至 19 歲），由於近年來對於「兒少最佳利益」的重視，未成年終止收養人數已逐年減少，從 2006 年的 12.5%，下降到 2017 年的 8.2%，且多數收養關係發生在 2011 年收養新制之前，大多屬於「私下收養」案件（賴月蜜，2018）。

(二)「收養失敗」與「終止收養」對兒少最佳利益的影響

「兒少最佳利益」在 1989 年聯合國的《兒童權利公約》、我國的《家庭暴力防治法》以及《兒童及少年福利與權益保障法》中，皆被指出是處理兒少議題的最高工作指導原則。根據聯合國《兒童權利公約》於兒童權利宣言中所揭示：「兒童因身心尚未成熟，因此其出生前與出生後均須獲得特別之保護與照顧，包括適當之法律保護。」其於條文第 2 條第 2 款也建議：「締約國應採取所有適當措施確保兒童得到保護，免於因兒童父母、法定監護人或家庭成員之身分、行為、意見或信念之關係，而遭到一切形式之歧視或懲罰。」並隨後在第 3 條第 1 款更進一步要求相關機關或組織的審酌態度：「所有關係兒童之事務，無論是由公私社會福利機構、法院、行政機關或立法機關作為，均應以兒少最佳利益為優先考量。」（衛福部社家署，2020；Freeman, 2007）。

「兒少最佳利益」成為確保兒少福祉的依據指標，實務上涵蓋的範圍包括：兒童的生命權、身分權、免於遭受暴力、傷害、疏忽、不當對待或剝削，寄養／收出養，以及自由表示意見等權利。然而，在實務或學術上對於「兒少最佳利益」尚無統整性的定義，尤其在收出養領域。1993 年《兒童福利法》的修正通過，規範收養過程需要經過社工訪視調查 [1]，社工專業加入司法體系，共同捍衛「兒少最佳利益」。值得注意的是，司法體系對社工專業存在高位階的專業權力意涵，司法體系又需仰賴社工專業服務與訪視評估報告以供審定參酌（柯郁真，2016），跨專業合作關係的不對等，加上彼此存在著對「兒少最佳利益」認知的歧異，使得「收養前準備」的服務內涵，似乎成為法院裁定收養認可的一系列調查準備事證，無形中成為一道道評估篩選的關卡，徒增「收養失敗」的可能性（王青琬，2019）。

二、「以國內收養為優先」原則之相對應的正式支持不足

現今收養新制在政策面，對於收養家庭的整體考量欠缺，使得收養家庭在配合繁複冗長的收養程序時，無法在勞動系統、教育系統、醫療系統與社福系統等，獲得應有的支持與協助（王青琬，2019）。舉例而言，自 2015 年以後，雖然在共同生活期間可以申請育嬰留停津貼，但是需於半年內取得收養認

1 社工訪視調查報告之法源基礎：根據《兒童及少年福利與權益保障法》第 17 條規定，聲請法院認可兒童及少年之收養，「應」提出收出養評估報告，未檢附者，法院會擇定期間命其補正；逾期不補正者，則不予受理（林民凱，2014）。

可之親子關係確認，以「補件」的方式申請津貼，然而以目前法院裁定的審理速度，多數收養父母是不敢申請的，因為深怕法院收養認可裁定確認書，並不會如願在半年內核發下來。

承上所述，實務上政府對於收出養機構與收養家庭的支持仍不充足，儘管在「以國內收養人為優先」的訴求之下，卻未見相關配套機制足以鼓勵收養家庭承擔照顧有特殊需求的孩子，以致收養父母在經濟條件、照顧量能與時間精力有限的考量之下，對於被收養童的期待，大都會以年紀小、身心健康、無特殊家族及病史為主；此外，若是將「共同生活期」視為是正式收養關係開始的階段，依循「兒少最佳利益」之原則，在孩子進入到收養家庭生活的那一刻，就應該充分提供收養家庭如同一般育兒家庭同等的福利與支持，不該有差別待遇，甚至對於收養較大童或是特殊兒少的家庭，應提供更多的介入方案、親職照顧假、早療服務與相關福利支持，讓收養家庭與養子女不致感到孤立無援（王青琬，2019）。

三、偏重「收養前準備與評估」而忽略「收養後續服務」

現行國內機構媒合的流程已逐漸建制完善。收出養媒合機構立基於「兒少最佳利益」，藉由收養諮詢、機構說明會、親職準備教育課程、評估審查、共同生活期，以及體驗／實習當父母等種種關卡，協助準收養父母做好準備；而後，藉由社工一對一的評估會談與審查委員會的機制，深入了解收養家庭的親職能力與適任性條件等，期待能為孩子挑選合適的父母，為接下來的「共同生活期」以及成功收養鋪好一條平順的道路。

根據王青琬（2019）的研究指出，國內收出養媒合機構的服務，包山包海，耗時耗力，收養前的親職準備與評估審查（pre-adoption preparation），平均約耗費一年到一年半的時間，從準收養父母個人的健康報告、刑事紀錄與財力證明文件之申請、自我介紹影片與推薦信、親職準備教育課程的參與、社工的會談評估、外聘審查委員會的評核等，收養申請人必須全程配合參與，努力證明自己是符合期待的「合格父母」。在這漸趨嚴格的「收養前準備」過程中，讓不少有意想要收養孩子的家庭打了退堂鼓，因為他們的經驗就如同前述

Wilson 等人（2005）在其研究中指出：準收養父母在被評估的過程中，覺得自己就像是「活在魚缸中的金魚」，不斷被觀察、審視、評估，無形中承受了許多壓力。

縱使現行法令規範：法院裁定親子關係認可後，社福機構需持續追蹤三年；然而，實務上國內收出養媒合機構大多偏重「收養前準備與評估」，而無暇顧及「收養後續服務」，故而法院裁定後是否持續接受服務，則是取決於收養父母與機構之間的專業關係。隨著孩子發展階段不同，收養家庭所面臨的親子關係、身分告知與自我認同等議題，也會有所不同，需要更多元的支持資源挹注，讓孩子可以在一個充滿愛與信任的家庭，被滋養、呵護地健康成長（王青琬，2019）。

國際上絕大多數國家的收養制度，並沒有硬性規定所謂的「收養準備與評估」或「共同生活期」，而是將服務的重點放在「協助適應」的支持性服務（supportive services for adjustment），主要是協助收養後整個新家庭的適應與磨合，協助收養父母能夠有能力妥善照顧孩子，協助他們面對親子的適應與教養的挑戰，如 Atkinson 和 Gonet（2007）的研究便針對美國維吉尼亞州的 AFP 收養家庭維繫方案；Bergsund 等人（2018）則強調收養前養父母的訓練課程，以及 Bonin 等人 (2014) 的研究等，皆為主張社工專業人員應該在成功收養後的前六個月（the first 6 months），提供收養父母充分的支持，包括社會照顧服務、醫療照顧資源、教育支持、諮商資源與財務支持等。

四、友善收養文化與收出養觀念需更多的倡議

臺灣的收養制度歷經多次修法，已經逐步朝向「為子女利益」的目的，相關政策制度也逐步放寬對收養家庭的支持。然而，根深蒂固的「血緣」文化，使得社會大眾對於收養仍抱持著扭曲保守的觀念。

實務上，收養父母歷經了不孕的失落、生命中角色的缺憾，好不容易鼓起勇氣決定收養、願意愛一個沒有血緣關係的孩子；而「收養前準備」的評估審查機制，讓他們有被檢視、刁難的感受；好不容易終於順利通過考驗，成為「準收養人」得以媒合到孩子，又得接受「共同生活期的評估」，還要時時擔

心出養方反悔。由於收養家庭在社會上屬於小眾，多數人對於收養的認識普遍不足，有些甚至還是停留在電視劇八點檔的故事情節。不僅如此，亦有收養父母表示：擔心由於收養的祕密一旦公開，孩子在學校會被欺負、霸凌，故而暫不考慮身分告知（王青琬，2019）。以上案例突顯出國內收出養觀念仍需更多的倡議。

更重要的是，友善收養文化與收出養觀念的倡議與宣導，不能單單仰賴社福機構來主導，而是需要政府從上而下，從各個部門多管齊下，從政策制訂到服務輸送，逐步開放整個社會的收出養觀念，例如：勞動部、教育部、衛福部等政府部門體系，從政策制度的革新，到服務輸送系統的落實，徹底正視收出養雙方家庭的權益，以及被收養兒童的福祉，才能進而鼓勵社會大眾用更開放的心態看待收養這件事。

在兒少替代性福利服務，「收養」是捍衛兒童權益的最後一道防線，社工專業承擔著守護「兒少最佳利益」的神聖使命，在法院裁定之前的「收養前準備」歷程，扮演著「虛擬監護人」的角色，試圖在與準收養父母的拉鋸戰中，帶著孩子走進一段彼此圓滿的承諾關係（王青琬，2019）。這段旅程對孩子而言，是與過去顛沛流離的生活道別，也是迎向新人生的開始。而社工專業角色，則是需要在與收養父母之間的「專業夥伴關係」，注入更多的對話與理解，才是真正「兒少最佳利益」的具體實踐。

一、你對國內收出養制度有何看法？現行制度有何優缺點？

二、你認為「終止收養」對兒少有何影響？

參考文獻

王青琬（2019）。〈收養前準備與兒少最佳利益 —— 收養父母與社工人員觀點之探究〉。國立臺灣大學社會工作所博士論文，臺北。

白麗芳、何祐寧（2014）。〈臺灣收出養法令變革與現況〉，《萬國法律》，193，11-22。

江雅盈（2011）。〈臺灣收養法制之研究 —— 以「養子女」最佳利益為中心〉。中正大學法律學研究所碩士論文，嘉義。

林民凱（2014）。〈我國收養制度評估服務執行問題之研究〉，《止善》，16，85-101。

柯郁真（2016）。〈尋家之路：特殊需求兒童收養服務初探求〉。國立臺灣師範大學社會工作所碩士論文，臺北。

高鳳仙（2015）。《親屬法：理論與實務（16 版）》。臺北：五南。

許淑玲（2008）。〈社工員於收養認可事件訪視評估中對「兒少最佳利益」的詮釋探討〉。玄奘大學社會福利研究所碩士論文，臺北。

黃若喬（2014）。〈收養家庭之壓力及其調適〉。東吳大學社會工作所碩士論文，臺北。

張玲如、邱琬瑜（2012）。〈何處是兒家？由兒少最佳利益探討我國兒童保護安置系統〉，《現代桃花源學刊》，創刊號，13-32。

郭振恭（2007）。〈論修正後之收養法〉，《法學論叢》，3（1），103-123。

彭淑華（2011）。〈臺灣兒童及少年福利政策與法令制度之發展〉。發表於第八屆上海「兒童健康與社會責任」研討會。

彭淑華（2015）。〈兒童福利的意涵與歷史發展〉，收錄於彭淑華總校閱，彭淑華、吳鄭善明、蔡佳洳、賴月蜜等著，《兒童福利：理論與實務（3 版）》。臺北：華都文化。

彭南元（2006）。《兒童及家事法專題研究》。臺北：新學林。

陳棋炎、黃宗樂、郭振恭（2013）。《民法親屬新論》。臺北：三民。

詹惠君（2012）。〈我國終止收養原因之初探 - 以分析地方法院民國 97-98 年判決書為例〉。東吳大學社會工作學系碩士論文，臺北。

賴月蜜（2011）。《兒童及少年被終止收養及收養失敗之原因及因應策略探討》。臺北：內政部兒童局委託研究報告（國科會 GRB 編號，PG100001-0747）。

賴月蜜（2014）。〈許孩子一個家 —— 論臺灣收出養制度新風貌〉。發表於 2014 年兩岸社會福利學術研討會。中華文化社會福利事業基金會與哈爾濱工業大學合辦，研討會日期：2014 年 6 月。

賴月蜜（2015）。〈兒童收養服務〉，收錄於彭淑華總校閱，彭淑華、吳鄭善明、蔡佳洳、賴月蜜等著，《兒童福利：理論與實務（3 版）》。臺北：華都文化。

賴月蜜（2016）。〈收養新制下被收養兒童權益保護新議題之探討〉，《社區發展季刊》，156，113-126。

賴月蜜（2018）。〈當照顧承諾不在時？終止收養下兒童權益的維護？〉。發表於維護兒童安全 —— 兒童與青少年安置及家庭照顧會議，2018 實踐大學社會工作學系國際研討會，研討會日期：2018 年 4 月 23 日。

賴月蜜（2019）。〈路遙迢，從原家到養家 —— 論兒童家庭成長權益之保護〉。發表於兒少最後防護網是安置？是出養？學術及實務研討會。財團法人高雄私立小天使家園舉辦，研討會日期：2019 年 4 月 22 日。

Barth, R. P. & Berry, M. (2017). *Adoption and Disruption: Rates, Risks and Responses*. New York: Aldine De Gruyter. E-book version.

Barth, R. P., Berry, M., Yoshikami, R., Goodfield, R., & Carson, M. L. (1988). Predicting adoption disruption. *Social Work, 33*(3), 227-233.

Barth, R. P. & Berry, M. (1990). A study of disrupted adoptive placement of adolescents. *Child Welfare*, *69*, 209-225.

Bergsund, H. B. et al. (2018). Pre-adoption training: Experience and recommendations from adoptive parents and course trainers. *Children and Youth Services Review, 95*, 282-289.

Carlson, R. (2010). Seeking the Better Interests of Children with a New International Law of Adoption. *New York Law School Law Review, 55*, 733-779.

Child Welfare Information Gateway. (2012). Adoption disruption and dissolution. Washington, DC: U.S. Department of Health and Human Services, Children's Bureau.

Coakley, J. F. & Berrick, J. D. (2008). Research review: In a rush to Permanency: Preventing Adoption Disruption. *Child & Family Social Work, 13*, 101-112.

Cole, E. S. (1985). Adoption: History, Policy and program. In J. Laird & A. Hartman (Eds.). *A Handbook of Child Welfare: Context, Knowledge, and Practice*. New York: The Free Press.

Drozd, F. et al. (2018). A System Review of Courses, Training, and Interventions for Adoptive Parents. *Journal of Child Family Study*, *27*, 339-354

Farber, M. L. et al. (2003). Preparing Parents for Adoption: An Agency Experience. *Child and Adolescent Social Work Journal, 20*(3), 175-196.

Festinger, T. (2001). *After adoption: A study of placement stability and parents' service needs.* New York: New York University, Ehrenkranz School of Social Work.

Festinger, T. (2002). After adoption: Dissolution or Permanence? *Child Welfare: Journal of Policy, Practice and Program, 81*, 515-533.

Freeman, M. (2007). Article 3. The Best Interests of the Child. In Alen, A., Vande Lanotte, J., Verhellen, E. Ang, F., Berghmans, E., & Verheyde, M. (Eds.) . *A Commentary on the United Nations Convention on the Rights of the Child.* Leiden: Martinus Nijhoff Publishers.

Kernan, E. & Landford, J. E. (2004). Providing for the best interests of the child?: The Adoption and Safe Families Act of 1997. *Applied Development Psychology, 25*, 523-539.

PART 3

矯治社會工作

CHAPTER 13

家庭暴力加害人工作

本章重點

» 認識親密關係暴力加害人的特質以及成因理論。

» 介紹家庭暴力加害人處遇的服務內容。

13.1 親密關係暴力加害人特質

對於實務工作者而言，要與親密關係暴力加害人一同工作，需對工作對象有初步的了解，最簡要的親密關係暴力加害人的定義，即為法律上的定義。謝宏林（2010）對加害人的界定為：經地方法院核發保護令的加害人；而黃翠紋、鄭宇穎（2011）針對警察機關實施加害人訪查的現況，定義出加害人是：

一、**經法院核發保護令者。**

二、**加害人為家庭暴力刑事案件聲押及移審案件在押之被告，經法院或檢察署交保或飭回者。**

三、**其他經綜合研析屬高危險者，如在危險評估量表評定分數為 8 分以上者。**

以法律來界定「加害人」的好處是十分清楚簡要，且同時定位了加害人處遇與法律之間的關係。目前所有的加害人處遇都是經由司法裁量之後執行，這個背景條件也會在處遇初期影響專業關係的建立。

然而，對於處遇工作者而言，只有法律上的觀點與認識是絕對不夠的。在早期，「加害人」會被實務工作者想像成「危險」的樣貌。黃翠紋（2005）整理 Walker、陳若璋等八位國內外學者的論述，描述出十二種「加害人特質」，並強調前四項最常被學者提及：

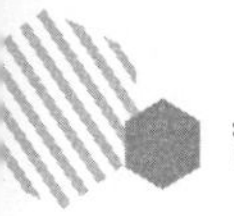

一、**原生家庭有暴力存在。**

二、**酗酒。**

三、**低自我概念或低自尊。**

四、**衝動、情緒紓解能力差。**

五、**具有傳統性別角色觀念。**

六、**缺乏自我負責的能力。**

七、**社會孤立。**

八、**工作上面臨問題。**

九、**易怒。**

十、**具有占有慾與忌妒。**

十一、**具有權力或控制的需求。**

十二、**合理化自己虐待行為之嚴重性。**

跳脫微觀的加害人的描述，黃志中（2013）從鉅觀的政治觀點來論述加害人樣貌，發現《家庭暴力防治法》之後，文獻所描述的家庭暴力加害人的人口學特徵不同於《家庭暴力防治法》之前。《家庭暴力防治法》之前，政府並未「依法介入」家庭暴力事件，主要的關切者為社區中的私部門機構，發現社區個案大多是高中職及大學學歷、40 歲以上、從商，有 15.7% 有酒、藥濫用的情形；《家庭暴力防治法》之後，經由通報的個案則大多是高中職及國初中學歷、40 歲以上、無業或兼職居多，21.2% 的酒、藥濫用情形；更甚者，經由司法裁定，核發保護令的處遇個案則以國中以下為主、40 歲以上、無業、無固定工作居多，60.2% 有酒、藥濫用情形。

黃志中認為「越是具強而有力的公權力操演，所呈現的男性加害人圖像越是強烈」。《家庭暴力防治法法》中之前的機構個案無異於日常接觸的上班族，但在保護令核發下的加害人愈是「危險壞男人」的圖像，婚姻暴力的行徑愈是明顯的飲酒鬧事、身體虐待傷害，黃志中指這是「具階級化、犯罪化、嚴重化和病理化的具象表現」。黃志中提醒這些形貌可能有所偏頗，對於實務上的通報案件，所接觸的不壞、有禮、理性對談的加害者，仍必須探討其日常生活中採取暴力行為的部分。

還有一種對加害人的描述，則是視「加害人」為被體制定義的個人。王美懿等人（2011）認為在現行的家庭暴力防制體系之中，「加害人」的聲音是不被聽見與理解的。在其研究中發現：「加害人」的形象被以「壞人」的形象烙印之，這類學者普遍認為此形象是被簡化和邊緣化，忽略所謂的「加害人」也是需要幫忙的人。她認為加害人其實是想要維持「完整家庭」的個人，但其行為卻被視為「破壞家庭」而非「維繫家庭」。

上述這些對加害人面貌的陳述，都有可能在處遇工作進行中為工作者所發現。陳怡青從事家庭暴力加害人處遇工作長達十六年，認為家庭暴力防治體系下的加害人處遇，是為呼應《家庭暴力防治法法》中「停止家庭暴力、保障被害人權益」的基礎之下執行（陳怡青，2012）。因此，在進行加害人處遇時，需理解其「暴力行為」確實已對其家庭成員帶來傷害。在「暴力存在」的前提之下，「親密關係被害人」才是「案主」以及「服務對象」。

BOX 13-1

重要提醒：非自願案主工作原則

並不是每一個個案都是在自願的情況下接受工作者服務的。有些時候，案主是在法院的強制之下，而接受服務。例如：法院裁定的加害人處遇、緩起訴或假釋之下的保護管束等等。在此種情形下，有幾個重要的工作原則（鄭維瑄，2017）：

1. **澄清雙方角色**：工作者清楚、誠實地與案主討論雙方的角色、立場和期望，可提升與非自願案主工作的效率。工作者在建立關係之初，就一起面對法律的規定、工作者的社會控制與助人者的雙重角色、工作規範、保密與保密例外原則，以此為開始，再展開後續工作，討論工作目標和期待。
2. **示範與增強正向社會價值**：討論正向社會價值，傾聽案主的想法，並在工作進行時，真誠地執行對個人、約定和規範的尊重，增加案主適應規範與遵守法律的正向經驗。
3. **問題解決模式**：案主在強制的背景之下與工作者一同工作，多有其特殊的目的，工作者可了解案主的目的，與案主一起面對問題，提升合法的問題解決的能力。

加害人處遇工作者身為網絡工作的一份子，必須承擔與核對的是「被害人」的安全是否透過「加害人處遇」而提升，處遇工作使用公共的家庭暴力防治的資源，受法院及公部門所委託執行工作，應該徵信於社會，而非是等同於一般的心理治療，只以加害人身心健全為目標。因此，在專業關係建立的開始，就需清楚告知加害人「停止暴力」的處遇目標，回應加害人的「非自願案主」的參與經驗，真誠面對關係建立的背景與困境。在處遇過程中，也在真誠的互動基礎下，透過與非自願案主的工作技術，探討加害者使用暴力的個人內在歷程、困境與期望，共同討論非暴力行為的可能性。

13.2 親密關係暴力成因理論

探討親密關係暴力成因理論，有助於處遇工作者思考自己適合使用哪一種學派的介入方法。親密關係暴力的成因理論有許多，大致可以總括為從微視層次到鉅觀層次的三大理論面向：以「個人」、「家庭及關係」、「社會及文化」為基礎的理論面向。

一、個人為基礎的理論面向

此理論面向認為暴力是源於加害人的人格特質或心理問題，加害人的情緒困擾、精神異常、物質濫用等問題，造成家庭暴力行為。因此，需探究加害人早期經驗與依附關係、對暴力的認知與行為模式，以及個人的學習歷程等等，才有可能改善其暴力行為。

二、家庭及關係為基礎的理論面向

此類理論將暴力的成因聚焦於家庭結構與互動關係方面，認為親密關係暴力是因為溝通不良與衝突所導致，強調源自於雙向的緊張關係導致衝突，因此加害人與被害人雙方都應該參與處遇。在處遇中，若雙方能在工作者的指導下學會適當的因應技巧，就可以避免暴力的產生。婚姻治療或家族治療是此理論學派為基礎所發展的方案。

三、社會及文化為基礎的理論面向

衝突理論、女性主義模式、父權制模型都是此類型中的代表性理論，強調性別的階層、以男性價值為基礎的社會，會發展有利於男性的社會規範與制度，進而「宰制」或「剝削」女性。因此，家庭暴力是社會文化結構面的議題。此理論強調以教育或立法的方式促使社會結構或其中的人民有所改變，提升平等的性別意識，促進兩性平權。

這些理論的界線並非絕對清晰，因為無論病理觀點或社會觀點，都有可能彼此相互影響。探討親密關係暴力成因理論的目的，是期望能透過這層理解，進一步解決親密關係暴力的問題，對症下藥。若認為親密關係暴力的問題核心是「暴力使用者」，則需對加害者精神病理或情緒狀態進行進一步處理；如果界定親密關係暴力的核心在於雙方的關係，則會從他們的互動與相處方式著手；若認為關鍵在於社會文化的背景因素，則需透過整體的教育或改革，改變加害者與被害者的資源，才有可能減少或改變親密關係暴力的問題。

從另一方面來看，雖然每個成因理論都有其進行加害人處遇的著力點，但亦有其限制或缺點（表 13-1）。個人為基礎的理論面向，忽略社會文化因素，為加害人提供了一個若未復元則無法停止暴力的藉口，允許其不為暴力行為承擔責任的機會；在家庭及關係層面，則可能將暴力發生的原因歸咎被害人，若採用伴侶治療，處遇過程中甚至可能使被害人不敢陳述其困境，或者在治療之外的情境身陷再度受暴的險境；社會及文化為基礎的理論面向，則忽略加害人個人童年可能的受創經驗，重現其被剝奪的經驗，使其在社會連結上再度出現困境。

▼表 13-1　親密關係暴力成因理論、介入方法與限制

	個人為基礎	家庭及關係為基礎	社會及文化為基礎
原因	▪ 內在心理因素 ▪ 酒精／藥物濫用 ▪ 原生家庭中經驗暴力或目睹暴力	▪ 婚姻衝突 ▪ 溝通型態 ▪ 關係發展階段	▪ 社會風險因子（如教育水平、年紀） ▪ 種族 ▪ 在其文化或團體中對女性施暴的可接受性 ▪ 父權思想（家長制）
介入目標	改變加害人的心理問題，透過過去經驗的處理，使加害人內在得到統整，進而停止暴力行為。	改變家庭互動方式，透過溝通技巧的訓練，停止家庭暴力。	對加害人施以教育輔導，使其覺察性別與權力落差的議題，進而改變其暴力行為，以達暴力防治的目標。
介入方法	▪ 認知行為 ▪ 心理動力 ▪ 心理衛教	▪ 伴侶治療	▪ 女性主義或贊同女性主義之模式 ▪ 協調合併社區介入
限制及缺點	▪ 提供加害人暴力行為的藉口。 ▪ 無法解釋在不同關係下就沒有暴力行為的現象。 ▪ 忽略文化上偏於男性的父權意識型態之影響。	可能將暴力歸責被害人，若使用伴侶諮商型式，可能使被害人在處遇過程中陷於險境。	忽略個人可能在童年的受虐經驗，並視所有男性可能都會施暴，過度面質易導致自我挫敗感，而使加害人減低進入處遇意願。

從上述的整理中可以理解，伴侶治療是所有處遇工作中最危險的，因此，除非十分確定暴力已經停止，而且雙方的自主性、權力與資源都是對等的條件之下，才會使用。此外，很少處遇工作者只會使用單一理論來解釋親密關係暴力成因，綜融式地理解親密關係暴力，採用彈性的介入方式，有助於工作關係的維持，並促進非暴力目標的推動。

13.3 親密關係暴力加害人處遇

親密關係暴力加害人處遇主要以認知教育輔導為最多，其次為戒酒教育。以下分別述之。

一、認知教育輔導

認知教育輔導是家庭暴力加害人處遇中最常裁定的項目。早期仿效美國，強調認知理論與教育方法。而無論是認知理論或採用教育的方式，其基本理念是認可鉅觀的家庭暴力成因理論，指認暴力行為的本質就是權力控制，而加害人應為暴力行為負起改變的責任。因此，在處遇目標上強調「透過教育的方式，引導加害人尊重性別平權，改變暴力行為，降低暴力所帶來之負面影響」。內容上，大致上包括「尊重法律及家庭關係，認識引發暴力行為之情緒與壓力來源，學習調整與改變的方法，發展非暴力的因應方式」。以下分別介紹臺灣及美國加害人處遇工作。

(一) 美國主要的家庭暴力加害人工作方案

臺灣在發展認知教育輔導上，參考許多美國既有的方案。Healey 等人（1998）分析，美國現行有關婚姻暴力加害人處遇之三大方案包括：杜魯司模式（Duluth Model）、EMERGE 模式、AMEND 模式（Pence & Paymar, 1993；Healey, et al., 1998；Gondolf, 1997；林明傑，2000；王珮玲、沈慶鴻、韋愛梅，2021）。

1. 杜魯司模式

杜魯司模式源自美國明尼蘇達州，它致力於整合警政、司法、社會福利、民間團體等資源，共同為家庭暴力防治而努力。此模式為美國最被廣泛使用的模式，它的理論基礎為女性主義理論，處遇上強調對加害者的心理教育，著名的權力控制輪和平等輪即為此模式所發展出來。此模式採以團體方式進行，列舉八種權力控制的暴力方式，一一加以定義。此八種權力控制的行為包括：使用恐嚇、情緒虐待、隔離、大事化小、利用小孩、使用男人特權、經濟虐待、

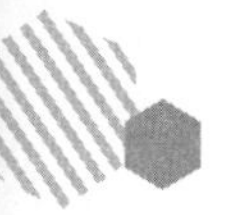

強迫及威脅。相應對的即為平等輪，則分別為非威脅性的行為、尊重、信任與支持、誠實與信任、為孩子負責任、責任分擔、經濟上的夥伴、協商及公平。主要的團體共進行二十四週，每個主題三週，以故事引導與控制檢查表（control log）帶動討論，使成員辨識暴力行為，並找出替代方法。

2. EMERGE 模式

此方案發展於美國麻薩諸塞州，是美國最早發展的處遇方案，也是較深入的加害人處遇工作方法。它的理論基礎是女性主義與認知行為理論，重視面質，承認暴力為重要的一個行為改變的階段，鼓勵案主為暴力負起責任。方案以團體方案進行，運用團體動力，重視分享、支持與同理，激發個人改變的意願。因為它有認知行為治療的色彩，治療師與成員會建立深入的關係，治療師也會與被害人聯繫。團體分兩個階段進行，前八週為第一階段，採教育模式；後三十二週採半開放的團體，為第二階段，新舊不同的團體成員參與團體，可以形成一個促進改變的效果（林明傑，2000）。

3. AMEND 模式

此模式發展於美國科羅拉多州，運用以性別為基礎的認知行為理論作為方案發展的基礎。主張對高危險或長期的加害人施以一到五年的長期治療。方案分為四個階段，初階以教育為主，處理加害人的否認暴力或淡化暴力的行為，採用面質的技術與方法；第二階段探討其合理化暴力的歷程，並嘗試引導改變；第三階段發展成自助／支持團體，使參與者可以維持非暴力的行為；第四階段為深入社區的團體服務。此方案延續的時間較長，在第三階段到第四階段則成為與社區相互連結緊密的支持／改變系統，根據研究顯示，此處遇模式之家暴再犯機會較低。

（二）臺灣主要的家庭暴力加害人工作方案

臺灣自 1999 年在臺北市開始執行親密關係暴力加害人處遇方案之後，各縣市亦先後依其地方特性與資源陸續發展，至今已超過二十年。其中，不乏已發展相當成熟的加害人處遇工作方法，大多數縣市每階段的處遇都是以十二次團體（24 小時）為原則，但仍有部分縣市依其理念而有不同或需要加以調整。

1. 以再犯預防及現實療法為取向之認知行為療法

此方案最早為林明傑所發展，現實治療及認知行為治療為其理論基礎，以半開放式的小團體進行。林明傑的方案中，現實治療的概念主要是引導參與者為其選擇負起責任，思考並選擇其生活方向，來達到理想的生活。為了達到理想的生活，因此個人需加強其內在情緒之自我管理，並進而透過認知行為療法，讓加害人學習「情境→想法→情緒→行為」的行為鍊，使其理解現有情境與暴力行為的脈絡，進而發展出改變暴力行為的作法。早期處遇是分兩個階段，包括九次加九次的團體，由兩位訓練過的專業人員帶領，必要時亦可於團體進行中加入個別輔導。他強調此認知教育輔導課程是為幫助加害人改變而非是司法處罰。課程內容如表 13-2。

▼**表 13-2**　加害人處遇方案：以再犯預防及現實療法為取向之認知行為療法

第一階段	第二階段
(1) 課程簡介	(1) 為暴力行為道歉的準備
(2) 認知行為鍊	(2) 在團體中練習道歉
(3) 情境上可以怎麼做	(3) 男人生氣時為何會動粗
(4) 情境上可以怎麼做	(4) 大男人主義
(5) 想法上可以怎麼做	(5) 高危險情境、想法、感受、行為及其阻斷的方法
(6) 想法上可以怎麼做	(6) 如果配偶仍想要離開婚姻
(7) 情緒上可以怎麼做	(7) 自我探索
(8) 情緒上可以怎麼做	(8) 配偶是一個怎樣的人
(9) 行為上可以怎麼做	(9) 你希望一年後的你、婚姻、家人、工作、朋友的狀態為何？

2. 整合性別平等與人本學派之輔導教育模式

此方案是 1999 年國軍北投醫院（現為三總北投院區）的專業團隊所發起，之後主要在臺北市以及新北市執行。團體以女性主義及 Yalom 的團體心理治療的理論為基礎。在方案內容上參考杜魯司模式的權力控制輪的八個主題，分別設計本土性的小故事，進行為期十二週、24 小時的結構性、封閉性

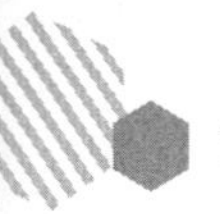

的團體。團體帶領者由兩名不同性別的專業工作者所組成，以便在團體中可以靈活帶領參與者，討論性別的議題、分享不同的性別觀點，也可以運用領導者不同的性別優勢，處理團體阻抗的問題。

團體的進行重視團體動力，首先接納成員對團體的反抗等負向情緒，予以充分的傾聽，之後，討論團體契約並進而帶入認知的技巧。團體中強調認知與團體經驗一樣重要，團體後期，在可能的情況下，觸及存在的意義，思考自己對行為改變的責任，體驗並接納生命中的孤獨感，並在團體中提供支持與陪伴的經驗。團體內容包括關係建立、《家庭暴力防治法》認識、暴力行為探討與行為改變等幾個重點。暴力行為改變相關的主題內容多由處遇工作者在團體前，依團體成員的現況，從杜魯司模式八項主題中，選擇出適合成員的主題，在團體中進行主題與故事討論，進而促成成員的經驗分享。因此，團體前的準備和團體後的工作分享是促成團體順利進行的重要方法，務求團體的內容能反應團體成員現實生活中的問題。

二、戒酒教育

實務上發現法院所裁定加害人處遇計畫保護令案件中，有超過 50% 至 70% 的加害人經常出現飲酒問題（林明傑，2000），顯示家庭暴力加害人的飲酒行為與其暴力事件的發生有高度的關聯性。戒酒教育團體方案，通常會以認知模式或跨理論模式為基礎，針對家庭暴力加害人中具危害性飲酒問題的人，設計心理教育性團體。所謂跨理論模式，是將人的行為改變區分為六個階段，包括懵懂期、沉思期、準備期、行動期、維繫期、復發期（Prochaska & DiClemente, 1983）。工作者需了解每個階段中案主的狀態，再輔以不同的技巧，陪伴案主在不同階段發生改變。

戒酒教育團體課程，每週一次，每次 2 小時，共十二次，目的是減少加害人因飲酒導致的身體、心理及家庭關係的傷害，進而達到停止暴力行為。團體課程分成三目標，第一為覺察酒精對個人生理、情緒及人際關係上的影響，讓加害人理解自己的喝酒習慣已造成危害；第二是為促進戒酒動機，使加害人願意修正自己喝酒行為，降低喝酒的量與頻率，減少危害持續發生或擴大；第三為學習新的技巧（如情緒管理、人際溝通技巧等），要求加害人對其飲酒後的行為負責，並預防其成為酒精使用疾患的患者。在團體進行中，工作者需注意加害人衝動性與情緒的問題，此問題往往與其飲酒行為相互作用，引起家庭暴力事件的再發生。目前臺灣的戒酒教育團體大致包括以下幾個工作內容：

（一）**成癮議題及疾病概念介紹。**

（二）**戒酒動機的覺察與促進。**

（三）**戒酒的決定平衡單。**

（四）**問題性飲酒高危險情境的辨識。**

（五）**問題性飲酒的復發與因應。**

（六）**情緒覺察——心情溫度計。**

（七）**情緒因應技巧酒精減害計畫。**

問題性飲酒對於家庭暴力而言影響甚鉅，但是為期十二週的團體課程，可能提供的協助仍十分有限，主要是因為問題性飲酒所涉及的因素十分複雜，有許多參與者在進入團體前，已有出現酒精成癮或身心疾病的共病現象，需要更多元的治療方案，以及更長期的復元歷程。

13.4 兒童少年保護之親職教育輔導

親職教育輔導的實施對象，主要是兒少保護案件中的加害人。依法令的強制程度可分為：「強制性親職教育輔導」與「一般性親職教育輔導」。前者主要為預防家庭暴力、兒童虐待等行為再次發生；後者主要為提升父母或兒少的主要照顧者所需要之技能與知識，協助家庭維持良好的親子關係。

一、兒童少年的保護案件危險因子

王育民等人在 2018 年進行衛生福利部家庭暴力案件資料分析中顯示，在

0 至 18 歲以下的兒少保護案件中，「施虐者本身的特殊狀況」即為主要的風險因子。其中，包括（王育民等，2019）：

（一）**施虐者本身缺乏親職教育知識。**

（二）**情緒不穩定。**

（三）**親密關係失調。**

（四）**經濟上的貧困、負債與失業問題最為明顯。**

然而，除了上述四項的共同加害者狀況之外，針對不同年齡層的兒童，施虐者相關的風險因子亦有一些差異。對於 0 至 2 歲的幼兒施虐案件而言，施虐者的藥物濫用、未婚生育亦為主要的風險因子；施虐者本身不當管教為 2 至 18 歲的兒少施虐案件而言的主要風險因子；此外，施虐者本身的酗酒以及經常使用負面言語，則為 12 至 18 歲的少年施虐案件的主要風險。

除了施虐者特質以外，兒少自身的特殊狀況亦是造成兒虐案件的成因，且不同年齡層的兒少，對父母而言，存在著不同的教養挑戰。對 0 至 2 歲兒虐案件，最大的風險為兒少不在期望下出生；發展遲緩問題與過動則分別是 2 至 12 歲兒童的受虐風險因子；兒少偏差行為則為 6 至 18 歲兒少虐待的風險因子。

從國際上兒虐案件分析來看，年齡、性別與整體社會與環境因素，都會顯出兒虐案件的差異性。聯合國的兒童反暴力研究（UN, 2006）中發現：低收入的國家中，兒童被殺害的情形是高收入國家的兩倍；兒少兇殺案發生率最高的是青少年，特別是 15 至 17 歲男孩；遭受身體暴力的風險最大為幼兒，男孩次之；女孩則面臨更大的性暴力、忽視和強迫賣淫的風險。僵化的社會文化角色、低收入和教育缺乏也是風險因子。在兒童特質方面，殘疾兒童、少數民族以及「邊緣群體」，如街頭兒童、違法兒童、難民、流離失所兒童亦較容易受到虐待。

由上述研究可見，兒少施虐者的特質有幾項值得關注的議題：

（一）**在未準備好的情況之下生育子女，角色適應的困境帶來施虐者的兒虐行為。**

（二）**施虐者本身缺乏親職教育知識。**

（三）**施虐者的情緒困擾。**

（四）**施虐者親密關係的問題，影響到對子女的教養與照顧。**

（五）**施虐者的經濟困難，以致於自己或家庭處於貧困、負債、失業的困境中。**

（六）**施虐者的物質使用問題，影響其親職功能。**

（七）**施虐者的溝通能力不良，本身經常對子女使用負面的言語，以致對較大子女的教養出現問題。**

二、親職教育執行方式與內容

由前述的兒少保護案件分析中，可得知兒少的虐待行為背後，有許多不同類型的困境，因此，親職教育輔導不能只有單一面向，至少需要包括個人層面的工作、關係層面的工作，以及兒少家庭系統層面的工作。

最主要的「親職教育輔導」傾向為「個案工作」式的介入方法，由社工或心理師針對加害者個人的困境提供一對一的深談服務，整理施虐者的過去經驗、疾病、伴侶與親子關係或生活適應。

根據衛生福利部的「家庭暴力加害人認知及親職教育輔導處遇要點」，親職教育輔導課程需包含以下七大面向：

（一）**認識兒童及少年身心發展。**

（二）**親職角色、責任與子女教養技巧。**

（三）**兒童及少年不當對待或目睹暴力對身心發展之影響。**

（四）**家庭壓力管理。**

（五）**家庭系統與家庭動力。**

（六）**認識與運用社會資源。**

（七）**《兒童及少年福利與權益保障法》及家庭暴力防治相關法規。**

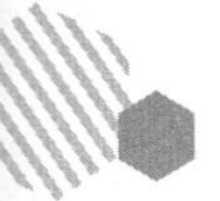

藉由深談的方式讓加害人與其家庭成員，理解如何提升照顧者個人與家庭的能力，以降低及預防其再犯之可能性。

除了狹義的親職教育輔導是針對上述加害者的個案工作外，為有效因應或避免兒少虐待案件，可以更擴大為三級預防觀點的親職支持方案（Petersen, 1993），以生態系統理論作為基礎，發展家庭或社區方案，成為照顧者在社區中的資源。使其能在不當對待發生之前，就具有足夠的知識和能力來因應教養上的需求；或者，針對社區中偏差行為的兒少，透過社區資源的整合，導正其行為，使父母在親子關係發展或教養工作上，得到協助或降低壓力。

問題思考

一、不同學者對親密關係暴力加害人提供不同見解，這對加害人處遇工作者而言，提供了什麼啟示？

二、親密關係暴力成因理論有哪些？不同的成因理論引導了哪些介入方法？又分別有哪些限制？

三、從不同年齡層的兒少保護案件的風險因子，可以看到親職教育輔導可以朝向哪些面向發展？

參考文獻

王育民、王珮玲、陳怡青、戴榮賦、鍾佩怡（2019）。〈107 年度保護服務案件大數據應用分析委託科技研究計畫期末報告〉。臺北：衛生福利部。

王美懿、林東龍、王增勇（2010）。〈「病人」、「犯人」、或「個人」？男性家暴「加害人」之再認識〉，《社會政策與社會工作學刊》，14（2），147-193。

王珮玲、沈慶鴻、韋愛梅（2021）。〈加害人處與與相對人服務〉，收錄於《親密關係暴力防治：理論、政策與實務》（頁 209-232）。高雄：巨流。

吳慈恩（1999）。《邁向希望的春天》。高雄：高雄家協。

林明傑（2000）。〈美加婚姻暴力犯之治療方案與技術暨其危險評估之探討〉，《社區發展季刊》，90，197-215。

林明傑（2001）。〈家庭暴力加害人處遇計畫 —— 美國與我國之現況探討〉，《律師雜誌》，267，63-76。

陳怡青、李維庭、張紀薇、李美珍（2012）。〈婚姻暴力加害人處遇成效評估研究之初探〉，《亞洲家庭暴力與性侵害期刊》，8（2），17-54。

陳怡青（2012）。〈方案評估方法在家庭暴力加害人處遇成效評估研究的運用〉，《社區發展季刊》，136，312-324。

陳筱萍、黃志中、周煌智、吳慈恩、劉惠嬰（2004）。〈臺灣家庭暴力加害人處遇計畫療效之評估〉，《中華團體心理治療》，9（1），4-19。

黃志中（2013）。〈當前臺灣婚姻暴力男性加害人的論述建構及其侷限〉，《社區發展季刊》，142，227-237。

黃翠紋（2005）。〈婚姻暴力加害人危險評估量表建構之研究——從警察分局家庭暴力防治官的觀點〉，《刑事政策與犯罪研究論文集》，8，209-234。取自：法務部刑事政策與犯罪研究資料庫，http://www.criminalresearch.moj.gov.tw/public/Data/9107175057505.pdf（上網日期：2014 年 2 月 21 日）。

黃翠紋、鄭宇穎（2011）。〈警察機關實施家庭暴力加害人訪查現況之研究〉，《中央警察大學警政論叢》，11，71-94。

潘淑滿（2012）。〈親密關係暴力問題之研究〉。內政部委託研究報告（PG10005-0292）。臺北：國立臺灣師範大學。

鄭維瑄（2017）。〈社會個案工作會談與專業關係建立〉，收錄於曾華源主編，《社會個案工作》。臺北：洪葉文化，195-197。

謝宏林（2010）。〈家庭暴力加害人與受害人家庭互動關係之實證研究〉，《南臺科技大學學報》，35（2），139-156。

重要性別統計資料庫（2021），取自：https://www.gender.ey.gov.tw/gecdb/Stat_Statistics_Category.aspx?fs=jw0bIEF46cR1iPSYA35XlQ%40%40&cs1=Jb0akrIrMPPDW!bPO92cqQ%40%40&cs2=i1ha96w0xp5%242R%24c1k0FSQ%40%40（上網日期：2021 年 1 月 13 日）。

Gondolf, E. W. (1997). Batterer programs: what we know and need to know. *Journal of Interpersonal Vilolence, 12*(1), 83-98.

Healey, K., Smith, C., & Sullivan, C. (1998). Current trends in batterer intervention: innovations from the field and the research community. *Batterer intervention: program approaches and criminal justice strategies*. Washington D. C.: National Institute of Justice.

Pence, E. & Paymar, M. (1993). *Education groups for men who batter: the Duluth Model*. New York: Springer Publishing.

Petersen, A. C. et al. (1993). Interventions and Treatment. The National Academy of Sciences, Panel On Research On Child Abuse And Neglect ed. *Understanding Child Abuse and Neglect.* Washington, D.C.: National Academy Press. 253-291.

Prochaska, J. O. & DiClemente, C. C. (1983). Stages and processes of self-change of smoking: Toward an integrative model of change. *Journal of Consulting and Clinical Psychology, 51*(3), 390-395. https://doi.org/10.1037/0022-006X.51.3.390

U.N. (2006). United Nations- Report of the Independent Expert for the United Nations study on Violence Against Children. On Jul 27, 2018, Retrieved from https://resourcecentre.savethechildren.net/node/6948/pdf/6948.pdf.

U.N. (2021). United Nations: What Is Domestic Abuse?. On Jan 13, 2021, Retrieved from https://www.un.org/en/coronavirus/what-is-domestic-abuse.

毒品危害防制

重

» 了解《毒品危害防制條例》與相關法規。

» 了解戒治所中的毒品戒治與社會工作。

» 了解毒品戒治人的出所準備計畫及社區復歸後之處遇系統與社會資源。

臺灣所稱之毒品防制工作，舉凡法定毒品品項與分級、施用行為與器具、採驗、特定營業場所、毒品製造／運輸／販賣等法定刑、指定醫療機構、成年／未成年執行觀察勒戒或強制戒治、毒品防制宣導等，均納入在《毒品危害防制條例》與相關法規之約束範圍中。有鑑於毒品防制政策涉治理之個人生活範疇甚廣，且行政院自 2017 年起推動的「新世代反毒策略」，強調對吸毒個人以「採取一人一案方式，強化染毒者的戒毒專案輔導及轉介追蹤等連續性工作」[1]。因此，本章將提供讀者了解《毒品危害防制條例》中規範之戒治所社會工作內容，並透過重點的整理，增加即將投身戒治所工作之社工夥伴在法規與工作內容之掌握。

1　行政院（2017a）。「推動新世代反毒策略林揆：以人為中心追緝毒品源頭以量為目標消弭毒品存在」2017 年 5 月 11 日新聞稿。取自：https://www.ey.gov.tw/Page/9277F759E41CCD91/1ffea7e1-0d20-455d-ac0c-cd348c04499e（上網日期：2020 年 12 月 26 日）。

14.1 《毒品危害防制條例》與相關法規

現行之《毒品危害防制條例》，緣起於 1994 年全國反毒會議。該會議提出本國戒毒政策應採以「生理解毒」、「心理復健」、「追蹤輔導」等三大步驟，並同時將吸毒犯視為「病犯」（蔡木田、謝文彥、林安倫、連鴻榮，2019；陳妙平，2009）。在此政策態度奠定下，便開啟了一連串法制的修正。經歷多次討論，立法院通過《肅清煙毒條例》[2] 之全文修正案，將條例名稱修正為《毒品危害防制條例》，並於 1998 年 5 月 20 日公布施行。該條例公布施行至 2020 年，期間又基於實務需求，歷經八次條文修正。為提升讀者對《毒品危害防制條例》與其相關法規的了解，本節整理與社會工作有關之重點法規與概念如下。

一、《毒品危害防制條例》與其施行細則

本法共 36 條，其中與實務較為相關之內容有：法定毒品之認定與管理規範（第 2 條）、縣市政府執行毒品防制工作之法源依據與辦理內容（第 2-1 條）[3] 與業務基金來源（第 2-2 條）、相關罰則（第 3 至 26、30 至 31 條）、採驗尿液（第 33、33-1 條），及相關行政部門應配合毒品管制辦法。其中，以第 29 條中規定「觀察、勒戒及強制戒治之執行，另以法律定之」，衍生之毒品戒治相關法規，與從事毒品相關輔導工作的實務社工最為相關。

---

2 《肅清煙毒條例》：舊法原名稱為《戡亂時期肅清煙毒條例》，於 1955 年 6 月 3 日由總統制定公布全文 22 條，並於 1973 年 6 月 21 日進行第首次修正，修正內容為原法條第 4、9 條。爾後，因停止動員戡亂時期，因此便於 1992 年 7 月 27 日修正法條名稱為《肅清煙毒條例》，並同時修正第 1、4、5、7~12、14 條條文等。

3 2006 年由全國各直轄市、縣（市）政府成立的毒品危害防制中心（簡稱毒防中心），則與此法條之法定執行工作內容有關，因此該中心必須具備整合社政、教育、醫療、勞政、警政及司法保護等各單位之功能，以提供有需求之民眾相關服務。

而《毒品危害防制條例施行細則》則是依據《毒品危害防制條例》第 34 條制訂之執行辦法。第一章總則：以明訂行政院必須負責統合各相關機關辦理緝毒、防毒、拒毒與戒毒之工作為主。第二章緝毒與防毒：主要著眼毒品查緝與製造、販賣、運輸等情事之偵辦；第三章拒毒：明定教育部為統合中央各部會與協調社會團體，運用管道進行反毒教育宣導工作之內容；第五章檢驗與統計：規範查獲毒品之檢驗與保管等執行辦法；最後，與執行戒毒服務之社工較相關的，則以「第四章戒毒」[4] 和「第六章附則」為主。

二、施用毒品罪之罰則

目前我國施用第一、二級毒品罪為刑罰；施用第三、四級毒品為行政罰。相關規定如下：

- 《毒品危害防制條例》第 10 條：

  施用第一級毒品者，處六月以上五年以下有期徒刑。

  施用第二級毒品者，處三年以下有期徒刑。

- 《毒品危害防制條例》第 11 條之 1 第 2 項：

  無正當理由持有或施用第三級或第四級毒品者，處新臺幣一萬元以上五萬元以下罰鍰，並應限期令其接受四小時以上八小時以下之毒品危害講習。

三、觀察、勒戒及強制戒治

雖然施用第一、二級毒品罪為刑罰，但《毒品危害防制條例》認為施用毒品者具「病患性犯人」的特質，在執行上試圖運用「以勒戒、戒除身癮」與「以強制戒治、戒除心癮」之戒治處遇策略，期待恢復個人健康，以代刑罰。

---

4 與實務工作較為相關的，則是在第四章第 11 條中規定，受勒戒人在勒戒處所中所需之戒毒藥品，其成分屬成癮性麻醉藥品者，由行政院衛生署食品藥物管理局（簡稱食管局）核配，並將其實際使用情形，填具報告陳報食管局；第 12 條中，規定在勒戒處所中之受觀察、勒戒人，應依《毒品危害防制條例》第 20 條第 1 項規定在觀察、勒戒後，應填具有無繼續施用毒品傾向證明書，並於每月月終表報法務部。

依《毒品危害防制條例》第 20 條及第 23 條之規定，初犯或三年後再犯施用第一、二級毒品之罪者，檢察官應聲請法院裁定，令被告入勒戒處所（通常為看守所）觀察、勒戒，其期間不得逾二個月。觀察、勒戒後，檢察官依據勒戒處所之陳報，認受觀察、勒戒人無繼續施用毒品傾向者，應即釋放，並為不起訴之處分；認受觀察、勒戒人有繼續施用毒品傾向者，檢察官應聲請法院裁定令入戒治處所（目前為法務部矯正署所屬戒治所）強制戒治。強制戒治期間為六個月以上，至無繼續強制戒治之必要為止，但最長不得逾一年，期滿釋放後檢察官並應為不起訴處分。觀察、勒戒或強制戒治執行完畢釋放後，三年內再犯施用第一、二級毒品之罪者，檢察官應依法追訴之。

觀察、勒戒及強制戒治在定性上屬保安處分，是機構內處遇。而觀察、勒戒處分之執行，則依《觀察勒戒處分執行條例》之規定。該條例未規定者，適用《保安處分執行法》之相關規定。戒治處分之執行，依《戒治處分執行條例》之規定，並部分準用《監獄行刑法》相關之規定。關於強制戒治之相關規定，另於本章第二節進一步說明。

四、緩起訴處分附命完成戒癮治療或其他多元處遇

2008 年《毒品危害防制條例》第 24 條修正，明定檢察官得對施用第一、二級毒品者，為緩起訴處分附命完成戒癮治療（**簡稱緩附療**）。對比觀察、勒戒及強制戒治屬機構內處遇，緩附療為機構外處遇，受緩附療之法定毒品施用者可免於受觀察勒戒、強制戒治或入監服刑等處分，而改至衛生福利部指定之醫療機構進行戒癮治療。通常檢察官所定緩起訴期間為兩年，若於緩起訴期間內再施用法定毒品，則可能面臨緩起訴被撤銷，而遭檢察官依法追訴。

受緩附療者必須按時向醫生報到並配合完成法定戒癮治療（包括藥物治療、心理治療、社會復健、定期／不定期驗尿等），療程會根據個人實際治療狀況進行調整（一至二年不定）。戒癮治療之種類、實施對象、內容、方式與執行之醫療機構及其他應遵行事項之辦法，以及完成戒癮治療之認定標準，另可參《毒品戒癮治療實施辦法及完成治療認定標準》。

2019 年《毒品危害防制條例》第 24 條再次修正，將緩起訴所得附之條

件，擴大至繳納緩起訴處分金、義務勞動、精神治療、心理輔導或其他適當之處遇措施，以及預防再犯所為之必要命令（包括驗尿監督、觀護報到等）。此修正是為了使毒品施用者能獲得有利於戒除毒品之適當處遇，因此緩起訴之條件不再限於戒癮治療。而針對所附條件為完成戒癮治療、精神治療、心理輔導或其他適當之處遇措施者，條文另規定檢察官為緩起訴處分前，應徵詢醫療機構之意見；必要時，並得徵詢其他相關機關（構）之意見，以加強緩起訴處分之處遇前評估機制。

此外，本次修正亦規定，緩起訴處分經撤銷者，檢察官不再只能依法追訴，而得依法繼續偵查或起訴，亦即仍有觀察、勒戒及強制戒治制度之適用，或再為不同條件或期限之緩起訴處分之可能，俾利檢察官彈性運用適當之司法處遇措施。

對使用一、二級毒品之初犯者被捕時，你可以怎麼做？

諮詢者

我是使用二級毒品的初犯，剛被抓到，我很不想被送去觀察勒戒或強制戒治！我還有別條路可以走嗎？

合適回應

對使用一、二級法定毒品的初犯，檢察官除了向法院聲請裁定觀察勒戒外，也可以為緩起訴處分附命完成戒癮治療或其他多元處遇。如果你有很強願意接受戒癮治療的動機，則可以找律師寫聲請狀，以爭取緩起訴附命戒癮治療；但由於戒癮治療與委任律師撰狀或出庭都必須自費，若您有經濟上的壓力，我們可以轉介您找法律扶助基金會幫忙。

諮詢者

那如果我沒有錢，只能去觀察、勒戒或強制戒治，我出來之後會有前科紀錄嗎？

合適回應

一般的「前科」指的是良民證（即警察刑事紀錄證明）上記載之刑事案件紀錄，其範圍為司法或軍法機關判決確定、執行之刑事案件。無論是觀察、勒戒或強制戒治，執行完畢釋放後，檢察官皆應作成不起訴處分，其非屬司法或軍法機關判決確定、執行之刑事案件，故在良民證上不會記載，請您放心！

最後，工作者在辦理、申請、或執行緩起訴補助款[5]等行政工作時，則可進一步了解《緩起訴處分金與認罪協商金補助款收支運用及監督管理辦法》[6]。

五、自動請求治療

《毒品危害防制條例》第 21 條規定：「犯第十條之罪者，於犯罪未發覺前，自動向衛生福利部指定之醫療機構請求治療，醫療機構免將請求治療者送法院或檢察機關。依前項規定治療中經查獲之被告或少年，應由檢察官為不起訴之處分或由少年法院（地方法院少年法庭）為不付審理之裁定。但以一次為限。」此即自動請求治療者，醫療機構免將其送法院或檢察機關之法源依據。顯見，當個人有戒癮動機且未進入司法前，若能主動求助，則可免於落入被法辦的風險。

BOX 14-2

在非司法相關之實務現場碰到有毒品使用議題的服務對象時，你可以怎麼做？

醫院社工

門診護理師來電詢問有一個到醫院主動尋求戒癮治療的病人，他使用的應該是安非他命，我需要報警嗎？

合適回應

如果是主動尋求戒癮治療者，則不需要通報。他們依法有權向指定衛福部醫療院所尋求戒癮治療，因為他們也是病人，主動尋求戒癮是值得肯定的行為，如果在院內有因使用毒品而醫療權益被忽略的事發生，我們便應盡力協助他獲得應有的治療與服務。

其他提醒

若社工在實務現場意外得知服務對象（或其家屬）正在使用法定毒品，若評估信任關係尚佳，可提供《毒品危害防制條例》第 21 條給服務對象與家屬參考，並轉介至合適的戒癮資源，以降低他們落入被法辦的風險。

5　第 2 條第 4 款規定：補助款：指以支付公庫之緩起訴處分金與認罪協商金為收入來源，並由檢察機關編列預算而專用以補助相關公益團體、地方自治團體及支付犯罪被害補償金之款項。

6　本辦法依《刑事訴訟法》第 253-2 條第 5 項、第 455-2 條第 4 項規定訂定之。

14.2 戒治所中的毒品戒治與社會工作

《毒品危害防制條例》第 28 條規定，戒治處所由法務部設立。法務部設立之戒治處所稱為「戒治所」。儘管過去不少文獻指出不論觀察、勒戒或強制戒治皆未提供完整的成癮治療服務，許多曾接受戒治者都指出，戒治所與監獄的處遇大同小異，只是暫時與外界隔離，反而使受戒治人在裡面向更多吸毒者與藥頭「學習與進修」(蔡木田、謝文彥、林安倫、連鴻榮，2019；陳玟如，2018；林健陽、陳玉書、張智雄、呂豐足、林澤聰、王秋惠、柯雨瑞，2007)；但不能否認的是，透過戒治所社工與相鄰專業的努力，仍有不少受戒治人能在出所後恢復生理健康、提升自我效能、降低對毒品的需求與使用頻率，並重獲因應生活壓力的能力與社區資源。

與戒治所個案交會這幾年來發現，個案通常不是大張旗鼓地以藥癮問題為主訴，而是帶著老婆／女友／同居人想要／已經離婚／分手、最近深為失眠／情緒低落所苦、家人不再／從未前來會面、覺得未來渺渺茫茫／不知道出所後要做什麼等問題來到會談室（陳妙平，2009）。

這段話雖已是十餘年前戒治所社工對實務現場的描述，然十餘年後仍如此貼近現在的會談現場，顯見即便身處不同年代，許多人使用毒品的原因不外乎生活中多有難解的情緒困擾、人際壓力，且多半深受內在毒品污名影響，導致他們對人生備感無望。

而從上述描述亦可知，儘管目前臺灣以監禁的方式提供強制戒治服務，衍生非預期的負面影響（例如認識更多藥頭、加深受戒治人／收容人毒品內在污名、出所後前犯罪者標籤難以撕除等），然而當受戒治人向戒治所社工或公私協力的民間社工求助時，若能即時協助這群人恢復自我效能與自尊、提升壓力因應調適力、提供出所前生活評估及出所後協助資源轉銜等服務，都是增加他們生活復原力的重要介入契機，並實踐充權（empower）的社工專業，減緩這群人反覆落入生活困境與再施用的機率。有鑑於此，為提升社工或相關助人者在這群人受戒治階段的服務品質，本節將整理與戒治所毒品戒治有關的法規，以及在戒治所內實踐社會工作的策略與服務方法。

一、強制戒治執行之相關法規

強制戒治之執行，主要依據《戒治處分執行條例》、《戒治所實施階段處遇課程應行注意事項》及《戒治處遇成效評估辦法》。《戒治處分執行條例》內容包括總則、入所、處遇、管理、出所、附則。**其中第三章處遇（第 11 至 18 條）為戒治所內執行處遇之重要依據**，如該條例第 11 條第 1 項規定：「戒治處分之執行期間為六個月以上，至無繼續強制戒治之必要為止，而最長不得超過一年。」可知社工的處遇評估與執行，在時間上最好以六個月為設計；同條第 2 項則將戒治劃分為「調適期」、「心理輔導期」及「社會適應期」三階段。三階段之處遇重點（參該條例第 12 條至第 14 條）分別為：

（一）**調適期：**培養受戒治人之體力及毅力，增進其戒毒信心。

（二）**心理輔導期：**激發受戒治人之戒毒動機及更生意志，協助其戒除對毒品之心理依賴。

（三）**社會適應期：**重建受戒治人之人際關係及解決問題能力，協助其復歸社會。

上述三階段處遇主要多以課程方式實施，各階段處遇之課程內容可參《戒治所實施階段處遇課程應行注意事項》。三階段處遇需依序行之，各階段處遇之成績需經評估合格，始得進階至下一期。「社會適應期」處遇成績評估結果合格者，始得辦理停止強制戒治，相關評估辦法可參《戒治處遇成效評估辦法》[7]。另**《戒治處分執行條例》**第 15 條規定「戒治所應依據受戒治人之需要，擬定其個別階段處遇計畫」，同條例第 16 條規定「受戒治人在社會適應期之處遇，如於所外行之有益於復歸社會，報經法務部核准後，得於所外行之[8]。」上述規定（理想上地）提供了戒治所社工執行個別階段處遇計畫，以及所外處遇之彈性。

---

7 《戒治處遇成效評估辦法》中，附表一受戒治人調適期處遇成績評估表、附表二受戒治人心理輔導期處遇成績評估表、附表三受戒治人社會適應期處遇成績評估表、附表四受戒治人各階段處遇成績總表。資料下載專區：https://law.moj.gov.tw/LawClass/LawAll.aspx?pcode=I0010049（檢索日期：2020 年 12 月 26 日）。

8 根據《戒治處分執行條例》第 16 條規定，另立《受戒治人所外戒治實施辦法》，當戒治所社工在戒治所內欲擬定受戒治人所外處遇時，應參照此法之規範。

二、戒治所的社會工作

戒治所中的社會工作，主要依據《法務部矯正署戒治所組織準則》辦理。作者自行整理了戒治所內社工服務項目，並對照戒治所依法應掌理之事項中與社會工作相關之部分，整理如表 14-1，以利讀者對所內社工服務有更進一步的了解。

▼表 14-1　戒治所內「依法掌理事項」與「戒治所內社工常見服務事項」[9]

依法掌理事項 [10]	戒治所內社工常見服務事項
第 1 項 **受戒治人之心理輔導、階段性處遇、文康活動與教育及集會等輔導事項。** 第 2 項 **受戒治人之入所調查、家庭與社會關係評估、處理、社會資源運用及出所後之聯繫等社會工作事項。**	1. **入所評估**：對剛入所者進行初評，蒐集並了解其社經背景資料、家人關係、用毒歷程、社會關係與社會心理功能、入所初期的適應狀況等。 2. **定期／不定期個別會談**：透過一對一會談，探討毒品對個人的意義與對生命產生的正負向影響，協助受戒治人降低情緒困擾，並透過充權以誘發改變／戒癮動機。 3. **團體輔導**：透過團體輔導促進受戒治人看見彼此相同與相異之生命議題，並進行交流和討論，藉由不同生活性主題的設定，提升成員正向社交技巧與人際互動能力。 4. **社會資源諮詢**：讓受戒治人了解生活所需之相關社會資源與福利服務，以提升他們選擇並使用社會資源的能力，包括：社政資源（如中低收入戶與急難救助等申請）、戒癮資源（如指定醫療院所、毒防中心、民間戒癮單位）、其他（如就業服務中心、更生保護會、長期照顧資源等）。 5. **家屬服務與家屬衛教座談**：舉辦定期（如三節）家庭日與家屬衛教座談（如減少傷害處遇），以增進受戒治人與其家人之互動、提升家屬對毒品戒治處遇之知能。 6. **其他交辦**：如協助處遇課程執行、外部團體入所個別與團體輔導之師資聯繫與課程討論，協助處遇經費核銷與成果報告撰寫事宜等，並配合中央與地方政府之相關毒品防制業務（如以實證為基礎的研究報告），提供跨單位／部門處遇之橫向聯繫與溝通。

9　由作者自行彙集目前各戒治所中社工服務內容之規範、人員招募工作內容，及所內社工的實務經驗分享等，整理於本表中。

10《法務部矯正署戒治所組織準則》第 3 條。

(一) 戒治所內的個案工作

除上述法定服務外，社工在個案工作上較常見的議題包括：受戒治人合併有精神疾患、失眠困擾、自殺與自殘意圖、司法案件所衍生的多重法律問題（王思樺，2016；陳玟如，2017）；尤其面臨受戒治人在入所期間發生至親死亡等重大變故時（如父母、配偶、子女），處於被隔離／監禁的受戒治人將有可能萌生自殺意圖或中斷其情緒與生活支持來源，並加深出所後的「想不開」。因此，戒治所社工在面臨合併有多重弱勢處境時，應盡可能提供專業陪伴與即時性評估，並在考量其出所時間下，擬定在所內與出所後的轉銜計畫。最後，在戒治所內執行個案工作時的重要提醒，請見 Box 14-3 至 14-5。

(二) 戒治所內的團體工作

在戒治所內提供的團體工作，除了依法在各階段提供大班授課外，仍可結合民間資源，提供創新型的團體輔導服務。以新店戒治所的服務經驗為例，該所提供的特殊團體，包括結合中國氣功與正向心理學應用的笑笑功班，或結合書法、心靈雞湯、生命教育等宗教戒毒班（含佛教、基督教、天主教等）（張伯宏，2014）。顯見，在戒治所內的團體工作，在符合戒治所管理規範下，仍能有部分彈性提供給戒治所內專業工作人員，結合民間團體的力量，提供多元的團體工作內容。

14.3 毒品戒治人出所準備計畫

誠如本章一開始提及行政院自 2017 年起推動的「新世代反毒策略」，強調對吸毒者以「採取一人一案方式，強化染毒者的戒毒專案輔導及轉介追蹤等連續性工作。」因此，對戒治所社工來說，除需持續執行原本戒治所內對受戒治人的出所服務外，還需兼顧現有政策之方向。本節將簡述「新世代反毒策略」推動前、後對出所準備計畫的影響，以及戒治所社工在執行時應了解之法規依據與資訊。

BOX 14-3

對個案工作的重要提醒

1. **合併有精神疾患**：評估過去病史與治療狀況，以及所內是否存有誘發疾病生活因子（如舍房同儕互動關係、所內口語與非口語之不當對待等）。
2. **合併有失眠困擾**：適時評估藥物輔助的必要性，並提供藥物衛教與情緒支持。
3. **合併有自殺與自殘意圖**：評估是否有所內不當對待、適應不良、疾病干擾等。
4. **合併司法案件**：除提供法律諮詢與資源外，應同時評估可負擔之經濟能力。
5. **親人離世**：提供悲傷輔導，協助申請返家奔喪或與其家人協商家事之處理。

BOX 14-4

在戒治所中，碰到攜帶未滿 3 歲子女入所服務的女性受戒治人時，我該提供什麼樣的服務？

合適回應

基於《戒治處分執行條例》第 6 條「女性受戒治人得請求攜帶未滿 3 歲子女入所」，因此社工需先同理這些女性受戒治人做出此選擇，其必然是缺乏某程度的家庭支持與社區資源，因此應在充分了解此前提下，提供這些女性育嬰／兒之親職照顧服務與資訊，以及提供適當的育兒資源（例如尿布、奶粉、清潔用品等），由於所內的受戒治人通常需要配合所方的課程與輔導，但對於這些女性來說，會因需要照顧嬰幼兒而無法配合，此時社工便需要即時發現這些女性受戒治人與其嬰幼兒的需求，提供適切與具彈性的輔導服務。

BOX 14-5

在戒治所中，碰到有法定傳染疾病（如 HIV）但無群聚感染之虞的受戒治人時，我該提供什麼樣的服務？

舉例

以愛滋感染之受戒治人為例，若受戒治人已開始接受愛滋治療，則需注意保持服藥的穩定與不中斷；又以 C 型肝炎為例，則需協助其接受定期檢查，以免因惡化而導致肝硬化或肝癌。

簡而言之，在戒治所遇到有法定傳染疾病但已無群聚感染之虞者時，提供適切之醫療與社會資源則有相當必要。

一、受戒治人出所後社工服務事項

戒治所對受戒治人的出所服務與計畫，**主要依據《戒治處分執行條例》中第四章出所（第 25 至 30 條）辦理**，與戒治所內社工服務事項之對照整理，可見表 14-2。從表中的規定事項可知，雖依法掌理事項僅以「**出所後之聯繫等社會工作事項**」描述，然實際執行上已涵蓋需提供受戒治人出所後的居住安排、就業輔導、職業訓練、旅費資助、關懷服務、社會福利資源諮詢與轉介等服務。

▼表 14-2　戒治所內「依法掌理事項」與「出所社工服務事項」對照表 [11]

依法掌理事項 [12]	受戒治人出所後，社工服務事項
第二項 受戒治人之入所調查、家庭與社會關係評估、處理、社會資源運用及出所後之聯繫等社會工作事項。	1. **轉介中途之家或民間戒毒機構**：當受戒治人擔心出所後回到原本的生活環境並再度使用毒品、或因出所後面臨無家可歸之窘境時，社工可於提供安置需求之出所準備評估與計畫。 2. **轉介更生保護會**：當受戒治人出所後有就業輔導、技能訓練、旅費資助及創業貸款等需求時，則可轉介各地財團法人臺灣更生保護會。 3. **出所後追蹤關懷**：受戒治人於出所後，**須提供為期半年之追蹤服務**，包括電話關懷與追蹤，並視其生活與戒癮之需要，提供適切之福利諮詢與轉介服務。

二、受戒治人出所準備計畫與評估

基於對毒品議題的重視，2017 年「新世代反毒策略」五大主軸中的「戒毒處遇：多元、具實證且連續之處遇服務」（行政院，2017b），即包含：

（一）**提升藥（毒）癮治療處遇涵蓋率。**

（二）**建置北中南東四個整合性毒藥癮醫療示範中心。**

---

11 同註 8。

12 同註 9。

（三）**增設治療性社區與中途之家。**

（四）**推動美沙冬替代治療跨區給藥服務及強化偏鄉替代治療可近性。**

（五）**建立以家庭為中心之家庭支持服務，促進藥癮者重返家庭。**

（六）**連結網絡資源加強就業準備，以一案到底服務促進就業。**

（七）**將地方毒防中心主政機關由法務部改為衛福部，深化地方毒防中心的醫療戒治與輔導功能。**

（八）**評估法務部矯正署戒治所轉型及建置以醫療及復歸社會服務為核心，戒護為輔的戒治模式。**

承上，有鑑於世界衛生組織在 1948 年提出全人健康復元定義：「不在於疾病或羸弱的消除，而是在生理、心理、社會呈現完全健康狀態」（黃耀興，2013）；且從精神障礙者的復元經驗則可知，無論精神症狀或疾病限制是否仍在，復元的重要內涵在於能克服並開展真實的生活，因此復元不僅是包含過程與結果的全觀概念，且過程要素還包含：希望的萌生、接受障礙和控制症狀、能夠負起處理自己服藥和安康、有效處理障礙、發展自我認同、發展新的意義和生活目的感[13]（宋麗玉、施教裕、徐淑婷，2009）；而 Wand（2015）同樣強調討論心理健康障礙者復元的核心價值，在於關注這群人的復原力（resilience）與生活福祉（wellness），而非止於風險（risk）與疾病（illness）的修復。

因此，作者強力建議毒品受戒治人出所準備計畫的擬定，應以「**協助個人穩定復元（含復原力與生活福祉），並降低復元障礙**」為目標，且不將這群人

---

13 此定義出自宋麗玉、施教裕、徐淑婷（2009：31）整理自 Andersen、Oades 與 Caputi（2003）；Anthony 等（2002）；Jenkins 與 Carpenter-Song（2006）；Kelly 與 Gamble（2005）；Markowitz（2001）；Spaniol、Wewiorski、Gagne 與 Anthony（2002）；Turner-Crowson 與 Wallcraft（2002）等人之文獻。Mitchell 在 2001 年提出「復元是一個重新發現自己（self-discovery）的歷程，改變是個人主觀的定義，且認為每個人因其生活經驗和生物組成皆有不同的復元之道」，而 Schiff 在 2003 年則認為「復元對個人而言，是在世界上及與他人在一起時感到平靜、快樂、舒坦、並且對未來抱持希望。它涉及運用過去負面的經驗使自己成為一個更好的人；它意味者不害怕自己是誰、也不害怕自己的感受，且既能在生活中接受正向的風險，亦不害怕活在現在，並能坦然面對」。

的復元計畫，限縮在解除生理的戒斷症狀、復發與再犯預防、減少傷害、完全戒癮的風險管理與症狀控制，而是將復元的核心放在幫助受戒治人能在出所後，有「**追求內在與社會生活自主性**」[14]之能力。因此，基於上述原則，戒治所社工應在受戒治人出所前，進行以下幾點之出所計畫評估：

（一）**穩定居住處所與職涯發展計畫之評估。**

（二）**提供「以家庭為中心之家庭支持服務」之住所轉銜服務。**

（三）**協助受戒治人順利銜接毒防中心，並由毒防中心提供重返社區之受戒治人友善且即時的追蹤輔導與資源轉介服務。**

簡而言之，戒治所社工應在已知現行毒品政策之方向下，對受戒治人提供並執行出所準備計畫，並於其在所期間，便基於這些人的需求，與相關單位發展及建立緊密的合作，以利擬訂其出所計畫，並落實出所後各項需求，降低他們社會適應不良的再發生，並增強穩定復元的動機。

14.4 毒品戒治人社區復歸之處遇系統及社會資源

一、毒品戒治人社區復歸之處遇系統

隨著《毒品危害防制條例》的多次修正，自 2006 年起，全臺各縣市陸續成立毒防中心，試圖透過整合社政、教育、醫療、勞政、警政及司法保護等部門，提供有毒品困擾的民眾相關協助與服務。在理想上，毒防中心應提供的相關服務，包括：對吸毒者提供電話諮詢、心理支持與協助、法律諮詢、轉介醫

14 此概念引自宋麗玉、施教裕、徐淑婷（2009）提出 Song 和 Shih 認為自主性概念又可區分為「獨立」（independence）和「技能」（competence），前者意指個人知道有選擇並能自己做決定，後者意指在人群中生活的自我效能感、自我照顧和照顧他人的能力，以及因應生活狀況的能力。

療或民間團體戒毒、就業協助、社會福利補助、愛滋病篩檢、參與「毒品減害計畫」等服務，以及提供用藥者家庭支持服務方案等。可惜的是，在縣市資源分配不均、各中心人力流動頻繁、新興毒品變化快速，加上過往毒防中心多需投入大量人力與行政成本辦理毒品講習及社區犯罪預防活動，降低了對前受戒治人提供直接服務的能量。

為彌補過去毒防中心面對社區毒品施用者（含毒品更生人、前受戒治人、前受觀察勒戒人，與社區中接受毒品講習之三、四級毒品施用者）之服務量能不足，在 2017 年「新世代反毒策略」的推動下，新增不少社區相關資源，並根據相關法規逐步建立各部門之評估標準與轉介流程（包括社政、教育、醫療、勞政、警政及司法保護等）。因此，對戒治所社工而言，在已有完整的受戒治人出所準備計畫與其需求評估下，則建議參考圖 14-1，並結合已有合作之民間團體／單位，在受戒治人同意被服務的狀況下，與這些單位建立資料雙向流通的機制，提升轉介成功率。

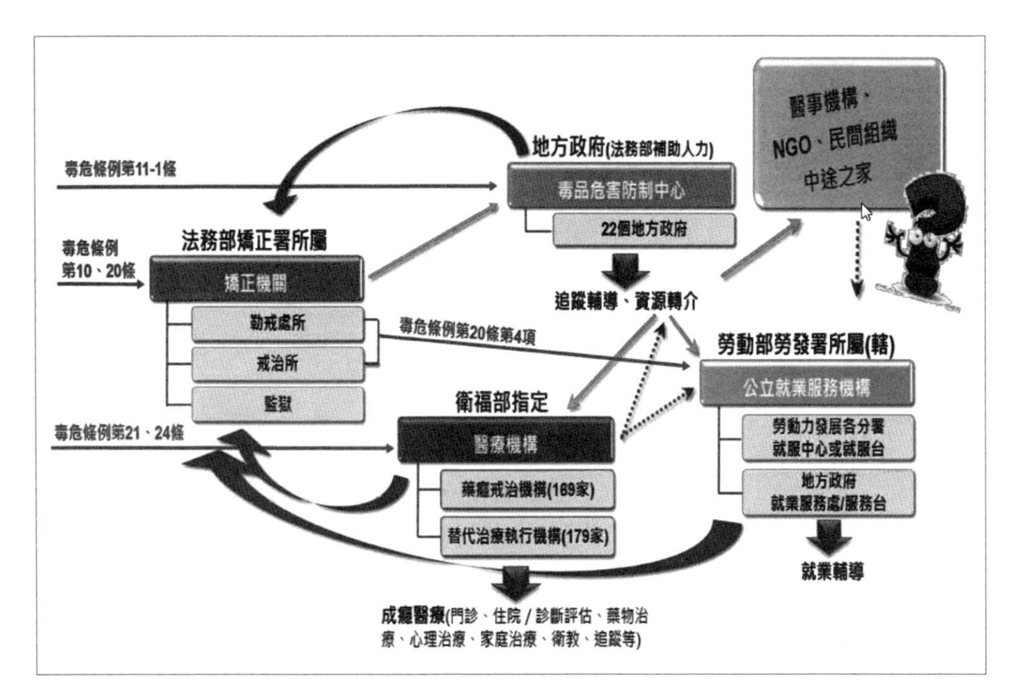

圖 14-1　現行毒品施用者處遇或服務機構

資料來源：行政院（2017c）。

從圖 14-1 可知，毒品戒治人社區復歸之公私協力處遇系統，是一個多單位且多軌的跨部門整合與服務提供；又基於建置整合性藥癮醫療示範中心，發展轉診與分流處遇系統是「新世代反毒策略」的推動重點，其功能與處遇系統理想上之規劃如圖 14-2。然，基於這些藥癮醫療示範中心多由過往衛生福利部指定戒癮醫療院所、或民間戒癮單位承接，因此現階段仍是屬於發展性計畫方案，若讀者想要有最新現況的了解，則建議前往衛生福利部／心口司／成癮治療／藥癮業務／藥癮戒治專區，下載當年度最新之「藥癮治療性社區服務模式多元發展計畫」之受補助單位清單[15]。

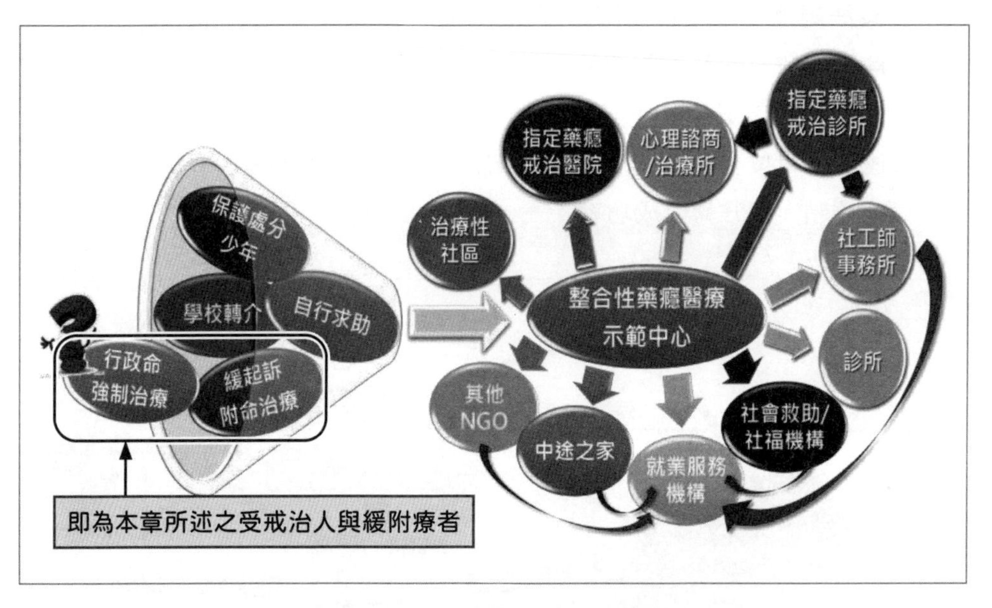

圖 14-2　整合性藥癮醫療示範中心

資料來源：行政院（2017c）。

15 108-110 年度「藥癮治療性社區服務模式多元發展計畫」，取自：https://dep.mohw.gov.tw/DOMHAOH/lp-4097-107.html（上網日期：2021 年 1 月 3 日）。

二、社會資源

呈上，從圖 14-1 與圖 14-2 可知，每一個服務系統與轉介流程的建置，多建立在這些人主述需求與其法源依據（或法定政策）之下，然而過往文獻也指出，「復發」僅是象徵個人社會適應不良的副產品，並非人自願性的失序（Khantzian, 2008; Laudet & White, 2010；陳玟如，2018）。如同作者之前所述，對於戒治所社工來說，協助毒品受戒治人出所發展出「追求內在與社會生活自主性」的適應力，較符合社工助人專業的核心精神。

因此，儘管伴隨「新世代反毒策略」的推動，目前許多新興之資源仍多以「戒癮」為目標；然而最挑戰過往實務經驗的是，究竟個人要承諾戒癮（或已經被評估戒癮）後，才能獲得社會資源／支持？亦或者是，個人在有了充分的社會資源／支持，才能產生持續維持停用藥物／毒品的動機與能力？社工提供轉介服務時，是在滿足這些人的主述需求，或是在反映系統有在運作的需要（依法轉介），或僅在滿足社會期待？對這些問題的思考與價值觀，均將大大影響實務社工運用社會資源的關鍵。若助人者在運用社會資源時，能謹慎評估服務對象的需求強度、使用能力、社會資源對這群人的友善與接納程度，並同時評估社會資源對需求滿足程度及與服務對象能彼此信任下，將能使社會資源的介入不至成為服務對象的負擔（Laudet & White, 2008），且亦能達成工作者轉介社會資源之目的。

BOX 14-6

運用社會資源的重要提醒：參考 Bradshaw 在 1972 年對需求區分的四個面向

1. **規範性需求**：為由專家或學者所界定，或者因個人某些狀況低於政府機關所推定的情況，因此有需要予以補救者（舉例：指定戒癮醫療資源、毒品講習、觸法後的強制戒治治療、緩起訴；收入低於法定貧窮線；家庭暴力資源的引進；自殺通報等）。
2. **感覺性需求**：個人對於某種問題或狀況，產生欲望或想望，類似於經濟學中的「需求」（want）；這種需求是完全依據個人的感覺與標準所訂定的，因此多因人而異（舉例：前受戒治人想找工作、想再施用毒品、有持續戒癮意圖、想修復家庭關係、有憂鬱與自殺意圖、出現合併精神疾患的症狀、有入不敷出的經濟困境……）。

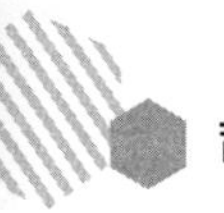

3. **表達性需求**：即將感覺性需求明確轉化為行動或發聲要求，即等於經濟學中所謂的「需要」（need）（舉例：前受戒治人有其職業能力，但適逢失業；提出急難救助、租屋補助、托育服務、一般疾病或精神疾患之醫療需求、安置服務等申請）。
4. **比較性需求**：隱含不平等的意義，指個人的狀況明顯低於某一個比較團體內的個人平均狀況，因而被期待應比照類似的對待；相當於社會學中的相對剝奪概念（舉例：申請身障補助、醫療服務、安置服務、長期照顧補助、特殊境遇補助等福利服務時，較一般人申請時間長，或需要提出尿檢證明等，才能獲得該福利）。

最後，有鑑於社會資源的提供牽涉本國毒品政策的高變動性，以及服務對象的多元需求，作者對於受戒治人社區復歸後的社會資源整理，難以逐一列出，僅能根據實務上面對毒品戒治人社區復歸後，常用之社會資源供參，詳見表 14-3。

▼表 14-3　毒品戒治人社區復歸之社會資源

類型	檢索／查詢名稱		資料來源與下載
就醫	一般醫療	個人保費欠費查詢	https://www.nhi.gov.tw/Content_List.aspx?n=1E5CD08503EA34EE&topn=5FE8C9FEAE863B46
	戒癮醫療	藥癮治療費用補助方案	https://dep.mohw.gov.tw/DOMHAOH/cp-4097-50627-107.html
		指定藥癮戒治機構及替代治療執行機構名單	https://dep.mohw.gov.tw/DOMHAOH/cp-4097-43398-107.html
		美沙冬跨區給藥服務機構清單	https://dep.mohw.gov.tw/DOMHAOH/cp-4097-47330-107.html
就養	1957 福利諮詢專線		https://1957.mohw.gov.tw/ （每日 08：00~22：00）
	全國身心障礙服務／福利科聯絡資訊一覽表		https://www.sfaa.gov.tw/SFAA/Pages/Detail.aspx?nodeid=1205&pid=9526
	113 保護專線		http://dep.mohw.gov.tw/dops/cp-1183-6499-105.html （24 小時免付費專線 113）

（續上表）

類型	檢索／查詢名稱	資料來源與下載
就業	就業服務據點	https://www.mol.gov.tw/topic/3075/9681/ （24 小時免付費專線 0800-777-888）
整合性需求	各地毒品危害防制中心	https://antidrug.moj.gov.tw/lp-33-1.html （24 小時免付費專線 0800-770-885）
	藥癮治療性社區服務模式多元發展計畫	https://dep.mohw.gov.tw/DOMHAOH/lp-4097-107.html
	民間機構（團體）辦理藥、酒癮者復歸社會服務之效能提升計畫補助名單	https://dep.mohw.gov.tw/DOMHAOH/lp-4098-107.html

資料來源：作者自行整理。

問題思考

一、受戒治人出所後，藥癮復發的犯罪預防是社工設定的處遇目標嗎？若否，那麼這群人出所後的處遇目標，應朝什麼方向擬定呢？

二、當受戒治人出所後將面臨居無定所且無家庭支持，是否能延長其受戒治時間？若為了預防這類事情一再發生，社工可以怎麼做？

參考文獻

王思樺（2016）。〈司法體系矯治社會工作〉，收錄於蔡佩真主編，《物質濫用社會工作實務手冊》（頁 169-188）。高雄：巨流。

行政院（2017a）。「推動新世代反毒策略林揆：以人為中心追緝毒品源頭以量為目標消弭毒品存在」106 年 5 月 11 日新聞稿，取自：https://www.ey.gov.tw/Page/9277F759E41CCD91/1ffea7e1-0d20-455d-ac0c-cd348c04499e（上網日期：2020 年 12 月 26 日）。

行政院（2017b）。新世代反毒策略行動綱領（核定本），取自：httpss://www.ey.gov.tw/Page/5A8A0CB5B41DA11E/47bbd6cf-5762-4a63-a308-b810e84712ce

行政院（2017c）。新世代反毒策略（簡報），取自：httpss://www.ey.gov.tw/Page/5A8A0CB5B41DA11E/47bbd6cf-5762-4a63-a308-b810e84712ce

宋麗玉、施教裕、徐淑婷（2009）。《優勢觀點與精神障礙者之復元：駱駝進帳與螺旋上升》。臺北：洪葉文化。

林健陽、陳玉書、張智雄、呂豐足、林澤聰、王秋惠、柯雨瑞（2007）。《95 年度除刑化毒品政策之檢討 —— 論我國毒品犯罪之戒治成效》。臺北：法務部委託研究案。

張伯宏、郭文正、鄭安凱（2008）。〈藥癮者復發風險預測之實證研究〉，《犯罪與刑事司法研究》，11，133-167。doi：10.29861/CCJI.200810.0005

張伯宏（2014）。我國毒品戒治政策之探討。中華民國犯罪矯正協會，柏宏文集，取自：https://www.corrections-cca.org.tw/index.php?do=publications_detail&id=14697

陳妙平（2009）。〈矯治社會工作之起源與發展〉，《社區發展季刊》，128，205-207。

陳玟如（2018）。〈尋找復元的可能 - 毒品使用者復元資本、復元障礙與復元關係之研究〉。國立臺灣大學社會工作學研究所博士論文，臺北。取自：https://hdl.handle.net/11296/99zdh6

陳玟如、鄭麗珍（2017）。〈飲鴆止渴的病人：徘徊於正規醫療與自助醫療的毒品使用者〉，《臺大社會工作學刊》，35，47-92。doi：10.6171/ntuswr2017.35.02

黃耀興（2013）。〈海洛因使用者相關心理社會復原指標之改變－治療性社區與美沙冬替代療法之比較〉。國立彰化師範大學復健諮商研究所碩士論文，彰化。取自：https://hdl.handle.net/11296/63s687

蔡木田、謝文彥、林安倫、連鴻榮（2019）。〈毒品防制及戒治成效評估之研究〉，《矯正期刊》，8（2），5-43。doi：10.6905/JC.201905_8(2).0001

Khantzian, E. J. A. M. J. (2008). *Understanding Addiction as Self Medication: Finding Hope Behind the Pain* (1 ed.). Rowman & Littlefield Publishers.

Laudet, A. B. & White, W. (2010). What are your priorities right now? Identifying service needs across recovery stages to inform service development. *Journal of Substance Abuse Treatment, 38*(1), 51-59. doi: 10.1016/j.jsat.2009.06.003

Laudet, A. B. & White, W. (2008). Recovery capital as prospective predictor of sustained recovery, life satisfaction, and stress among former poly-substance users. *Substance Use & Misuse, 43*(1), 27-54. doi: 10.1080/10826080701681473

Wand, T. (2015). Recovery is about a focus on resilience and wellness, not a fixation with risk and illness. *Australian and New Zealand Journal of Psychiatry, 49*(12), 1083-1084. doi: 10.1177/0004867415614107

CHAPTER 15

少年曝險與觸法之司法處遇

本章重點

» 了解我國處理有觸法行為或曝險事由之少年的相關法規。

» 了解我國《少年事件處理法》及少年法院相關規範。

» 了解我國對曝險及觸法少年之處遇與網絡合作內容。

我國為處理有觸法行為或曝險事由之少年，特別制訂《少年事件處理法》，並設置獨立的少年法院，配置少年法官、少年調查官、少年保護官、心理測驗員及心理輔導員等專業人員，符合《兒童權利公約》對於少年司法之要求。少年法院處理少年事件時，以「保障少年健全之自我成長」為目的，對於 12 歲以上 18 歲未滿之少年，為判斷觸法事實（曝險事由）及需保護性之有無，而進行調查、審理程序。其中，對於少年處遇選擇最為重要的判斷基準 ——「需保護性」，係以少年調查官製作之社會調查報告作為重要參考資料。對於同一事件中的數位少年，雖然做同樣的觸法行為，但少年法院給予的處遇卻可能都不相同，其原因即在於個別少年之需保護性不同。而在少年法院處理少年事件過程中，由於少年行為成因不同，為矯正其性格、調整環境所需之資源即有不同，在 2019 年《少年事件處理法》修正後，少年法院與相關機關得依《少年法院與相關機關處理少年事件聯繫辦法》進行連結、資源整合，共同為司法少年尋求符合兒童最佳利益原則之處遇。

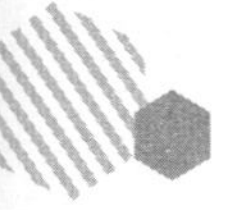

15.1《少年事件處理法》的目的與原則

一、立法目的

《少年事件處理法》（簡稱《少事法》）第 1 條明確規定了立法目的，亦即「保障少年健全之自我成長」、「調整其成長環境」與「矯治其性格」。本條所揭示的「保障少年健全之自我成長」可以說是貫穿整部《少事法》的重要原則，不僅適用於少年保護事件之處理，同樣也適用於少年刑事案件。因此，不論法官在調查審理階段考量應該選擇保護處分或刑罰來處遇少年，或者選擇是否開始審理、以何種保護處分才符合少年需求，或者法官及少年保護官在保護處分執行階段，評估保護處分的內容如何因應少年的個別情形而具體化，決定保護處分是否已達可以終結的時點（例如保護管束或安置輔導處分之提早免除）等情形，均以「保障少年健全之自我成長」作為判斷之標準。

「保障少年健全之自我成長」同時也清楚表達《少事法》並非以處罰少年「過去」所為的觸犯刑罰法律行為（簡稱觸法行為）為目的，而是以調整成長環境、矯治性格為方式，預防少年「將來」不再有觸法行為為目的。因此，依據《少事法》所進行的程序，可稱為「少年保護程序」。

《少事法》以「保障少年健全之自我成長」作為立法目的，其原因主要在於少年相對於成人而言，具有高度的可塑性，如經適當之處遇，其成為健全社會人的可能性很高，相較於單純課以刑罰制裁，《少事法》的處遇方式對於少年或社會而言都更為有利（川出敏裕，2015）。

二、少年事件處理法之原則

《少事法》1997 年修正時主要依據下列五項原則（李茂生，1995）：

(一) 保護優先原則

透過保護優先於處罰的宣言，統籌了司法與福祉的兩大機能。《少事法》中的許多概念以及細部制度都可謂是由此原則延伸而出，例如審理前調查，司法性質的審理過程中所必須的福祉性處遇機能（司法處遇，換言之，於審理過程中即已進行保護處遇，典型的制度為試驗觀察），考慮是否將少年移送刑事程序時的高臨界點（不輕易將少年移送刑事程序）等。

(二) 全件（全部案件）移送原則

所有的少年犯罪事件（包括曝險行為事件）均應移送少年法院處理，排除所有其他司法或行政機關對犯罪少年的管轄權（除非經過少年法院的同意）。因為犯罪少年因其犯罪情事而受國家權力機關拘束，雖然該拘束是以保護為特色，但終究是強制性保護，所以不得讓行政機關任意決定、執行；再者，鑑諸社會對犯罪事件的強烈制裁反應，若委諸一般司法機關處理少年犯罪事件，則可能會產生犧牲少年的健全成長發達權而向社會上的嚴罰妥協的現象。而採取全件移送原則，不論事件輕微與否，讓少年事件均先移送由少年法院管轄，以判斷對於少年應採取保護處分與否，亦為確保保護優先原則之前提（裁判所職員総合研修所，2018）。

(三) 檢察官先議權禁止原則

檢察官（包含司法警察等）並無權限於少年法院逆送前，先行議定是否應將少年事件以刑事程序加以處理，檢察官僅能於少年法院將事件逆向移送至刑事程序後，始能就少年事件展開刑事活動。

(四) 保護程序二分原則

少年保護事件之程序形式上可分成「判定事實」與「需保護程度」等兩個先後的程序。如觸法事實或曝險事由不存在，則少年法院即應停止程序，以避免社會防衛機能脫韁；而少年如不具需保護性，則保護程序亦應停止，將事件移送至其他適當的國家社會機關，或交還親權人等，防止個案工作機能的過度膨脹。實質上，為防止以有觸法事實或曝險事由存在即推定少年具需保護性，對於應否給予少年處遇或給予何種處遇之判斷基準必須以少年健全成長發達權的保障為依歸，而非以觸法事實或曝險事由是否存在為基準。

(五) 無罪推定與自由推定原則

在少年事件中，亦適用「無罪推定原則」。亦即，未經證明有罪確定前，應推定其為無罪；犯罪事實應依證據認定之，無證據不得認定犯罪事實。「自由推定原則」係指少年雖有觸法事實（曝險行為），但以少年為核心的同心圓，其第一圈保護者（親權與教育權）功能完備時，應實質上認定不需由少年司法介入，依《少事法》第 28 條第 1 項為不付審理之裁定，使少年不受少年司法拘束。

我國自 2014 年 11 月 20 日《兒童權利公約施行法》生效施行後，《兒童權利公約》即內國法化，也就是《兒童權利公約》所揭示保障及促進兒童及少年權利之規定，具有國內法律之效力（《兒童權利公約施行法》第 2 條）。因此，有關聯合國兒童權利委員會所提出解釋《兒童權利公約》的四項指導原則，也屬於適用、解釋《少事法》時應遵守的原則（《兒童權利公約施行法》第 9 條），四項倡導原則如下：

1. **禁止歧視原則（第 2 條）。**
2. **兒童最佳利益原則（第 3 條第 1 項）。**
3. **兒童之生存及發展權（第 6 條）。**
4. **兒童得表示意見且該意見應獲得考量的權利（第 12 條）。**

三、《少事法》係為少年特別設置之法律

少年有觸法行為時是否應與成人適用相同程序，或應制訂適合少年之特別程序，對於此一問題，《兒童權利公約》第 40 條第 3 項規定：「締約國對於被指稱、指控或確認為觸犯刑事法律之兒童，應特別設置適用之法律、程序、機關與機構。」而我國《少事法》自 1971 年制訂以來，基本上從少年具有可塑性、宜教不宜罰等觀點，認為少年與成人不同，因此少年事件之處理程序即與成年人所適用之《刑事訴訟法》有相當之不同。

舉例而言，《刑事訴訟法》的構造係由法院、檢察官與被告三方構成。檢察官作為國家公權力之代表，負有起訴之權責，針對國家對被告可否以刑罰處

罰，有舉證之責任；法院則係基於裁判者的角色，依據檢察官及被告（包括被告所選任的辯護人——律師）對於犯罪事實攻防的結果，認定被告有無犯罪，並在有罪之前提下決定刑罰的種類與輕重。從法院審判的時間點來看，在刑事訴訟中，係以確認被告「過去的行為」是否存在、是否構成犯罪為目的而進行。而在少年保護事件程序，僅有法院與少年，而沒有檢察官的角色。因此，對於少年是否有觸法的行為，除依據移送少年事件之機關調查所得之證據判斷外，法院負有必要時在合理範圍內依職權調查證據的責任，並在確認少年有觸法行為的前提下，決定對少年適當的處遇。不同於刑事訴訟，從法院審理的時間點來看，在少年保護事件中，除了確認少年「過去的行為」是否存在、是否觸犯刑罰法律以外，更加重要的目的係著眼於「少年的將來性」（李茂生，2018a），亦即「少年健全之自我成長」。

再者，由於少年身心未臻成熟，為協助少年能理解少年法院程序、充分表達意見，同時貫徹少年司法同心圓之理念，因此在少年事件程序中，少年的法定代理人（一般而言是少年的父母，在父母不能行使親權的案例中，則可能是少年的祖父母或者其他行使親權人）、現在保護少年之人（例如少年工作場所的雇主、就讀學校的老師），也是程序中重要的參與者。這與刑事訴訟程序中，僅在特殊情形才一定要求輔佐人參與（例如，《刑事訴訟法》第 35 條第 3 項，在被告因精神障礙無法為完全陳述的情形），存在明顯不同。

15.2 少年法院的設立、組織、編制與分工

一、少年法院之設立

1997 年《少事法》修正時，為我國設立獨立的專業少年法院制訂了法源依據。依據《少事法》第 5 條：「直轄市設少年法院，其他縣（市）得視其地理環境及案件多寡分別設少年法院。」

設立少年法院的理念，在於以特別規劃的審理制度及具備專業背景或經專業培訓的法官為核心，配置各種專業的人員以為協助，並結合社會工作、心

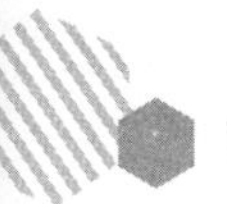

理、輔導、調解、精神醫學等領域的專家、行政部門及社會資源，祈能以全方位的處理方式，徹底解決少年非行問題（臺灣高雄少年及家事法院，2021）。

為何僅在直轄市設置？立法說明係「為免浪費司法資源，宜採試行方式設『少年法院』以利累積經驗，並觀後效，故規定於直轄市先行設少年法院。另為保持彈性以應實際需要，對於其他縣市部分則規定得視地理環境及案件多寡，分別設少年法院。」而依據上開規定，於 1999 年 9 月 15 日，在當時唯二的直轄市之一 —— 高雄市，設置臺灣高雄少年法院。

其後於 2002 年 6 月 1 日，司法院依據《少年及家事法院組織法》，將原屬於臺灣高雄地方法院之家事法庭，併入臺灣高雄少年法院，而成立臺灣高雄少年及家事法院。立法通過時，立法院雖同時通過附帶決議要求司法院五年內在北、中、南、東各設立一個少年及家事法院，但迄今（2021 年）為止，由於各種因素考量，臺灣高雄少年及家事法院仍是我國唯一的少年及家事法院。

二、少年法院之組織與編制

依照《少年及家事法院組織法》第二章之規定，少年法院（因本文係以少年及家事法院處理少年事件之部分為介紹，故以下仍均簡稱「少年法院」）係由院長綜理全院之行政事務；審判方面，少年法庭得分設保護庭（處理少年保護事件）、刑事庭（處理少年刑事案件），負責所有少年審判事務；行政方面，少年法院設有書記處、人事室、會計室、統計室、政風室、資訊室等，負責全院的行政相關事務，以支援審判業務。有關少年法院之組織架構，可以參考圖 15-1（臺灣高雄少年及家事法院，2021）。

三、少年法院之分工

由於處理少年事件之法官需對少年事件的特性具有相當專業，因此少年法院之法官，應由司法院遴選具有處理少年業務之學識、經驗及熱忱者任用之（《少年及家事法院組織法》第 20 條）。即使在普通法院，少年法庭的法官，依據《各級法院法官辦理案件年度司法事務分配辦法》第 5 條的規定，通常也是由依據「司法院核發專業法官證明書審查要點」取得少年專業法官證明書的

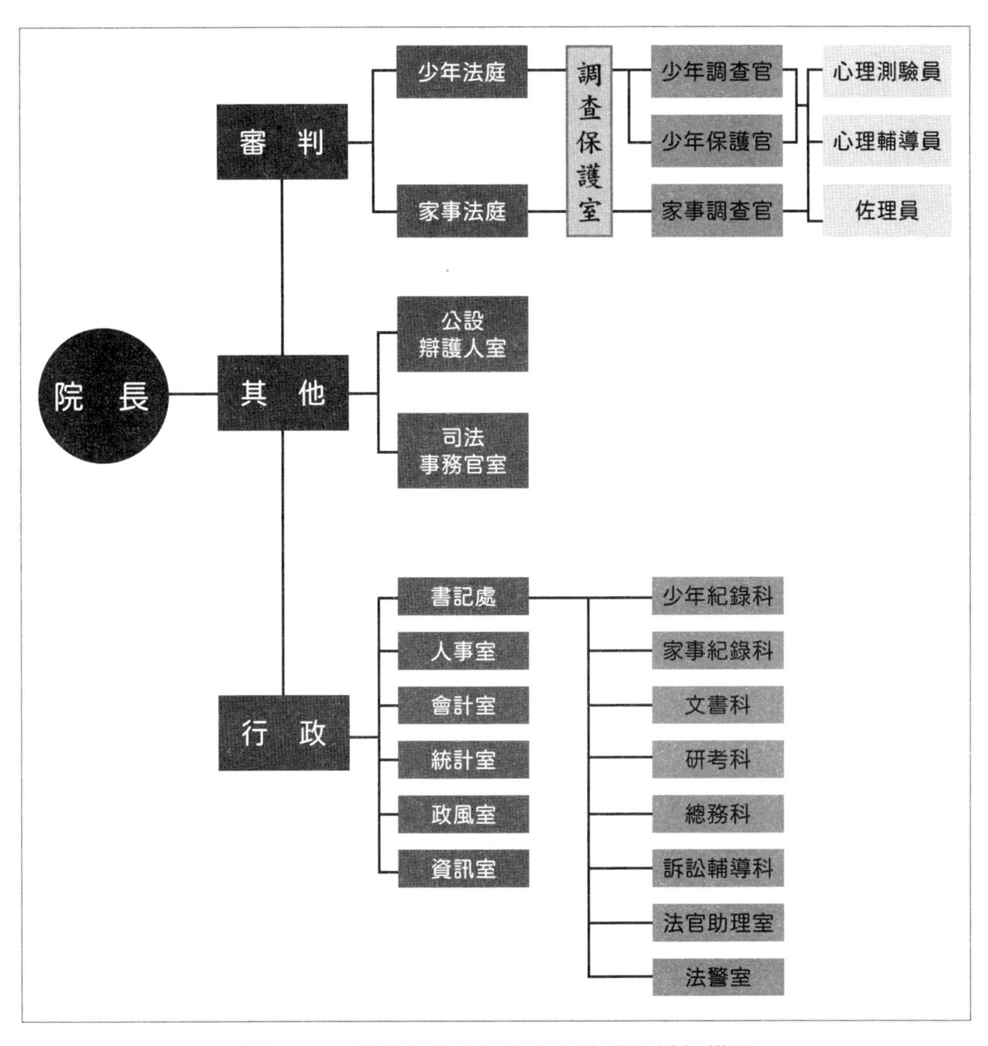

圖 15-1　臺灣高雄少年及家事法院組織架構圖

法官優先承辦。再者，依《少事法》第 64 條以下之規定，對於少年法院（地方法院少年法庭）所為裁定得抗告至高等法院或其分院。為保護少年，高等法院及其分院設置少年專業法庭，俾能專人專才處理少年事件，以符合立法之精神（《少事法》第 5 條第 3 項）。

另外，少年事件之處理，除少年法官外，各種專業人員亦是少年司法團隊不可或缺的部分，因此，少年法院中設置有調查保護室、少年調查官、少年保護官、心理測驗員、心理輔導員及佐理員，得對少年進行審前社會調查、心理

測驗、輔導及執行保護處分等處遇；公設辯護人室有公設辯護人擔任少年保護事件之輔佐人，以保障少年之權益（《少事法》第 5-1 條、《少年及家事法院組織法》第 11 條、第 13 條）。

在分工上，少年調查官主要負責調查、蒐集關於少年事件之資料，及對於責付、收容少年之調查、輔導事項；少年保護官則負責掌理由少年保護官執行之保護處分（《少年及家事法院組織法》第 26 條）。心理測驗員執行對所交付之個案進行心理測驗、解釋及分析，並製作書面報告等事項；心理輔導員負責對所交付之個案進行心理輔導、轉介心理諮商或治療之先期評估，並製作書面報告等事項（《少年及家事法院組織法》第 28 條、第 29 條）。

15.3 《少年事件處理法》適用對象與處理範圍

一、適用對象

依《少事法》第 2 條之規定，所謂「少年」是指 12 歲以上 18 歲未滿之人。在此年齡的計算，是以「行為時」為基準時。亦即，決定是否屬於《少事法》適用對象的少年，是以觸法行為發生時為準，行為後即使行為人已經年滿 18 歲，也不會因此改變行為人在「行為時」為少年而適用《少事法》的結果。舉例來說，小華在竊盜的時候是 16 歲，由於沒有當場被抓到，案件直到小華 19 歲另外因為搶奪案件被警察查獲時，才發現小華 16 歲曾經竊盜他人財物。警察處理該竊盜案時，仍應適用《少事法》將小華移送少年法院，而非如成人一般依據《刑事訴訟法》將小華移送檢察署。

二、處理範圍

從事件內容而言，《少事法》處理之事件範圍包括少年有「觸犯刑罰法律之行為」（即觸法行為），以及少年「有無正當理由經常攜帶危險器械」，或「有施用毒品或迷幻物品之行為而尚未觸犯刑罰法律」，或者「有預備犯罪或犯罪未遂而為法所不罰之行為」，經少年法院認為有保障其健全自我成長之必要者（即曝險行為）。

所謂「觸犯刑罰法律之行為」，是指該行為觸犯普通刑法、特別刑法或其他有刑罰效果的法律。換言之，該法律之效果如包括死刑、無期徒刑、有期徒刑、拘役或罰金均屬之（《刑法》第 32 條、第 33 條）。例如，竊盜罪的法定刑為「五年以下有期徒刑、拘役或五十萬元以下罰金」，如行為構成竊盜罪，其法律效果即包括有期徒刑、拘役或罰金，該竊盜行為即是觸犯刑罰法律的行為。又例如以重製之方法侵害他人之著作財產權（例如盜版行為），《著作權法》第 91 條規定的法律效果為「三年以下有期徒刑、拘役，或科或併科新臺幣七十五萬元以下罰金」，該盜版行為即屬於觸犯刑罰法律之行為。

曝險行為並非《少事法》正式用語，係源自 2019 年《少事法》第 3 條修正時，立法理由對於有上述經常攜帶危險器械等三種情形之少年，認為「係處於觸犯刑罰法律邊緣而『曝露於危險之中』，對於此等『曝險』少年需要特別的關照與保護」。因此，曝險少年即指有《少事法》第 3 條第 1 項第 2 款所列三種行為之少年，該三種行為有稱之為曝險行為。

上述所謂「危險器械」指《槍砲彈藥刀械管制條例》所定以外之槍砲、彈藥、刀械等危險器械。例如：常見的西瓜刀、水果刀均屬之。

「有施用毒品或迷幻物品之行為而尚未觸犯刑罰法律」係指少年有施用第三級、第四級毒品或吸食強力膠等迷幻物品之行為。至於施用第一級、第二級毒品均屬《毒品危害防制條例》第 10 條規範之行為，符合一定要件時係以刑罰處罰之（例如因為施用安非他命經過觀察、勒戒後，三年內再有施用行為），故不屬於曝險行為，係觸法行為。第三種曝險類型「有預備犯罪或犯罪未遂而為法所不罰之行為」，係指少年有從事某項犯罪的故意，但是行為還在預備的階段，或者已經著手犯罪行為的實行，但沒有發生犯罪的結果（《刑法》第 25 條第 1 項）。例如小華毆打同學手臂一下，同學雖然感到疼痛，卻沒有造成傷勢之情形。由於《刑法》傷害罪並沒有處罰未遂犯之規定（《刑法》第 277 條、第 26 條第 2 項），因此小華動手毆打同學但未造成傷害結果，只能評價為傷害罪之未遂犯，屬於《刑法》不處罰的行為，而符合第三種類型之曝險行為。不過，必須強調的是，並非少年有上列三種曝險行為之一，即屬於《少

事法》要處理的對象，而是必須同時符合「有保障其健全自我成長之必要」之要件才屬之。而「有保障其健全自我成長之必要」，應依少年之性格及成長環境、經常往來對象、參與團體、出入場所、生活作息、家庭功能、就學或就業等一切情狀而為判斷（《少事法》第 3 條第 2 項）。

再者，2023 年 7 月 1 日起，曝險少年均先經過少年輔導委員會施以適當期間之輔導，於少年輔導委員會評估認由少年法院處理，始能保障少年健全之自我成長者，再由少年輔導委員會敘明理由並檢具輔導相關紀錄及有關資料，請求少年法院處理（《少事法》第 18 條第 6 項、第 87 條第 2 項）。亦即，2023 年 7 月 1 日起，曝險少年並非直接送由少年法院處理，將改為行政機關先行輔導，於輔導經評估無成效後，再由少年法院接續處理。

之所以如此變革，係因為「少年如有第 3 條第 1 項第 2 款各目事由時，係處於觸犯刑罰法律邊緣而曝露於危險之中，《兒童權利公約》第 10 號：一般性意見第 16 點明白指出，兒童之『成長環境有可滋生參與犯罪活動的加劇或嚴重風險，顯然不利兒童的最高利益。』第 17 點並藉由引入『聯合國預防少年犯罪準則』（利雅得準則）第 4 點至第 6 點及第 10 點等規定，明確呈現『盡量避免兒童進入少年司法系統』之指導性方針，兒童權利公約第 40 條第 3 項（b）亦揭示司法最後手段原則。故國家對於需要特別關照與保護之曝險少年，應積極制定優先以行政輔導方式為之，不輕易訴諸司法程序之措施，並整合一切相關資源，盡力輔導，以保障其健全之成長與發展。我國目前各直轄市、縣（市）政府設有少年輔導委員會，具輔導少年多年實務經驗，有第 3 條第 1 項第 2 款偏差行為之少年，本屬其輔導對象，由少年輔導委員會先行整合曝險少年所需之福利、教育、心理等相關資源，提供適當期間之輔導，可避免未觸法之曝險少年過早進入司法程序，達成保障少年最佳利益之目的」。

15.4 曝險及觸法少年處遇與網絡合作

一、審前調查（社會調查）

曝險或觸法少年經送由少年法院受理後，少年法院為能充分了解少年與事件有關之行為、品格、經歷、身心狀況、家庭情形、社會環境、教育程度以及其他必要之事項，以利後續決定對於少年之處遇，少年法院會先請少年調查官對於上開事項進行調查。少年調查官分案後，會採取環境調查（例如家庭狀況訪視）、會談調查（例如請少年及家長到法院接受訪談）及函詢調查（例如對於戶籍、學校紀錄或工作狀況，發函予戶政機關、學校或工作地點查詢）等方式進行調查。少年調查官應在指定之期限內完成調查，並對於調查結果向少年法院提出報告並附具對於少年處遇之建議。

少年調查官提出之調查報告及處遇建議，雖然不能採為認定事實之唯一證據（《少事法》第 19 條第 2 項；李茂生，2018），但對於少年之處遇選擇有相當重要之影響，如少年法院不採少年調查官陳述之意見，依法應於裁定中記載不採之理由（《少事法》第 39 條第 2 項）。其理由在於調查報告既係基於少年調查官所為社會調查之結果，而為少年需保護性有無、高低判斷之重要證據，少年法院雖不受調查報告結論之拘束，但不採納時應盡相當之說明義務。2019 年《少事法》修正時，更要求實際進行社會調查少年調查官，除有正當理由外（例如已經遷調其他法院等），應到庭陳述調查及處理之意見，以使少年法院能更充分了解少年相關狀況（《少事法》第 19 條第 3 項）。

二、觸法事實（或曝險事由）及需保護性調查

少年法院受理少年事件後，在調查或審理期間，少年法院於必要時，對於少年得裁定責付於少年之法定代理人、家長、最近親屬、現在保護少年之人或其他適當之機關（構）、團體或個人，並得在事件終結前，交付少年調查官為適當之輔導（《少事法》第 26 條第 1 款）。在調查審理程序終結前，對於責付之少年，之所以先交付少年調查官輔導，係由於「事件之調查、審理常需歷經

冗長時間，少年如有急迫輔導之必要，如少年有自殺傾向、與家人心結甚深等，等到事件終結再介入輔導往往緩不濟急，又如經常逃學、逃家少年，如未予適時輔導，往往責付不久後又逃學逃家，再如在學中之學生經收容後責付，亦可由少年調查官施予復學準備之輔導，故而事件未終結前交由少年調查官進行適當輔導，學理上稱此為『急速輔導』」（臺灣臺南地方法院少年法庭，2021）。

少年法院亦得收容少年於少年觀護所進行身心評估及行為觀察，少年觀護所應依身心評估及行為觀察的結果提供少年法院鑑別報告，作為選擇少年處遇時之參考。

由於對於少年所為收容等拘禁人身自由之處分，應作為最後之手段（《兒童權利公約》第 37 條 b 款），因此收容處分限於少年有「不能責付」或「責付為顯不適當」之情形，且有收容必要時始得為之。而且，收容後，少年、其法定代理人、現在保護少年之人或輔佐人，得隨時向少年法院聲請責付，以停止收容；或於收容之原因消滅時，聲請撤銷收容（《少事法》第 26 條第 2 款但書、第 26 條之 2 第 1 項後段）。

少年法院受理少年事件後，除由少年調查官進行前述社會調查外，對於少年是否確實有觸法或曝險行為存在，係由少年法院進行調查、審理後，依證據調查結果判斷（《少事法》第 37 條）。少年法院調查少年應受保護處分之事實（亦即觸法或曝險行為之事實），與刑事訴訟程序相同，均應嚴守《刑事訴訟法》中之證據法則（李茂生，2018），以保障少年之權利。有關證據調查部分，《少事法》第 24 條明訂於不違反少年保護事件性質之前提下，準用在《刑事訴訟法》關於人證、鑑定、通譯、勘驗、證據保全、搜索及扣押之規定。

相對於事實調查，少年事件中另需調查、確認少年之需保護性。亦即，少年應受保護處分之原因。需保護性作為少年法院選擇處遇的判斷基準，判斷的對象包括「犯罪的危險性」及「保護的契合性」（李茂生，2018）。於需保護性認定時，由於係重視對於少年未來發展的非線性預測以及其現在可能性的確保，因此不應也無法要求法官遵守證據法則（李茂生，2018）。

三、調查審理結果 —— 處遇方式

少年保護事件調查或審理完畢後，少年法院會依少年觸法事實（或曝險事由）有無、需保護性有無及高低等因素分別為不付審理、不付保護處分、轉介輔導裁定、保護處分或移送檢察官依少年刑事案件處理等處遇（《少事法》第28條、第29條及第40條至第42條）。易言之，經調查、審理後，如認為觸法事實（或曝險事由）不存在，例如：相關證據無法證明少年有竊盜的行為，少年法院應裁定不付審理（或不付保護處分）。經調查、審理之結果，如認為確有觸法事實（或曝險事由），少年法院應再審酌少年需保護性之有無、高低，而決定少年應受何種處遇（裁判所職員総合研修所，2018）。

例如：少年甲、乙、丙三人共同竊盜自行車一輛之事實經調查證據後確認無誤，由於少年甲欠缺需保護性（家庭功能得正常發揮，無需由少年司法介入）、少年乙具低度需保護性、少年丙則有高度需保護性，此時少年法院對於少年甲應以不具需保護性為理由裁定不付審理；對於少年乙則得依《少事法》第29條第1項裁定不付審理，轉介教養機構為適當之輔導處分等；對於少年丙則因有高度需保護性，而得依《少事法》第42條第1項裁定保護管束之保護處分等。再者，少年之行為如經少年法院調查後，認定係觸犯最輕本刑五年以上有期徒刑之罪（例如強盜罪），少年法院則應依《少事法》第27條第1項（或第40條）裁定將少年移送檢察署檢察官依少年刑事案件處理。

四、少年司法處遇與資源整合 —— 少年法院與相關機關處理少年事件聯繫辦法

對於觸法或曝險行為之少年，由於需因應少年行為成因選擇不同之處遇方式，而有連結、整合少年所需之福利服務、安置輔導、衛生醫療、就學、職業訓練、就業服務、家庭處遇計畫或其他資源與服務措施之必要，故於2019年《少事法》修正時，同法第86條第3項即授權司法院會同行政院訂定《少年法院與相關機關處理少年事件聯繫辦法》（簡稱《聯繫辦法》）以資因應。其主要架構係依少年事件進行之流程順序進行規範，共分四章、三節，全文共78條。因本文篇幅所限，以下爰介紹《聯繫辦法》之主要重點。

第一章「總則」部分，除規範法令適用依據、用詞定義外，並於第 7 條至第 9 條規範三級聯繫機制，即少年法院依《少事法》第 42 條第 5 項、第 6 項，在個案處理時得徵詢意見或召開協調、諮詢或整合符合少年所需資源與服務措施之相關會議（第一級）。而對於少年法院為落實本於權責所訂定之處理少年事件措施或目標，以及無法經由第 7 條所定之個案聯繫機制解決之事項，則由少年法院與轄區地方政府建立聯繫機制，定期召開處理少年事件之聯繫會議處理（第二級）。再者，對於國家整體少年司法政策方向之擬定及落實、處理少年事件資源之需求、分配與提供，或其他無法依第 8 條地方聯繫會議解決之相關問題，則由司法院及行政院建立正式之院際政策協商平臺，定期協商討論（第三級）。又為因應相關機關處理少年事件如可能發生法律上疑義，《聯繫辦法》亦規定相關機關得請求承辦該案或有管轄權之少年法院解答或指示（《聯繫辦法》第 10 條）。

《聯繫辦法》第二章「少年保護事件」，第一節「報告移送及請求」主要係將現行《少年法院（庭）與司法警察機關處理少年事件聯繫辦法》之規定移列，針對司法警察機關於少年事件繫屬少年法院前，處理少年事件應注意之事項而為規範。第二節「調查及審理」則是規範少年法院處理過程中，有關同行或協尋少年、責付、少年觀護所鑑別、交付觀察、交付安置輔導前之聯繫等事項。第三節「轉介輔導及保護處分之執行」係就少年法院裁定之處遇內容如何執行，以及與相關機關之連結等事項為規定。

第三章「少年刑事案件」部分，係規範少年受刑人暫時收容之處所及因應 2019 年《少事法》修正明訂少年因緩刑或假釋受保護管束處分時，由檢察官指揮執行而與少年保護官有聯繫必要時之等相關事項。

在第四章附則部分，係就相關部會、地方政府辦理補助方案、獎勵措施、對於承辦與本法相關事務之人員之職前（在職）訓練、獎勵等事項為規定。

問題思考

一、少年有經常施用第三級毒品愷他命，並有保障其健全成長之必要時，由少年法院直接處理或行政機關先行輔導後必要時再行移送少年法院處理，優缺點為何？

二、決定少年應接受何種處遇時，觸法（或曝險）事實的嚴重性與需保護性之間如何權衡？例如，竊盜在超商內價值不高的飲料一瓶，但需保護性極高的少年，可否為拘束人身自由的保護處分？相反地，在學校因細故與同學爭吵，一時氣憤持工具嚴重毆傷同學，但需保護性極低的少年，可否為轉介輔導之處分？

參考文獻

川出敏裕（2015）。《少年法》。東京：有斐閣。

李茂生（1995）。〈我國少年犯罪與少年司法〉，《律師通訊》，184，25-34。

李茂生（2018）。〈新少年事件處理法的立法基本策略：後現代法秩序序說〉，收錄於《少年事件處理法論文集：一部以贖罪心理與道德決斷形塑出來的法律》（頁 93-188）。臺北：新學林。

李茂生（2018）。〈我國少年事件處理法的檢討與展望〉，收錄於《少年事件處理法論文集：一部以贖罪心理與道德決斷形塑出來的法律》（頁 321-355）。臺北：新學林。

裁判所職員総合研修所（2018）。《少年法実務講義案》。東京：司法協会。

臺灣高雄少年及家事法院（2021）。《前言與本院沿革》，取自 https://ksy.judicial.gov.tw/chinese/CP.aspx?s=346&n=10335（上網日期：2021 年 1 月 3 日）。

臺灣高雄少年及家事法院（2021）。《組織與架構》，取自 hhttps://ksy.judicial.gov.tw/chinese/CP.aspx?s=522&n=10424（上網日期：2021 年 1 月 3 日）。

臺灣臺南地方法院少年法庭（2021）。《談收容少年輔導之必要性～以臺南地方法院少年法庭與臺南少年觀護所實施收容少年讀經輔導為例》，取自 https://tnd.judicial.gov.tw/I/H04_01.asp?id=6（上網日期：2021 年 1 月 3 日）。

CHAPTER 16

矯正學校社會工作

本章重點

» 了解在臺灣少年矯正學校以及矯正教育內容。

» 認識青少年犯罪問題相關理論與處遇方式。

» 認識少年矯正學校社工角色與實務工作內容。

» 了解在臺灣網絡合作之現況。

16.1 少年矯正學校之設置

為貫徹「教育刑」之理念，使一時犯錯之少年收容人獲得繼續求學機會，法務部依據《少年矯正學校設置及教育實施通則》，於 1999 年分別在新竹縣成立誠正中學以及高雄縣成立明陽中學二所「少年矯正學校」，成為全國首創兼具「行刑矯治」及「學校教育」之機構。

少年矯正學校（簡稱矯正學校）隸屬法務部矯正署，教育事項受教育部督導；立基於「教育刑」之理念，實施「矯正教育」，以**人格輔導、品德教育及知識技能傳授**為總體之教學目標，強化輔導工作，增進學生之社會適應力。在人力編制及教學管理上兼備矯正機關與一般學校系統之特性，透過學校教育生活形式，加上九年一貫國中課程及符合現行高中職課程綱要之課程安排，提供入校少年繼續求學的機會，扭轉其偏差的生活方式，協助其規劃未來，以利擺脫過去「問題行為」窠臼，重新適應社會。

一、少年矯正機關的教育革新

(一) 矯正學校前身

為貫徹「教育刑」理念，使一時迷途之少年獲得繼續求學機會，法務部在1973年至1978年間，依《私立學校法》和《補習教育法》規定，分別於臺灣新竹少年監獄及桃園、彰化、高雄三所少年輔育院辦理附設補校業務；1989年，遵照行政院「少年監獄、少年輔育院應學校化，並充實師資設備」之提示，由教育部出面協調，將原少年監獄、少年輔育院自行附設之補校改制，與所在地附近國民中小學、高級進修補習學校合作，正式成立一般各級學校補校分校。

1997年5月6日立法院三讀通過《少年矯正學校設置暨教育實施通則》，確立少年矯正學校設置之法源依據。法務部得於通則公布施行六年內就現有之少年輔育院及少年監獄，分階段完成矯正學校之設置。

(二) 首創兩所矯正學校

1999年7月1日，法務部依據《少年矯正學校設置暨教育實施通則》，同時改制成立高雄「明陽中學」與新竹「誠正中學」兩所矯正學校。明陽中學收容原臺灣新竹少年監獄之少年受刑人；誠正中學收容原臺灣高雄少年輔育院之感化教育受處分人。

桃園輔育院、彰化輔育院原訂於2003年7月也將改制「矯正學校」，後來未如期改制，主要是由於當時行政院函示：「鑑於當前中央政府財政困難，歲出難有成長空間，是否確有實需再加研酌。」當時有研究指出矯正學校投入可觀成本，但再犯率相較於少年輔育院卻未見顯著成效（林秋蘭、黃徵男，2002）；也有研究支持少年矯正學校應繼續推動發展，彭慶平（2004）主張再犯率不應該是績效唯一的指標，應該從多層面來評估成效；蔡德輝、楊士隆（2001）指出：「刑事司法體系具有漏斗效應（funnel effect），最後進入少年矯正機構的犯罪少年，多數為累犯、暴力犯及慢性犯罪者，雖然這些犯罪少年通常較難矯治，但基本上而言，無論矯治成效如何，對於尚有機會矯正之少年犯施以矯正教育仍值得肯定與嘗試。今日多付出一分的協助兒少犯罪矯治的經費，明日或可減少數以倍計的社會成本。」

最終「矯正學校」與「少年輔育院」實施成效還是多聚焦討論於「支出成本」與「再犯率」上，矯正學校花費高於輔育院數倍經費，「再犯率」差距卻未能顯著一直備受爭議，矯正學校高成本投入是否符合成本效益遭受到質疑，致使法務部最終暫停「矯正學校」的全面實施，對於桃園、彰化輔育院之改制持保留觀察態度。

BOX 16-1

輔育院與矯正學校（誠正中學）之差異？

輔育院與新竹誠正中學一樣收容被法院裁定「感化教育」的少年，不過在組織體制、人力、物資等軟硬體設備及管理措施上與矯正學校皆有所差異，且實施方式及矯正處遇重點也不同。在內部人力編制上，「輔育院」全為「監所體制」人員為主，主責院生生活管理，再外聘鄰近「補校師資」入院支援教學活動；生活上以軍事化生活管理為主，輔以部分時間的國、高中學科或技能訓練課程；並連結社會資源，運用司法志工人力作為院內主要輔導措施。

（三）四所矯正學校全面實施

2019 年 7 月月 31 日，桃園少年輔育院、彰化少年輔育院在各方人士持續關心倡議下終於改制為矯正學校，分別改名為「誠正中學桃園分校」、「誠正中學彰化分校」，於 108 學年度起，配合教育部全面實施 108 新課綱。110 年 8 月 1 日，誠正中學桃園及彰化分校正式改名，分別改成「敦品中學」及「勵志中學」。

法務部矯正署對於四所矯正學校未來在人力編組與矯正教育實施內涵上，將規劃一套整體性、能服膺學生多元需求、互相補充、各有特色的課程內容，藉由不同發展方向與分工調整，將學生分流，以提供更適切的學習需求。

▼表 16-1　四所矯正學校之比較

	誠正中學、敦品中學及勵志中學	明陽中學
收容對象	法院裁定「**感化教育**」少年	法院裁定「**有期徒刑**」少年
刑期	**感化教育一期三年** 少年若在校期間行為表現穩定良好，平均一年六個月累進處遇分數可符合提報聲免資格，餘感化刑期可能直接免除或再交付保護管束	從六個月至十五年不等
期滿規定	**滿 21 歲**，直接免除感化教育	**滿 23 歲**，移成人監獄繼續執行
紀錄塗銷	犯罪紀錄**五年內未再犯可消除**	犯罪紀錄無法消除

二、矯正教育實施特色 —— 以「誠正中學」為例

（一）班級經營管理

班級是由教導員（監所體系的教誨師）與導師（教育體系的一般教師）所共同經營管理，每班搭配一名輔導教師（教育體系的專任輔導教師或專輔人力 —— 社工或心理專業人員）負責班級學生輔導工作；各司其職、發揮專業效能，兼顧犯罪矯治管理、學校教育與個案輔導三重功能，共同照顧孩子的日常生活所需，關心孩子在校適應與學習情形，陪伴孩子自我突破與成長，教養孩子學會自律與責任感。

（二）多元化教學

在教學方面，國中班配合國民中學九年一貫課程設計七大學習領域：語文、數學、社會、自然與生活科技、藝術與人文、綜合活動、健康與體育；高中班則兼辦一般高中職課程及短期技藝訓練課程。另外聘師資入校帶領學生社團活動，引進各項社會資源辦理生命教育、文康、藝文、體育等活動，充實學生在校生活與培養學生休閒興趣和才藝能力。為避免標籤，國中班學生學籍寄掛戶籍所屬學區學校，每學期將成績繳回原校，以利學生離校後繼續完成學業或取得畢業證書。

高中班學生則與附近幾所私立高中職學校進行學籍合作、寄掛學籍，學生在校讀完一學期以上，可取得合作學校核發之成績單，以利未來離校後順利轉銜學校、接續完成高中職學業。除開設一般高中學科，也開設網頁設計、烘焙食品、汽車修護、機器腳踏車修護等技能訓練班，經過一年時間培訓，即安排參加勞委會丙級技術士技能檢定、取得丙級技術士證照；另外也開設廣告設計、電腦打字、烘焙、汽車修護、機器腳踏車修護、自然科學實驗及園藝等多元短期技藝課程，培養學生多元學習興趣與技能，協助提升未來職場競爭力。

（三）重視親職教育與生涯銜接

導師與輔導老師平時透過電話或利用懇親會活動與家長聯繫溝通，進行親職教育；輔導老師透過就學與就業轉銜機制，協助學生未來順利銜接學校或就業資源；另在學生離校前，將學生轉介資料送至戶籍所在地縣市政府社會局處，連結後追社工入校與學生建立關係，俾利學生出校後追的輔導工作能順利，期待幫助每個孩子做好生涯銜接、連結後送資源，以順利復歸家庭社會。

16.2 矯正學校的工作對象

長成今日令大眾頭痛的樣子，很多人以為他們骨子裡壞，但作者以為他們並非天生壞胚子，只是一群「從小缺愛」的大孩子。作者總在與這群孩子互動中看見，當孩子心裡缺口慢慢補上，就開始出現想望，願意為自己闖一條不同的人生道路。只是心裡缺口何時有機會補上？長大的路很長，在人生十字路口可以向誰求助？願意支持的力量在哪裡？

一、失功能家庭的受害者——「家不像家，天下有不是的父母」

（一）需要照顧的孩子

社會變遷、家庭結構改變、家庭功能式微，各種家庭問題層出不窮，讓亟需「家庭」搖籃孕育呵護成長的孩子，恰恰成了首當其衝的犧牲品！不適任的

父母正不知所以地扮演著父母的角色。來到矯正學校的孩子背後都有著令人鼻酸的成長故事，在動盪不安的成長過程中，物質與內在需求得不到滿足，在不適任的親職照顧下受苦受難。

約八成孩子來自不健全的家庭，親生父母長期無法勝任父母親職角色，常是「歿」、「不詳」、「再婚」、「失聯」、「失業」或「在監服刑」。有些孩子自幼是阿公阿嬤或其他親戚朋友代為照養；有些孩子隨著父或母再婚（同居）進入複雜繼親家庭；有些孩子則必須寄人籬下，從小就在轉換安置機構與寄養家庭中長大。

其實這群孩子過去大多沒選擇，或不知還有什麼選擇，逐步長成今天這個樣貌；他們從家庭學校出走，試圖在花花世界裡尋找溫暖，填補心中那塊從小未被滿足的空缺；參加宮廟、混幫派、當圍事、飆車疾速、泡舞廳、開趴、用藥迷幻，藉這些刺激熱鬧來彌補心中孤單失落，證明自己在世界上存在的價值。

在混亂的日子裡，許多孩子沒有真正感受到「被愛」、「被關懷」、「被保護」，難以主動與人建立良善真誠的互動關係。大多時候他們必須逞兇鬥狠，因為不先出手就要等著被打；大部分的人際關係建立在「互相取暖」或「互相利用」上；過著明天不知道會如何？下一餐不知道在哪裡？沒有把握、也沒有目標的日子。他們努力靠自己「求生存」，因為從小沒有個像樣的「家」，甚至連好好長大的「地方」都沒有。

（二）需要幫助的父母

這群孩子的父母有許多也是在動盪不安、破碎家庭中長大，無形中複製了自己父母的樣子，還在創傷與議題中又成為了父母；有少部分的孩子來自健全家庭，但他們的父母不懂如何教養孩子。或許這些父母從小學習到的父母就是這樣當的，或許他們曾想改變卻不知從何開始，或許他們無能為力。

有些父母為了生計、忙於工作沒時間陪伴、教養孩子；有些父母過度寵溺孩子；有些父母怕與孩子破壞關係而無法堅持原則；有些父母習慣用條件跟孩子交換表現；有些父母對孩子有不合理的期待與要求。高社經地位的父母，特別容易無法接受孩子在學業或其他表現未能符合他們望子成龍的期望，習慣拿孩子跟其他手足或親戚小孩比較，對孩子提出他們無法達成的要求；孩子長期得不到父母肯定，最後索性拋棄這樣的期待，放棄再去追求達不到的目標。

BOX 16-2

重要提醒

過度寵溺、在物質上過度滿足孩子，無形中養成孩子不懂珍惜與過高的物質慾望；怕破壞關係而無法堅持原則，長期下來讓孩子學不會界線；習慣用條件交換表現，會讓孩子永遠不懂要為自己負責。

大部分的父母未能即時發現孩子的問題行為，突然意識到孩子問題行為時往往都已事態嚴重。有些父母打從心裡無法接受孩子「變壞」，認為孩子本來很乖，一切都是「壞朋友」造成的，一心只想斷絕壞朋友的影響，卻不去了解孩子怎麼了？為何會變成這樣？或許因為生氣或心急無法好好理解孩子，採取最嚴厲極端的處理 —— 禁足或搬家，結果孩子離不開壞朋友反而造成親子關係緊張、疏離甚至破裂，讓孩子離家更遠。有些父母可能因此覺得對孩子虧欠，甚至在孩子出事後幫忙掩護、合理化孩子的問題行為，孩子越走越偏。有些家長因為孩子仍屢屢再犯覺得挫折受傷，決定放手，孩子失去家庭拉力，就更倚靠朋友，結果習染更多問題行為。

BOX 16-3

重要提醒

孩子沒有感受到父母的愛與關懷、得不到父母肯定，也無法愛自己和肯定自己，在家常覺得孤單，開始跟家人疏離、往外尋求發展。這群集結的「小大人」，因為在家庭中與一般社會期待下無法獲得肯定與認同，於是在狹縫中建立起屬於自己安身立命的方式與位置，翹家、輟學、用藥、暴力、詐騙、傷害，一步一步走向犯罪生涯的不歸路。

二、潛力無窮的孩子

這群從小受到環境限制、缺乏正向教養與穩定學習發展機會的孩子，在進入矯正學校 —— 獲得安全穩定的成長環境、友善溫暖的關懷陪伴、積極適時的引導教育後，各個展現了無限發展潛能。

(一) 孩子說：「沒人這樣教過我……」

有次在考核房裡輔導一個毆打同學的孩子，他身為班長，毆打同學的原因是同學的表現未達要求。面對著眼裡盡是不平與防衛的孩子，我並沒有嚴厲指責，而是先問他：「這幾天過得還好嗎？天氣冷了，考核房棉被夠暖嗎？」他顯然有些意外，但也因此慢慢收起怒顏，在他態度終於比較柔軟一些時，我才問他：「願不願意告訴我事情是怎麼發生的？什麼原因才會忍不住動手？」他眼眶紅了，沉默好久。他說自己從小是爺爺帶大，沒父沒母的，所以爺爺總是嚴厲管教，深怕沒教好自己。小時候每天晚上都被爺爺要求抄寫背誦國文教材，總要到凌晨兩三點還不能睡，若沒寫完就睡著，一定換來一陣毒打。但他也因此在學校國文表現得特別好，他說雖然不喜歡爺爺的方式，但打從心裡知道爺爺是為了他好。他身為班長，當然希望同學表現都達到要求，但有些同學真的很懶散又屢勸不聽，所以他才出手「管教」這些同學。

經過幾次晤談，討論與澄清其動機的合理性與行為的不正當性間的衝突矛盾，客觀分析不具正當性的行為可能會帶給同學的感受及可能造成的反效果，最後更進一步討論解決問題的其他可行方法並實際演練。下違規房前，孩子有感而發地告訴我：「老師，以前從沒有人這樣教過我，希望妳以後能繼續這樣教我，我知道我脾氣真的不好，還有很多地方要改進。」

(二) 孩子不一樣了……

作者在矯正學校邁入第十六個年頭，親眼見證孩子們認真學習後驚人的潛力與轉變。從注音符號都不會，到寫出一手娟秀好字；從二十六個英文字母都不認得，到積極考取公立學校繼續升學；從冷漠防衛，到主動對人噓寒問暖、安撫人心提供支持力量的貼心孩子；從動不動拳腳相向，到學會先試著溝通講理；從深信拳頭硬就是萬能，到終於明白暴力只能恐嚇不能真正解決問題。

上述這些平凡得不能再平凡的小故事，發生在作者每天與這群孩子互動的細節裡。每每都讓我深刻體會，這群孩子不是不想，更不是不能，只是還沒機會學會，這群孩子只是需要我們大人教導他們不同（正確）的處事方法與生活方式！

16.3 青少年犯罪問題與處遇探討

問題行為理論（Problem Behavior Theory）提供一個完整的社會心理架構，全面探討青少年發生問題行為的各個面向；將青少年犯罪行為視為是「問題行為」的一種，使「犯罪行為」不再與「犯罪青少年」不可分離，成為可從各面向切入處理解決的「問題」：特別強調「社會脈絡」的影響力，闡明青少年問題行為發生不能只考慮單一因素，還需考慮人和環境中各種因素交互作用的結果。考慮「環境因素」的影響力，為兒少犯罪問題的危機處遇提供更多元和更全面的介入方向。

一、美國青少年犯罪研究之啟示

中正大學犯罪防治所教授楊士隆（2001）引據美國對犯罪少年進行的「犯罪生涯發展」與「形成常習犯歷程」幾個大型縱貫追蹤研究結果指出：

兒童時期適應不良行為與成人期之適應密切相關；兒少早期行為徵候為犯罪生涯之孕育港口；犯罪生涯具穩定性，早期呈現反社會行為者犯罪，可能持續犯罪生涯至成年期；家庭關係不良、父母教養品質低劣、與父母情感繫帶薄弱之少年，如在經濟情況惡劣之單親家庭中成長，且有低學業成就之情形，最容易陷入犯罪；累犯五次以上之所謂「常習犯」占所有研究樣本 6%，卻觸犯了所有罪行的 51.9%；成年後「持續性犯罪者」有 70% 來自原來的「少年常習犯」；少年犯有 80% 的可能性成為成年犯；「常習少年犯」長大後大多仍持續其犯行，同時犯行嚴重性也隨年齡成長而增大；女性少年犯罪樣本中約 7%（147 名少女）可歸類為常習犯；確立常習犯徵候存在於小於 13 歲之樣本中，

同時其犯罪行為更形暴力。

上述研究結果提醒我們：「今日若能挽回一位少年犯，明日便可減少一位成年犯！」我們必須積極正視兒少犯罪問題行為的背後成因，及早介入處遇個案／家庭問題，才能預防犯罪問題行為發生，打破可能的犯罪生涯循環。若我們看見孩子弱勢環境中的風險因子卻無積極作為，孩子未來有極大機會發生問題行為，甚至落入犯罪生涯輪迴，成為犯行嚴重的成年犯，整個社會將付出很大的成本與代價！

二、從「問題行為理論」看青少年犯罪問題

問題行為理論在 1977 年由 Richard Jessor 和 Shirley Jessor 提出，是解釋青春期適應不良最有影響力的理論框架，持續主導美國過去十年來的青少年相關研究（Steinberg & Morris, 2001）。

（一）「問題行為理論」基本假設

將「問題行為」定義為「被社會界定為問題、令人關注和擔心或不符合傳統社會常規的行為，並且通常會引起某種社會控制的反應」。它是一個複雜又全面的社會心理架構，可用來解釋青少年為何會從事一些被社會定義為問題的行為，包括喝酒、吸菸、吸大麻、其他藥物濫用、犯罪和過早的性行為。它強調問題行為是否會發生，取決於「驅動力」（instigator）和「控制力」（control）間的「動態平衡」狀態，也就是二種力量相互抗衡後的傾向（proneness）。「驅動」力量越大，發生問題行為的機率越大；反之，「控制」力量越大，產生問題行為的機率越小。

（二）「問題行為理論」概念結構

包含三個主要解釋系統：「人格系統」、「覺知環境系統」及「行為系統」。每個系統皆有「驅動」與「控制」問題行為的二種相抗衡力量，會直接或間接影響問題行為發生。

1. 人格系統（personality system）

指的是人的本質（the nature of the person），由三個結構共同建構而成，包含：「動機意向結構」、「信念結構」、「控制結構」（Jessor & Jessor, 1977）。

(1)「動機意向結構」—— 直接的導引

指的是「直接的導引」。也就是說，當個人價值觀看重某個目標且期望達成某個目標時，就有動機使這個目標行為發生。舉例來說，當一個人對於成就有較高的價值觀和期望（相較於其他目標），他的行動就會指引導向此成就而非其他目標；反之，對成就採取較低的價值觀和期望時，則行動容易導向其他目標，像玩樂或放棄等。

(2)「信念結構」—— 對抗偏差行為發生的認知控制

指的是對抗偏差行為發生的「認知控制」，因此，在這個結構中的變項會回歸到影響個人認知信念的個人、環境及個人與環境的關係上，包括「社會評價」、「疏離」、「自尊」及「內控」。分述如下：

A. **社會評價**：指所處社會一般大眾所接受（或反對）的價值觀、常模。青少年能接受被社會接受的價值觀、反對被社會所反對的價值觀，就會控制他不去執行偏差行為。

B. **疏離**：指個人對自己的不確定感、對自我角色感到無意義，感覺自己不屬任何團體、隔離在他人之外。此種疏離感會使發生偏差行為機率增加。

C. **自尊**：高自尊被視為是發生偏差行為的一個阻礙，也就是說高自尊的人較重視社會常模所認定的成就，若發生偏差行為會破壞自己的這些成就，發生偏差行為的機率就不高。相對地，低自尊者認為自己不會達到這些成就，故認為發生偏差行為也不會破壞或失去什麼，發生偏差行為的機率就相對增加。

D. **內控**：此理論主張「內控」是對整個社會的思想體系（ideology）所形成的一種內在約束，它可保護既有的行為，不因外在環境影響而改變本身既有的行為。

(3)「**控制結構**」——**對於從事違反常規的行為的容忍態度**

在「控制結構」中，問題理論關注的是如何控制違反常規的行為。它在人格系統中與信念結構占有同樣的角色，但是它與先前的信念結構不同，在信念結構中，沒有變項是直接和偏差行為相關的；但在控制結構中，將更直接連結到偏差行為上。控制結構是對從事各種偏差行為的容忍態度（attitude tolerance of deviance），高的容忍態度會直接控制偏差行為，舉例來說：對於「偷東西可以得到某種物品的誘惑」，容忍態度高者較不會從事此偏差行為，相對地，容忍態度低者則容易從事此偏差行為。另一個要考慮的是偏差行為的正向及負向作用，實際上，偏差行為的正向作用同時也和負向作用相關，只要偏差行為的負向作用勝過正向作用，就會對偏差行為產生控制。

BOX 16-4

重要提醒

「人格系統」可視為一個整體，由三個心理結構構成：其一是「**驅動**結構」－「**動機意向結構**」，根據價值及期望而形成的行動指引；還有二個是「**控制**結構」－「**信念結構及控制結構**」，前者根據社會評價等信念來遠離偏差行為，後者根據對於違反法律和道德容忍的態度來相對控制偏差行為的發生。此三個心理結構平衡後的傾向決定偏差行為是否發生。

2. 覺知環境系統（perceived environment system）

覺知環境系統指的是人和環境互動後產生的平衡，它與行為有相當直接的關連，因為這直接呈現行為者和環境互動後的反應。理論中解釋「環境」的概念包含心理學者 Lewin、Murray、Rotter 和 Rogers 所提出的「生活圈」、「壓力」、「有意義的環境」和「現象場」等概念。青少年覺知的環境來自於二個結構，分別是「遠端結構」及「近端結構」。

(1) **遠端結構**

指青少年時期處於「父母和家庭取向」及「朋友和同儕取向」兩種社會背景，此二取向平衡後的傾向，決定偏差行為發生的機率。

「遠端結構」的內容包含：「從父母（朋友）感受到的『支持』」，和「從父母（朋友）感受到的『控制』」。「支持」是指從他人獲得鼓勵及幫忙的感覺；「控制」是指父母（朋友）相對有較嚴格的行為標準，會約束自己的行為。高的「支持」和高「控制」環境可以影響偏差行為，尤其是從父母產生支持和控制（Jessor & Jessor, 1977）。由父母親產生的控制環境（像是父母親不准許的行為），則孩子可能不敢嘗試或知道嘗試後可能會受到處罰，這樣的控制環境會使孩子從事偏差行為的機率降低。

相對於「朋友和同儕取向」，傾向「父母和家庭取向」的青少年較少有偏差行為產生，因為他們會受到較多傳統規範，較少機會接觸到偏差行為的角色模範，而父母和家庭對違反規則的行為也較能控制。

(2) **近端結構**

指青少年所處的社會環境中，偏差行為的流行程度及社會對那些行為支持的程度。其重點在於環境中是否有許多「角色模範」，這影響到青少年是否有機會學習那些行為。舉例來說，青少年階段的角色模範多是來自於父母親或同儕，如果父母親或是同儕有偏差行為，則會使青少年有偏差行為的機率增加。另一方面是環境中是否存在著接觸到偏差行為的途徑，這影響到青少年是否容易取得學習偏差行為的條件。

BOX 16-5

重要提醒

在**覺知環境系統**中的運作模式，一邊是感受到對抗偏差行為的遠端結構，像是由父母、家庭中得到的支持以及由父母產生的控制，另一邊則是感受到支持偏差行為的近端結構，也就是環境中的角色模範以及接觸到那些行為的途徑，這兩種感受平衡後的傾向則決定了偏差行為發生的可能性。

3. 行為系統

行為的定義是很複雜的，同樣行為的發生會因不同情境而有不同的意義。行為的具體意義不單只是行動本身，而是要考慮許多情境，考慮情境對個人的意義。在理論中所指的行為有「好的行為－常規行為」及「不好的行為－問題行為」。「常規行為」是指被社會常規所接受的行為，而「問題行為」的概念被定義為社會視為問題或是被社會常規認定是不受歡迎的行為，且通常行為的發生會伴隨著社會控制的反應發生。以下將再詳細分為「常規行為結構」及「問題行為結構」：

(1) 常規行為結構

常規行為結構是重視社會認可、標準與期望，是青少年約定俗成的規範。因此，焦點擺在青少年「正當的發展活動」，也就是「學校表現」，包含：學校團體中的表現及成績評量。參與者花在常規行為結構上的時間越多，相對用在偏差行為時間就減少，也因此學校表現越好，發生偏差行為機率就下降。

(2) 問題行為結構

在問題行為結構中，將偏差行為定義為：社會大眾認為不適當及不受歡迎的行為，這與約定俗成、為確保社會順利運作而訂定的法律及社會規範行為不同，其可能產生的結果小則被社會反對，大則至被監禁。這樣的行為代表著一種新的生活方式，否定了社會規範，並提供一種對個人經驗及表現來說較為開放的生活方式。

除了這些行為之外，另外還有一種行為也屬於問題行為結構的範圍內，是一種更傳統的偏差行為，通常被認為是流氓或不良少年的行為，有些是違法的。這樣的「偏差行為」包括：偷竊、說謊、破壞財物等，其嚴重情況是以「違法程度」及從事那些行為「頻率」而有所不同。這些行為值得探討的是它與其他偏差行為的關聯性。舉例來說，就像會發生偏差行為者是否傾向於同時也會發生其他偏差行為？偏差行為者聚集在一起時，同時從事某項偏差行為變成是一種社交行為，拒絕則代表「我不想參與」、「我們不是同一掛」的意思，也因此使得這群人更容易發生偏差行為。這些可能獨立發生或傾向於同時存在的行為，就稱作「問題行為結構」，並提供了解問題行為一個概念架構。

BOX 16-6

重要提醒

在行為系統中運作的模式，一邊是**對抗**偏差行為發生的**常規行為結構**，也就是參與者的**學校表現**，另一邊則是**支持**偏差行為發生的**問題行為結構**，也就是參與者的**偏差行為**，這兩種結構平衡後的傾向則決定偏差行為發生的可能性。

綜上所述，問題行為理論包含三個主要解釋系統，每個系統皆有「驅動」與「控制」二種相抗衡的力量，作者將上述概念簡要統整如表 16-2。

▼表 16-2　問題行為理論之三種解釋系統比較表

三種解釋系統	驅動力	控制力
人格系統	**動機意向結構** 個人價值及期望	**信念結構** 社會評價、疏離、自尊及內外控 **控制結構** 對違反法行為的容忍態度
覺知環境系統	**近端結構** 環境中偏差行為的流行與「角色模範」的影響	**遠端結構** 社會背景—父母家庭 vs. 同儕
行為系統	**問題行為結構** 社會大眾認為不適當及不受歡迎的以及被認為是流氓或不良少年的行為，有些是違法的	**常規行為結構** 重視社會認可、標準與期望；青少年約定俗成的規範；「正當的發展活動」，也就是「學校表現」

(三)「問題行為理論」強調「社會脈絡」之影響：「風險因素」和「保護因素」

問題行為理論強調「青少年是否產生問題行為與青少年的主要生活範圍中——學校、家庭、社區，青少年所覺知到的『風險因素』與『保護因素』間的交互作用有密切相關」。當青少年覺知到的「風險因素」影響高於「保護因素」，問題行為就會發生，反之，問題行為將得到控制（Jessor, 1992）。

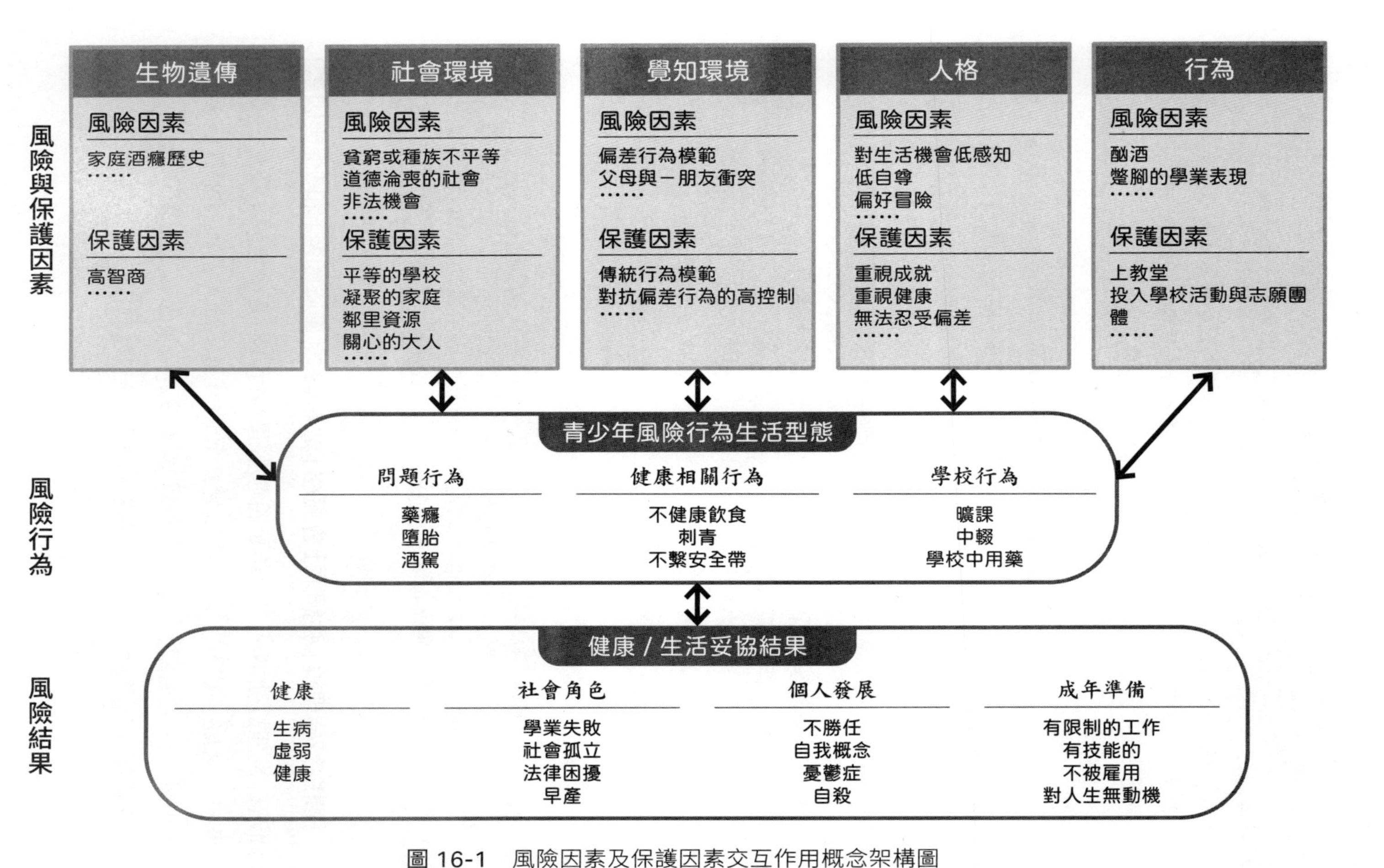

圖 16-1　風險因素及保護因素交互作用概念架構圖

資料來源：Richard Jessor（1992）。《青春期的風險行為：理解與行動的心理暨社會架構》。繪製者：Rogers 和 Ginzburg。

有關於青少年「風險因素」的知識快速累積，青少年發展心理學已朝向更複雜方向演進，顯示出其難以處理的程度。在此領域的研究已由早期的病理學的調查描述，轉變為包含了複雜互動範疇的綜合性解釋，探討的範圍也從生物學擴展到「社會環境脈絡」(Jessor, 1993)。以下引用 Rogers 和 Ginzburg 在 1992 年所繪製之「風險因素及保護因素交互作用概念架構圖」(詳見左頁圖 16-1)，進一步說明青少年問題行為如何發生。

此架構含括多元的解釋範疇，圖中呈現各範疇之間雙向的因果互動性，並指出每類範疇中結構組成的差異，以及每個範疇中所包涵的風險及保護因素。此架構同時強調，青少年個人的覺知與解釋以及外在客觀因素的交互影響。最後更進一步指出，潛在的風險行為將可能組成更廣泛的風險生活型態(life styles)，而長久處於風險生活型態中，又將導致風險的人生結果 (life outcomes)。

(四)「問題行為理論」——「高風險環境中成功青少年發展」研究

美國麥克阿瑟基金會研究網絡主要從事「高風險環境中成功的青少年發展」研究，目的是研究促進高風險青少年發展的相關知識，針對青少年在成長過程中所處社會脈絡中遭遇的風險 —— 包含社會脈絡中的不利處境和貧乏不足、有限的機會，及種族與少數族群的被邊緣化。因當前青少年發展相關知識並非為這群高風險青少年所累積，因此網絡致力協助促進高風險青少年的權力與平衡，也致力保障促進每天生活在苦難、風險甚至危險中青少年的成功。

此研究網絡的重要性在於強調發掘和提升高風險青少年各種「個人的」、「社會的」和「制度的」優勢、潛力、支持和資源，並為過去傾向將貧困者與風險極端醜化及偏見提供對照 (Jessor, 1998)。此網絡研究高風險青少年主要生活脈絡 —— 家庭、學校和社區，突顯「社會脈絡」的重要性，突破傳統往往侷限於單一脈絡中的高風險青少年研究，指出高風險青少年同時嵌入在「家庭」、「學校」和「社區」三個脈絡中，並在三者交織的空間裡度過日常生活，如圖 16-2 所示。

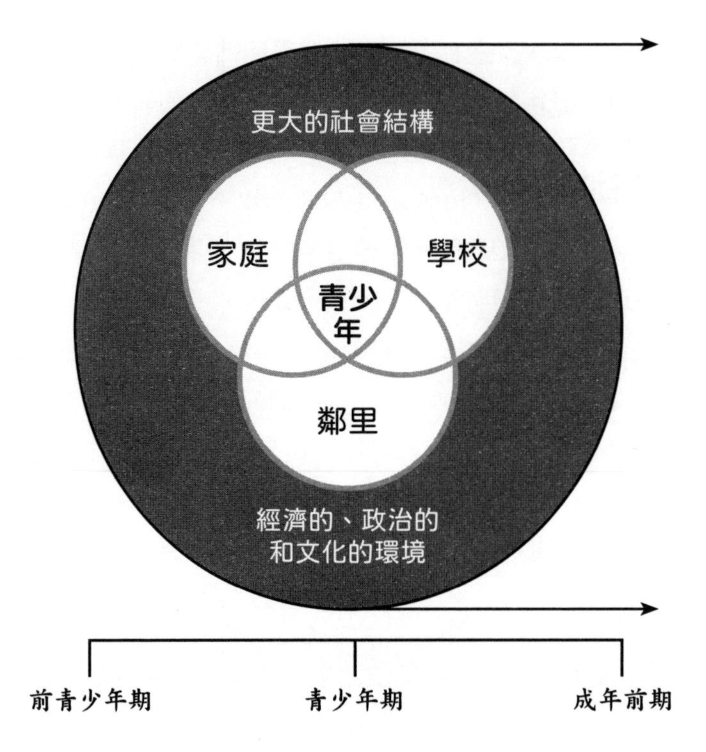

圖 16-2　高風險青少年跨時空的社會脈絡發展架構圖

研究網絡聚焦於使用策略保護青少年遠離不利環境（有限的家庭資源、失敗的地方機構以及混亂的社會脈絡）中的風險、危險及違法機會，並促進青少年發展；最重要的貢獻在於突破傳統研究只對家庭內互動系統的關注，轉向致力於研究孩童與青少年的「教育」與「社會化」問題，將關注重點轉移到家庭外影響青少年成功發展的交互影響因素，尤其是對貧困和不利環境中的家庭。

三、高風險家庭的孩子需要「社會安全網」保護

作者在矯正學校實務工作中的觀察與上述美國青少年犯罪研究、問題行為理論之主張相呼應，這群犯罪問題孩子原生家庭中的高風險因素與其落入犯罪生涯密切相關，需要社會資源適時介入，協助降低風險因素並提高保護因素的影響，才能幫助孩子獲得足以穩定成長發展的照顧與保護，讓他們得以安全無虞地追求正向生涯目標與自我實現，進而有效預防落入犯罪生涯循環之中。

16.4 矯正學校社會工作實務

一、矯正學校社會工作實務現況

理想上，學校（含矯正學校）編制有社會工作、心理與諮商輔導等不同專業人力，各司其職、互補所長，才能提供學生最全面的幫助；但各校受限於員額限制在人力規劃招募上通常無法達成理想。

矯正學校自 1999 年成立以來，學生的輔導、個案、團體與社區工作，都是由編制內專任輔導教師（具輔導教師證）全權負責；誠正中學編制六名，明陽中學編制九名。

2018 年國教署因應四所少年矯正機關（含矯正學校與輔育院）輔導人力需求，提供計畫性經費補助聘任專輔人力（諮商輔導、心理或社工背景），矯正學校才開始有社工人力進駐，不過由於各校人力編制規劃不同，專輔人力運用方式也不同。

二、矯正學校社會工作實務 —— 以「誠正中學為例」

誠正中學編制內有六名專任輔導教師（諮商輔導、心理或社工背景；取得正式輔導教師資格；其中一名長期借調支援彰化分校）；在國教署補助下再增聘三名專輔人員（諮商輔導、心理或社工背景）加入輔導教師陣容。全校學生的輔導、個案、團體與社區工作採個案制，由上述八名輔導教師分工負責，以社工實務角度來看，輔導教師扮演孩子在校期間的個案工作者及資源安排的個案管理者。

(一) 社工專業訓練背景的輔導教師

作者大學與研究所受社會工作專業訓練，考取社工師證照；大學期間另有修習中等教育學程（輔導與公民科），完成一年輔導教師教育實習，取得中等教育輔導科與公民科教師證。作者在矯正學校擔任輔導教師，是以社工角度出發，以下社工角色與工作內涵之論述，即是作者對自身在矯正學校服務的實務經驗進行整理歸納而成。

BOX 16-7

重要提醒

不同專業訓練背景在工作上的聚焦、觀點、取向與工作方法都不相同。林勝義（1995）曾將學校社會工作、學校心理工作與學校諮商輔導工作就基本觀點、工作取向、主要方法、涉及層面與對象範疇等面向進行分析歸納，如下表：

	學校社會工作	學校心理工作	學校心理諮商輔導工作
基本觀點	社會工作觀點	心理觀點	教育觀點
工作取向	發展取向	治療取向	問題取向
主要方法	個案團體社區	診斷測驗治療	面談勸告諮商
涉及層面	社會、文化調適	心理測驗及治療	教育及生涯規劃
對象範疇	學校、家庭、社區	個別學生	個人或小團體

學校社會工作、學校心理工作與學校諮商輔導工作專業之異同
（林勝義，1995；翁毓秀，2005）。

（二）矯正學校社工角色與工作內涵

1. 直接服務

(1) **支持者**（Supporter）：案主尋求協助時，社工提供支持，讓案主感受到社工願意與其一起解決問題。

(2) **忠告者**（Advisor）：社工評估過案主處境後，提供專業上的忠告。

(3) **治療者**（Therapist）：社工以專業的技巧和知識來協助案主因應緊張、罪惡感或過去的傷害等。

(4) **照顧者**（Caretaker）：社工照顧案主的基本生活，並提供保護，例如適時給予關懷、提供庇護、安置等。

2. 間接服務

(1) **諮詢者**（Consultant）：當案主尋求解決問題的方法時，社工有能力面對複雜的實務狀況，並提供處理的方式。

(2) **行政者**（Administator）：社工要處理實務工作上的行政工作，例如：建立檔案、編列預算等。

(3) **研究者**（Researcher）：社工在服務案主之後，應研究服務方案是否有效，找出問題並提供適當的解決方式。

3. 合併服務

(1) **能力增進者**（Enabler）：社工協助案主增進自我解決問題的能力，包括協助案主減輕壓力、勇敢面對問題、提出解決的方式或意見等。

(2) **中介者／經紀人**（Broker）：社工提供案主相關的資源與資訊來解決問題，將案主與協助資源連結起來，也就是當案主需要協助時，會轉介給其他能提供協助的專業單位，例如：就業服務、心理諮商。

(3) **倡導者**（Advocate）：社工為案主的倡導者，代表案主來改進對案主不利的資源或、法律規定或政策，維護案主的權利。

(4) **調解者／仲裁者**（Mediator）：社工對於衝突的雙方進行調解，社工站在公平、中立的立場使雙方相互了解，共同尋找解決問題的方式。

(5) **協調者**（Coordinator）：社工將案主與服務連結起來，也就是說社工會協助案主一起確認他們的問題與需求，並提供相關的社會服務來幫助案主發展出改變的方案。

(6) **教育者**（Educator）：社工教育案主如何處理事務等觀念。

朵佛曼（R.A.Dorfman）將社會個案工作者在服務過程中扮演的角色分為八種：有使能者、教育者、經紀人、倡導者、管理者、諮詢者、仲裁者、研究者和評估者（Dorfman, 1996；潘淑滿，2000）：

作者綜融學者們對於社工角色的分類與定義，整理自身從事矯正學校實務工作內容，歸納出以下十三種社工角色與工作內涵，說明如下：

1. 照顧者（Caretaker）

由於入校的孩子都被剝奪自由收容在校內生活，管教小組（含教導員、導師與輔導教師）乃至全校教職員工，都是孩子的照顧者；照顧在校基本生活所需、保護安全無虞，並適時給予愛與關懷。

2. 諮詢者（Counselor）

依孩子入校到出校階段性需求所提供之服務，概述如下：

(1) **新生入班輔導**：提供諮詢協助孩子生活適應；孩子初入校對於編班、校內規範、累進處遇分數乃至如何獲取提報資格等問題都不清楚。

(2) **新生個案評估晤談**：以不批判的態度、貼近孩子的角度，用心傾聽其成長故事，適時提供必要同理，建立信任關係；蒐集其心理狀態、家庭狀況、求學經歷、工作經歷、犯罪經歷、初步出校計畫、社會資源和特殊注意事項等資料，以全面評估孩子社會功能來協助其改變。

(3) **日常學習輔導**：培養孩子正確學習方法與態度，教導學習技巧。

(4) **日常生活輔導**：適時關心孩子在校生活適應狀況，包含學習狀況與人際相處情形，提供必要之諮詢與問題解決策略等協助。

(5) **違規考核輔導**：對於在校違反學校規範的孩子，關心在考核房期間的生活適應與反思情形，針對其違反規範行為進行討論，適時價值澄清，引導反思，提供必要問題解決策略等協助。

(6) **函件輔導**：透過函件提供孩子抒發管道，與孩子交流想法；訓練孩子觀察與自省能力，肯定回饋其轉變與進步，提醒需再努力的限制；透過書寫幫助孩子整理與認識自己。

(7) **生涯輔導**：陪孩子討論生涯計畫，提供升學與就業等相關資訊，幫助孩子做好復歸準備。

(8) **追蹤輔導**：為了解孩子出校後生活狀態、適應情形，依《誠正中學追蹤輔導實施要點》定期追蹤出校孩子，並適時提供必要輔導與協助。

3. 評估者（Evaluator）

輔導教師根據新生個案晤談所蒐集的資料（心理狀態、家庭狀況、求學經歷、工作經歷、犯罪經歷、初步出校計畫、社會資源和特殊注意事項等）及心理測驗報告、學生初篩表、家長填覆的家調表、警局填覆的警局函表、法院寄來的隨附資料等，於一個月內完成新生個案評估報告，進行孩子的社會功能評估、診斷其問題與需求（此報告提供班級管教小組成員參考，協助理解孩子成長背景脈絡與問題行為軌跡，以共同協助孩子）。

4. 治療者（Therapist）

善用社工專業與輔導知能深入理解、同理與支持孩子；帶其整理成長經驗，同理成長過程中經歷的委屈和辛苦；協助建立新的理解框架（理解家庭與家人等照顧者的困境、議題與自身限制，進而慢慢放下曾經被傷害的言語和行為）；肯定其勇敢和努力，帶其看見自己堅強的力量。

5. 忠告者（Advisor）

帶孩子探討一路走到矯正學校來的問題行為軌跡與背後原因，適時澄清迷思盲點，鼓勵從過去經驗中學習，突破個性、思考模式、行為模式上的限制。

6. 教育者（Educator）

(1) 矯正學校中每位教職員工都是孩子的老師，要做孩子正向學習典範。
(2) 利用輔導課程時間、小團體輔導或個別輔導，教導孩子認識自我、情緒管理、人際界線、溝通技巧、生涯規劃、藥癮防治、性騷擾與性侵害防治、相關法律知能等促進重新建立正向（健康）行為模式的必要知識。
(3) 利用電話或懇親會等機會，提供家長親職教育，協助提升教養職能。

7. 支持者（Supporter）與使能者（Enabler）

當孩子遭遇問題開口求助時，肯定勇敢面對問題的勇氣；提供孩子情緒抒發管道協助釋放壓力，適時同理與情感支持；陪伴孩子討論解決策略，必要時提供示範與建議；鼓勵孩子相信自己勇敢嘗試解決問題；帶孩子看見自己的優勢，肯定其任何小進步和成功經驗，並從成功經驗中幫孩子建立自信，增進其解決問題能力。

8. 管理者（Manager）

孩子在校期間，安排其所需各項資源，確保得到所需的服務（例如：認輔志工、補救教學、藥癮治療、妨性治療、後追社工、學校轉銜、就業轉銜等）。

9. 中介者／經紀人（Broker）

連結校內外資源，協助孩子順利適應在校生活、預備出校生活；針對有特殊狀況的孩子安排專業治療，協助適應。

(1) **特殊個案轉介**

A. **妨性案個案：**轉介本處妨性處遇業務承辦人，安排外聘心理師個別與團體治療；並於個案離校前，依法轉介至各縣市家庭暴力暨性侵害防治中心評估是否需進一步進行社區處遇。

B. **毒品案個案：**轉介藥癮處遇業務承辦人，安排外聘心理師個別與團體治療，離校前安排新竹縣毒防中心輔導員個別輔導；年滿 20 歲個案離校前依法轉介各縣市毒防中心接續社區處遇，未滿 20 歲個案，依意願轉介。

C. **自傷（高風險）個案：**轉介外聘勞務承攬心理師進行三級輔導晤談。

D. **心理與行為失控（出現精神狀況）個案：**轉介駐校精神科醫師進一步治療。

E. **（疑似）情緒行為障礙或特教生：**轉介特教老師進一步評估，提供必要資源。

(2) **一般個案資源轉介（全校孩子離校前）**

A. **後追社工資源：**撰寫個案離校評估轉介單，將個案轉介至戶籍所在地縣市社會局，協助安排後追社工入校初談（建立關係），以利個案離校後後追社工能順利提供追蹤輔導一年。

B. **就業資源：**撰寫個案就業服務轉介單，將計畫就業的個案資料轉介至戶籍所在地就服站，以利就輔員提供個案就業相關協助。

C. **學籍轉銜：**提供計畫就學的個案學校轉銜資料，交由本校註冊組統一辦理學籍轉銜會議，邀集各級學校代表、各法院保護官以及學生家長一起到校，召開學籍轉銜會議，協助學生離校後能順利銜接一般各級學校。

D. **安置資源或自立方案：**針對離校後無家可歸或家庭狀況極不利返家的孩子，尋求個案戶籍所在地社會局處協助，媒合／預備適當安置機構或自立方案資源，以利個案順利賦歸。

E. **各縣市更保會：**輔導教師依規定撰寫「更生保護會通知書」，寄送至孩子戶籍所在地之更生保護分會，以利更保會提供孩子乃至其家庭所需之更生保護協助。

10. 倡導者（Advocate）

透過校內跨處室會議、校外跨領域合作聯繫會議或其他意見反應平臺，以孩子最大利益為考量替他們的權益發聲。例如：在學籍轉銜會議中或與轉銜學校聯繫時為本校孩子受教權發聲；在全國後追服務聯繫會議中反應孩子在後追服務過程中遇到的問題與孩子的服務需求。

11. 研究者（Researcher）

蒐集質化資料或使用正式量表施測，從而觀察與評估孩子的改變與處遇成效。例如：課程學習單、反思札記、增強全能量表等。

12. 行政者（Administrator）

輔導教師輪流兼辦矯正署及國教署交辦之相關行政業務。例如：妨性治療處遇業務、藥癮治療處遇業務（兩者都需撰寫方案、編列預算、執行方案、經費核銷、撰寫成果報告等）、志工業務（志工管理、課程訓練、志願服務系統資料與時數登錄）、後追業務（獄政系統後追資料匯整、參加跨部會連繫會議）、就業輔導服務業務、調查業務（獄政系統資料建檔、在／出校生動態調查分析、再犯調查分析、在校生家庭狀況調查分析等）、青少年帳戶儲蓄方案業務等。

13. 仲裁者（Mediator）

當孩子與科任教師、獄政系統管教人員或同儕之間發生誤會與衝突，協助調解，站在公平、中立立場使雙方相互了解，共同尋找解決問題的方式。

BOX 16-8

重要提醒

根據 Baker（1976）指出社工是扮演著多重角色的通才（曾華源譯，1986；胡芳靜，1996）。在專業服務過程中，扮演的角色不是單一的，角色和角色之間的區隔不容易、也不那麼絕對；不是每一位社工都要扮演全部的角色，而是在特定的情境下扮演個案所需要的角色，必須充分了解角色的內涵與意義（潘淑滿，2000；萬育維，2001）。

三、矯正學校社會工作實務必備能力 —— 創傷知情

(一)「診斷標籤」下的童年創傷經驗

童年創傷經驗會影響兒童發展中的大腦，讓孩子出現情緒失控或較衝動的行為；而許多老師眼中的「壞小孩」，往往也只是需要有人幫助他們處理創傷的孩子（留佩萱，2016）。

「當我翻閱厚厚一疊個案資料時，我的內心非常訝異 —— 為什麼幾乎我的每一位個案都被診斷為『注意力缺失／過動症』(Attention Deficit Hyperactivity Disorder)、『對立反抗症』(Oppositional Defiant Disorder)、或是『暴烈性心情失調疾患』(Disruptive Mood Dysregulation Disorder)。這些**『心理疾病』標籤**告訴我，這些孩子**無法專注、容易分心、經常發脾氣、容易生氣、會故意去惹怒別人、經常和人爭辯、會行為失控**等等。因為我需要到個案家裡提供諮商，讓我有機會走入這些孩子的生活環境中，看到在這些**『診斷標籤』下**，這些孩子正在（或曾經）經歷**貧困、髒亂的家庭環境、肢體暴力、情緒虐待、性侵害、疏忽、到處換寄養家庭、父母有毒癮問題、長期爭吵、離婚、家暴、父母有人去坐牢**等等。如果孩子的行為像是一座冰山，這些診斷標籤或是孩子表現出來的行為，就只是冰山水面上的那一角，而藏在水面下的 —— 那些我們看不見、沒有談論的 —— 則是『童年逆境』和『創傷』對一個人造成的影響。」(留佩萱，2016)。

(二) 問題行為被鑑定或診斷為障礙

作者從矯正學校的孩子身上也發現以上的情況。初到校時各個像刺蝟、對

大人小孩都不信任，怕被欺負、怕吃虧、怕被看不起，幾乎都有情緒行為問題——衝動控制差、情緒管控不佳、慣用暴力解決問題。孩子過去隨附資料顯示他們普遍在國中小階段就出現學習狀況與情緒問題行為，不少孩子在學校中曾被提報特教鑑定，被鑑定為學習障礙、情緒行為障礙或輕度智能障礙，曾被送到資源班或接受特教資源服務，在特教服務系統中被列管。不少孩子曾被帶到醫院身心科就診，被診斷出注意力不足／過動症、對立反抗症、間歇暴怒障礙症、行為規範障礙症、憂鬱症、焦慮症、邊緣性人格等不同情緒行為疾患。

重要提醒

矯正學校近幾年來具**特教生**身分的入校生有增加趨勢；有少數持有**自閉症、輕度智能障礙、中度智能障礙**等身心障礙手冊。這其中有些孩子確實是有身心障礙，進到矯正學校後，無法獲得足夠特教專業資源，生活適應上更加困難。

(三)「創傷知情」才能撕去標籤與帶來改變契機

1.「放棄學習」還是「學習障礙」？

來到矯正學校的孩子多在不利環境中長大，許多經歷了童年創傷，生命裡少有正向行為的學習楷模、學習資源與刺激普遍不足。他們過去的生活重心不在學習，在課堂上缺乏學習動機（發呆、睡覺、聊天或搗亂），放棄課業學習；還有許多根本不在教室而在輔導處、學務處或教官室，或是根本沒去學校、幾乎中輟。這樣的學習歷程與經驗，本就難培養正確學習態度或有效學習方法，導致孩子呈現學業成就低落、常識與知識不足，因此被送鑑定常成為學習障礙。

2.「病理觀點」限制正向改變可能性

「長期認同自己是一個病態的人被賦予被害者名稱，承接創傷與無能的被害者角色，與他人區隔，認同自己是受損的人，個人自我價值感與對於未來展望受到影響，帶來負面自我期待以致於降低正向改變可能性。」（Miley et al.,

2004; Rapp, 1998）。作者在實務中也觀察到許多曾被診斷各類障礙的孩子，習慣活在病名保護傘下逃避問題與挑戰，並期待得到特別對待。曾服用身心科藥物的孩子，入校後常主動向師長要求要繼續服藥，以此因應入校後的生活壓力，但在學習與行為改變上缺乏動機，限制了自己學習與改變的可能性。

3. 創造學習機會・重新教導・撕除標籤

理解孩子們是受到早年創傷經驗或環境中照顧者不良示範的影響，才造就今日問題行為標籤下的他，就能積極為孩子創造學習機會、重新教導、撕除標籤。作者在實務經驗中見證許多孩子在能被理解、重新教導後，問題行為都能獲得正向改變，不再被鑑定為學習障礙或情緒障礙、不再仰賴精神科藥物來逃避問題，能管理自己的情緒、採取理性方式來面對壓力、解決問題。

BOX 16-10

如何「創傷知情」？

1. 理解孩子曾經遭遇的早年創傷是如何影響著你眼前的這個孩子。
2. 辨認創傷，用這些知識基礎重新看待孩子出現的問題行為。
3. 改變回應孩子的方式與作法（用創傷知識做回應、防止再度受傷）。

16.5 網絡合作現況探討與建議

矯正學校內多數孩子來自高風險家庭，當孩子因犯罪問題行為進入矯正學校接受矯正教育，其高風險家庭同步也需要社會福利資源介入協助 —— 提升親職教養功能，增加保護因子，以提供孩子未來返家後的安穩環境，利其持續正向發展。

一、後續追蹤輔導制度

長時間以來並無法源依據保障結束矯正教育的孩子獲得「後送資源」，只能求助宗教團體或私覓民間社會福利資源，在資源有限下，許多家庭弱勢的孩子在司法系統中不斷輪迴。2012 年 5 月 3 日，內政部頒訂《兒童及少年結束家外安置後續追蹤輔導及自立生活服務作業規定》，保障矯正學校孩子離校後有後追社工繼續協助，讓孩子原生家庭的不利因素有機會獲得改善，降低再犯風險。

(一) 法源依據

依據《兒童及少年結束家外安置後續追蹤輔導及自立生活服務作業規定》。

(二) 辦理方式

每位學生預備出校前，依規定製作「結束、停止或免除感化教育之兒童少年後續追蹤輔導個案轉介評估（報到）單」，透過與各縣市政府社會局（處）嫁接完成之系統，將資料預先傳送至學生戶籍所在地之社會局（處）端，以利社會局（處）據以安排後追社工在孩子離校前先入校探視、建立初步關係，俾利在孩子出校後順利依法進行一年之追蹤輔導。

(三) 困境探討與建議

「後追制度」實施近十年，協助許多矯正教育結束的孩子重返社會、降低再犯風險；唯各縣市社會局（處）資源不均，在後追制度的規劃與執行內涵、實施方式上有極大差異，孩子能得到的服務與資源存在落差。以下針對目前遭遇的問題進行探討，期待後追服務能回應以下建議，協助解決困境。

1.「無人來接」的孩子，建請訂定處理流程與編列預算支出

部分極弱勢家庭的孩子在離校前就預知將面臨「無人來接」窘境，此類個案在即將符合提報聲免資格前，輔導教師提前將個案評估轉介單提供給戶籍所在地社會局（處），載明無人來接之原因與需求，建請提供協助。長期以來，僅少數零星縣市後追社工曾來校接回孩子，多數縣市後追社工表示後追服務從

個案返家開始，無提供此服務；或表達機構無相關經費、人力因應此狀況。期待各縣市社會局（處）能正視此問題並訂定處理流程，以避免「無人來接」的孩子在復歸第一步就遭遇困難。

2.「年滿 20 歲」離校的孩子，建請納入後追社工服務對象，提供資源協助

離校個案年齡最大為 21 歲，多數縣市社會局（處）函覆本校表示：「依《兒童及少年福利與權益保障法》第 111 條規定，後續追蹤輔導少年之個案開案年齡，以開案時未滿 20 歲為原則」，未提供滿 20 歲之轉介個案後追服務。離校時滿 20 歲個案出校後面臨的狀況與需求，與未滿 20 歲個案並無差別，特別是無家可歸及高風險家庭個案更是需要社會資源協助，建請將「滿 20 歲」離校的孩子納入後追社工服務對象，提供資源協助。

BOX 16-11

重要提醒

依《兒童及少年結束家外安置後續追蹤輔導及自立生活服務作業規定》，兒童及少年結束家外安置後續追蹤輔導服務對象包含**依《少年事件處理法》交付安置輔導或感化教育結束，停止或免除之兒童、少年及其家庭**，其中並未排除 20 歲以上的個案。

二、建構社會安全網之期待

(一) 落入司法處遇的孩子需要社會安全網保護

我國兒少犯罪問題處遇長年由「司法系統」主責，雖然《少年事件處理法》在 1997 年揭示「以保護代替管訓、教養代替處罰」的兒少犯罪問題處遇宗旨，修法內容也納入「廣泛結合社會資源協助法院輔導非行少年」、「將既有社會福利及教養機構納入少年輔導、勞動服務、親職教育體系中，使少年司法工作與社會工作結合，發揮社會整體力量共同協助少年」等具體處遇指導方向。但據賴恭利（2005）回顧我國整個少年法制發展，指出：「目前在實務上，社政、教育等相關單位都還是處於消極被動角色，並未能更積極在孩子的家庭、學校或社區中積極提供更充足的資源與協助，使得兒少犯罪處遇至今仍侷限於司法系統中，還是以『強制性機構處遇』作為終極處遇手段。」(蔡杰伶，2010)。

在「強制性機構式處遇」前，法院委由「觀護系統」使用強制「定期報到」來約束與輔導矯正兒少問題行為，但由於少年觀護人力有限，案量負荷重且可用社會資源有限，導致少年觀護效果受到諸多限制。另外，根據劉芳安(2008)研究，非行少年進入觀護體系後，因觀護人明顯執法角色阻礙其了解少年需求與問題及覺察少年的改變狀態，而少年本身具有的改變優勢若不能獲得觀護人的肯定與協助，其優勢發揮將遭遇困難。如此也直接影響少年觀護制度對於兒少犯罪之處遇成效。

部分問題行為兒少則因原生家庭環境無法發揮親職管教功能甚至是照顧者可能對兒少發展有不利影響，由「司法轉向」安置到社福機構中收容。但此類處遇之設施與功能尚在發展中，還存有諸多限制。林尚蔚(2008)指出：「司法少年轉介輔導之問題在於：1. 相關法規及配套措施之缺失：法規規範不明，導致實務執行困難；2. 社會與司法機構缺乏正式的平行溝通及聯繫管道：缺乏對於彼此業務之認知；角色分工不清楚；缺乏溝通的平臺與聯繫之管道；3. 各體系內部之歧異。『司法轉向安置』處遇無法作為犯罪問題行為兒少處遇之普遍與有效選擇。」

司法處遇最後一道防線——強制性機構式處遇，即是將微罪兒少裁定「感化教育」、將重罪少年判定「少年徒刑」，令其收容於隸屬法務部之「矯正學校」中，施以「刑罰」與「保護」兼備之強制性機構式處遇。然而，矯正教育內涵再豐富、後追社工服務系統再完備，充其量也是亡羊補牢而已。

(二) 最有效的兒童少年犯罪問題處遇策略——積極建構「社會安全網」

作者認為最有效的兒少犯罪問題處遇策略應是積極建構「社會安全網」——在兒少落入犯罪之前，就積極介入高風險家庭提供必要社會資源協助，預防兒少犯罪問題發生。

2019 年 5 月 31 日，立法院三讀通過《少年事件處理法》部分條文修正草案；2020 年 6 月 19 日修正條文將正式上路，未滿 12 歲兒童觸法將不在進入司法程序，改由教育、社政、警政等行政機關接手處理。

作者認為此是兒少犯罪問題處遇正確與必要之方向，期待國家能編列充足經費、提供足夠人力支持，讓教育、社政、警政系統得以確實規劃配套措施，落實對高風險家庭兒少的協助，也建議應建立跨領域合作對話平臺，定期檢視討論合作模式，建構完善的社會安全網，預防兒少犯罪問題發生。

問題思考

一、以「再犯率」與「支出成本」作為矯正學校成效指標適合嗎？

二、洪蘭教授說：「一個國家的錢不是花在教育上就是花在監獄上」，你的看法？

三、你覺得矯正學校社會工作最重要的角色和工作內涵是什麼？為什麼？

四、你如何看待青少年情緒行為問題？如果是你會如何處理因應？

五、你覺得兒少犯罪問題是社會問題還是司法問題？你認為應該如何建構完善的社會安全網？

參考文獻

宋麗玉、施教裕（2009）。《優勢觀點：社會工作理論與實務》。臺北：洪葉文化。

林尚蔚（2008）。〈司法少年轉介輔導之探討〉。國立臺北大學犯罪學研究所碩士論文，新北。

林秋蘭（2002）。〈我國少年矯正政策之評估研究〉。國立臺北大學碩士論文，新北。

林琇圓（2005）。〈我國少年矯正學校辦學成效之評估研究——以誠正中學為例〉。元智大學管理研究所碩士論文，桃園。

胡芳靜（2006）。〈司法與社工人員在處婚案件中角色與期待之研究〉。國立中正大學犯罪防治研究所碩士論文，嘉義。

翁毓秀（2005）。〈學校社會工作的實施模式與角色困境〉，《社區發展季刊》，112，90-91。

許臨高（2011）。〈學校社會工作實務運作之我見～以校園霸凌預防與處遇為例〉，《社區發展季刊》，135，171-173。

彭慶平（2003）。〈我國少年矯正學校之經營績效評估研究——以誠正中學為例〉。國立交通大學管理學院碩士在職專班經營管理組碩士論文，新竹。

萬育維（2001）。《社會工作概論理論與實務》。臺北：雙葉。

劉芳安（2008）。〈非行少年進入觀護體系之歷程與經驗〉。東海大學社會工作學系碩士論文，臺中。

潘淑滿（2000）。《社會個案工作》。臺北：心理。

蔡杰伶（2010）。〈優勢觀點為基礎之探索教育團體對感化教育少年增強權能的成效〉。國立政治大學社會工作研究所碩士論文，臺北。

賴恭利（2005）。〈我國司法處遇福利化之研究〉。國立中正大學法律研究所碩士論文，嘉義。

明陽中學（2019）。《成立宗旨》，取自：https://www.myg.moj.gov.tw/356645/356702/356705/603892/post（上網日期：2020 年 10 月 21 日）。

留佩萱（2016）。《美國 ACE 研究告訴我們什麼？：大人們該從「受了傷的童年」中學會的事》，取自：https://www.thenewslens.com/article/42385（上網日期：2020 年 10 月 21 日）。

留佩萱（2018）。《看見「童年創傷」深井，成為創傷知情》，取自：https://counselingliu.com/2018/10/31/ 看見「童年創傷」深井，成為創傷知情 /（上網日期：2020 年 10 月 21 日）。

楊士隆（2001）。《少年犯罪生涯與常習犯罪研究之發展與啟示》，取自：http://www.ccunix.ccu.edu.tw/~clubcrime/Paper/1/101.PDF（上網日期：2009 年 11 月 20 日）。

誠正中學（2018）。《歷史沿革》，取自：https://www.ctg.moj.gov.tw/15267/15269/15275/103401/post（上網日期：2020 年 10 月 21 日）。

Frances Costa. (2005). Problem-Behavior Theory, Encyclopedia of Applied Developmental Science (Vol. 2), In C.B. Fisher & R.M. Lerner (Eds.), Thousand Oaks, California: Sage, 2005, pp. 872-877. On Jun 19, 2009, Retrieved from http://www.colorado.edu/ibs/jessor/pb_theory.html

James Marquoit & Martha Dobbins (1998). Strength-Based Treatment for Juvenile Sexual Offenders. *Reclaiming Children and Youth*; Spring 1998; 7, 1; ProQuest Education Journals.

Jessor, R. & Jessor, S. L. (1977). *Problem behavior and psychosocial development: A longitudinal study of youth*. New York: Academic Press.

Jessor, R. (1985). Structure of Problem Behavior in Adolescence and Young Adulthood. *Journal of Consulting and Clinical Psychology, 53* (6), 890-904.

Jessor, R. (1991). Risk behavior in adolescence: A psychosocial framework for understanding and action. *Journal of Adolescent Health, 12* , 597-605.

Jessor, R. (1993). Successful Adolescent Development Among Youth in High-Risk Settings. *American Psychologist, 48* (2), 117-126.

Jessor, R. (1998). New perspectives on adolescent risk behavior, In Jessor, R. (Ed.), *New Perspectives on Adolescent Risk Behavior*. New York: Cambridge University Press.

Kam-shing YIP (2006). A Strengths Perspective in Working with an Adolescent with Self-cutting Behaviors. *Child and Adolescent Social Work Journal, 23* (2).

Saleeby, D. (1997). *The strength perspective in social work practice* (2nd Ed).White Plains, New York: Longman Publisher USA.

CHAPTER 17

受刑人在監輔導及更生保護

本章重點

- 了解臺灣受刑人在監輔導的發展背景與現況。
- 認識高齡及身障受刑人在監輔導的常見問題與處遇情況。
- 認識性侵犯受刑人在監輔導的常見問題與處遇情況。
- 了解更生保護在臺灣的發展背景與現況。

17.1 受刑人在監輔導與社會工作

一、犯罪矯治模式的發展脈絡與趨勢

社會大眾對於矯治機關的期待，長久以來都是透過限制犯罪人之自由來達到懲罰的目的，進而實現司法正義，然而隨著時代的改變及人權思潮的進步，犯罪矯治的管理思維已從早期應報及懲罰的觀念，轉變為教化與重生的矯治理念（法務部矯正署，2018）。早期的「報復主義」、「隔離主義」、「鎮壓主義」漸為人道的「感化主義」與積極的「矯治主義」所取代，在 1960 至 1970 年代，犯罪被認定為個人與社會適應不良的結果，需由專業的知識與技術對犯罪者的心理病態施以適當的矯治與教育，步向治療的醫學模式（medical model）或復健模式（rehabilitation model）。然而欲藉由治療以壓低再犯率的期待並未如願以償，因此後來正義模式（justice model）則竄起成為犯罪矯治思潮的主流，該模式最主要的代表人物為美國學者 Fogel，其強調假如犯罪處遇效果不佳，在矯治實務上至少可依公平、理性、人道化、法治精神對人犯施以適當處遇（李增祿，2012；林明傑，2018；林茂榮、楊士隆，2016）。

在矯治觀念式微後，部分學者仍主張刑罰不應該放棄犯罪人自新機會，於是重整（reintegration）觀念由此而生，該觀念認為刑罰應積極扮演移轉（transition）犯罪人順利回歸社會之角色，也因此產生「再整合模式」(reintegration model)，又名「社會復歸模式」，主張一方面降低拘禁的負面影響，另一方面則調整受刑人出獄後所要復歸的社會環境，使他們得以再整合到所屬的社區，該模式強調的是「適應主義」，此也促成矯治新局面的開創(李增祿，2012；林明傑，2018；林茂榮、楊士隆，2016)。同樣受到國際趨勢的影響，我國經過獄政革新計畫實施及刑事政策走向修正之後，也逐漸採取教育刑的理念為主，朝向社區／重整模式之趨勢（張淑慧，2009)。整體而言，矯治的新趨勢大致如下（李增祿，2012）：

(一) **去機構化。**

(二) **去犯罪化與轉換：**針對無受害者的犯罪，社區願意抱持更大的容忍度，允許這些偏差者犯罪審判程序轉換到社區提供的各種不同種類之處遇裡。

(三) **縮短在機構內的時間：**長期處於不自然的環境中，只會造成更大的傷害與更多的痛苦。

(四) **取代機構化的其他可行途徑：**步向以社區為基礎的處遇，盡量使犯罪者停留在其社會根源接近的當地社區裡，維繫犯罪者與社區的正常角色關係，俾復歸原社區後能適應。

(五) **使機構化的期間充分發揮效用：**矯治機構能從「犯罪懲治機構」，轉變為「生活訓練機構」。

(六) **恢復公民與社會權利：**提升受各種矯治控制者應有權利之認可，保障公民權利。

二、矯治社會工作的意涵與類型

隨著矯治觀念的改變，社會工作在犯罪矯治中的角色和需求隨之突顯，矯治社會工作專業領域也因應而生。矯治社會工作（Correction Social Work）指的是在犯罪矯治體系（correction system）中，運用社會工作專業以協助受刑宣告及執行、緩刑、假釋期間的犯罪人，使其能自我了解、與他人建立關係、重建符合社會規範的生活方式，以回歸社會或促進其福利（李增祿，2012；林明傑，2018；張淑慧，2009）。許多人經常將司法社會工作視為矯治社會工作，但就服務領域、對象及服務內容而言，兩者實有差異，矯治系統是刑事司法體系的一部分，而矯治社會工作是司法社會工作的一環（張淑慧，2009）。矯治社會工作主要區分為以下兩種類型（DuBois & Miley, 2019；李增祿，2012；莊俐昕、黃源協，2020）：

(一) 機構處遇（institutional treatment）

係指將犯罪者安置於感化院、看守所、監獄等有形之犯罪矯治機構內，運用教育、行為矯治、職能治療、個別諮商與團體治療等方法來達到鼓勵自新、習藝就業、補習教育及適應生活。其功能大致包括（黃維賢，2011）：

1. **提供受刑人治療與處遇。**
2. **協助機構發展有效且可行的矯治方案。**
3. **倡導、尋求合適資源與連結社區。**
4. **協助評估監獄矯正政策、方案或計畫。**
5. **適應社會生活的功能。**

(二) 社區處遇（community treatment）

係指針對受刑人提供替代監禁的一種刑罰，旨在改變傳統隔離監禁處遇方式，讓犯罪者仍在自由社會中生活，運用專業人員的輔導、訓練與社區資源予以協助，以增進良好的社會關係，達到再教育及再社會化之目的，並適應社會規範。社區處遇的主要型態或方法有中途之家（halfway house）、寄養家庭（foster home）、緩刑（probation）、假釋（parole）及更生保護（after care）。社區處遇的興起主要是對機構處遇的反省，Whisenand 認為其具有以下優點（李增祿，2012）：

1. **擴大人道主義處遇措施之運用。**
2. **增進受刑人重返正常社會之可能性。**

3. **節省國家之公帑。**
4. **減少監禁處遇對受刑人之不良影響。**
5. **促進預防再犯。**

三、監獄社會工作實施現況與困境

《監獄行刑法》第 1 條揭示：「為達監獄行刑矯治處遇之目的，促使受刑人改悔向上，培養其適應社會生活之能力，特制定本法。」顯見加強受刑人教誨教化工作，使其回到社會後能夠改過向善、減少再犯，是矯治機關重要的任務。我國監獄矯治雖然強調輔導工作，然而教化人力普遍不足，長期以來主要多是引進社會熱忱的（教誨）志工或慈善團體進入監獄協助教化工作，而專業社工有系統地正式進入監獄矯治體系，則是在 1996 年政府全面向毒品宣戰的政策下，立法通過《法務部戒治所組織通則》，才開始設有社工之編制（林明傑，2018；黃維賢，2011），自此各監獄開始陸續進用社工，社會工作的專業理念與服務也被引進監獄矯治體系（有關毒品危害防制，詳見第 14 章），其除了毒品危害防制與處遇外，也陸續開始針對高關懷特殊收容人進行輔導處遇工作。

近年在專業輔導人力的編制與補充方面，主要是依據立法院司法及法制委員會決議，於 2015 年由法務部提報的「矯正機關充實編制內臨床心理師與社會工作員需求計畫書」，該計畫預計逐年增補專業輔導人員之員額，經矯正署完成「獄政革新專案報告」後，以 2018 年 5 月底為基礎，預計增聘心理、社會工作專業人力 199 人，惟因考量國家財政及人力控管等因素後，改以委外方式辦理，自 2019 至 2021 年分三個階段逐年補充。增補之專業輔導人力的業務範圍，主要包括：針對特殊收容人需求的評估、輔導／諮商／治療、轉銜、提供管教人員相關處遇規劃意見、提供相關社會資源連結，同時也能投入特殊收容人之規劃、發展與研究。

為協助受刑人得以適應監所、改變犯罪動機、改善家庭關係及順利復歸社會，社會工作的介入則更顯重要，社工在監獄內可以扮演的角色，大致可包括（Lister, 1987；黃永順、邱明偉，2006；黃維賢，2011）：

（一）**直接服務提供者**：臨床處遇者、教育者、催化者、支持者。
（二）**社區系統的連結者**：社區處遇者、資源管理者、政策發展者。
（三）**監獄系統的發展與維護者**：顧問、合作者、調停仲裁者、倡導者。
（四）**研究者**：研究者、研究成果使用者。

即便社會工作的專業角色逐漸受到重視，但其在監所推動各項輔導處遇時，仍遭受到許多的困境（林明傑，2018；黃永順、邱明偉，2006；黃維賢，2011；監察院，2020）：

（一）**專責社會工作人力不足**：多數監獄超額收容，長期以來因為受刑人暴增及編制與經費之限制，教誨師人力嚴重短缺，更遑論專業社工。
（二）**社工難以融入矯治團隊**：社工在監獄內經常需與不同專業訓練背景者共同合作，然而彼此價值觀的衝突與處遇理念的差異，經常阻礙助人專業的推動。此外，目前社工多來自勞務派遣，因雇主非矯正機關，其人員管理與專業處遇督導權責難以釐清。
（三）**社工留任不穩定**：現行人力承攬為一年一聘，並採用派遣制，對於人員與單位間的關係發展屬短期，其不利累積工作經驗、留任穩定性以及成果展現，也不利於專業人員熟悉收容人之特有需求，難以與個案建立穩定且專業的關係。
（四）**專業化處遇計畫未能落實**：綜合前述的因素，致使社會工作專業化處遇計畫在缺乏足夠支援的狀況下，難以有效推動及落實執行。

17.2 高齡與身心障礙受刑人在監輔導

一、高齡受刑人在監輔導

隨著臺灣人口結構推移與高齡社會來臨，近年各監獄新入監高齡受刑人數量有逐年增高的趨勢，依據法務部統計年報，2019 年監獄新入監 60 歲以上之

受刑人達 2,547 人，約占全體新入監受刑人之 7.3%（法務部，2020）。有別其他年齡之受刑人，高齡者不僅面臨生理的衰弱，在獄中也需配合與年輕受刑人共同團體生活，同時也要面對未來出獄後就業及生活的茫然。整體而言，高齡受刑人在監獄中通常面臨到以下問題（林茂榮、楊士隆，2016；法務部矯正署，2018；黃徵男、賴擁連，2015）：

（一）**健康與醫療問題：**高齡受刑人身體機能逐漸退化，許多高齡受刑人罹患諸多疾病，諸如心臟病、高血壓、糖尿病，甚至惡性腫瘤等慢性疾病，然而通常監獄較缺乏完善的醫療措施及安全設施，難以讓高齡者維持良好的在監生活。

（二）**人際與生活適應問題：**雖然高齡受刑人較遵循管理規範且不隨意違規生事，但容易與年輕受刑人較為疏遠，獄所中許多康樂活動多主要針對年輕人設計，高齡者較不願意參加，加上高齡者在體力上不如年輕力壯的受刑人，因此在作業或同處時較容易受到欺壓，成為監獄中的弱勢。

（三）**學習意願與就業機會問題：**高齡受刑人面臨身體老化及心態的老邁，在學習意願與能力普遍較一般受刑人低落，即便其學得技術或有意願，在出獄後也面臨比年輕或中壯年的受刑人更嚴峻的年齡就業障礙，這亦加深其重返社會的壓力。

為因應高齡受刑人特性及其所面臨的問題，應可從幾個面向加以因應，以減少問題的產生並有效發揮在監輔導功能：

（一）**提供完善醫療保健措施：**針對具有慢性疾病及重症列管之高齡受刑人，能夠定期進行主動篩檢與治療，如在監所內難以適當醫治者，得斟酌情形申請保外醫治；此外，需注意受刑人之營養與保健情況，並依情況提供適合的輔具及照護措施。

（二）**強化心理健康處遇：**加強高齡受刑人情緒支持、輔導或醫療轉介服務，並加強衛生教育之宣導、增加精神科門診服務量，平時則可透過心理師或社會工作專業人員導入，強化受刑人之監禁適應及情緒紓解。

(三) **規劃老弱工場及高齡專區之設置：**評估高齡受刑人之狀態與能力，在監所內設立專區，安排適宜的工作內容、提供合宜的無障礙安全設施，並透過管理機制與空間區隔，以避免欺凌及預防被害之情事發生。

(四) **開發適性的活動與課程：**開發設計適合高齡受刑人的活動與課程內容，鼓勵其參與運動、休閒與社交，以促進其身體健康及維持社會參與之意願能力，避免身體加速老化，也減少人際上的不斷退縮。

(五) **落實更生保護輔導的準備：**針對出監後可能就養與就醫需求者，應先主動連結社政單位、更生保護、民間慈善團體與醫療機關等，預先準備轉介與安置，並給予足夠的心理支持，減少對於出獄後的恐懼與擔心。

二、身心障礙受刑人在監輔導

身心障礙者在服刑中比一般健康受刑人面臨更多的困境，《監獄行刑法》第 6 條第 3 項即特別加以規定：「監獄應保障身心障礙受刑人在監獄內之無障礙權益，並採取適當措施為合理調整。」對於身心障礙受刑人應考量收容特性、現有設施狀況及身心障礙者特殊需求，提供多元的無障礙輔助措施。非屬精神與心智功能障礙的身心障礙受刑人，與失能高齡者遭遇的問題及處遇方式相似，但由於許多身心障礙者年齡尚輕，出獄後有較長時間與機會需回歸社會工作崗位，因此就需要更重視職業訓練與專業培養，藉由提供適宜的技訓機會及職類、採取職務再設計及輔導就業轉銜等措施，鼓勵及培養身心障礙受刑人獲得自信與能力，同時也需連結家庭支持與社會資源網絡，以有助提升其在監所的適應，並充實重返社會的準備。

身心障礙受刑人中以肢體及慢性精神病者居多，在整體適應方面，就以智能障礙及慢性精神病受刑人最低，而實務運作方面，慢性精神病受刑人所帶給管教人員的困擾最多（林茂榮、楊士隆，2016）。智能障礙者在監所中常見的問題包括：

(一) **個性單純易受人利用、敲詐、慫恿，且由於反應及表達遲緩，易受欺負嘲弄。**

(二) **生活適應能力較差，在學習遵循規定較困難，不易適應團體生活。**

（三）缺乏性知識與好奇，易成為性侵害或交易之對象。
（四）溝通能力欠缺，人際溝通易有障礙。
（五）自我照顧能力較弱。

而慢性精神病患在監所中常見的問題則包含：

（一）情緒不穩定、缺乏安全感。
（二）有攻擊或自殘傾向，對自身及他人安全容易造成威脅。
（三）精神疾病經常伴隨嚴重身心和情緒困擾，易導致人際關係欠佳、不適應團體生活，因此也容易受人排擠、欺負，以及歧視。
（四）環境壓力、氣候變化、季節更替、服藥不確實等因素皆可能誘發病情復發。
（五）監獄大多無精神專科醫生且缺乏醫療設備。
（六）監獄舍房不足，不同病況精神病犯同住，恐致使狀況更加嚴重。
（七）釋放後就醫就業及安置困難。

許多受刑人在入獄前並未經正式鑑定或能提具充足證明，因此監所也難以針對智能障礙者或慢性精神病進行詳實掌控及精確統計，在缺乏充足的專業輔導能力與人力的情況下，要能夠提供合宜的處遇措施就更加困難。智能障礙及慢性精神病受刑人所面臨的問題雖然不盡相同，但在面對這些棘手的問題時仍有許多方面可供相互借鏡，以下提出幾項處遇對策：

（一）依智能障礙及慢性精神病狀情節決定安置型態，規劃設立專區或專業病監。
（二）提供適當的醫療或復健措施，確保受刑人能獲得適宜的診治及穩定用藥。
（三）強化日常照顧及生活教育，建立穩定支持系統。
（四）加強管教人員之特教及精神疾病專業知能，增進辨識敏感度及提升教化技巧。
（五）推廣智能障礙及慢性精神疾病之正確觀念及相處方式，建構獄所友善環境。
（六）規劃適合的職能訓練，安排較無危險性之工作場所與工作內容。
（七）連結受刑人親友及社會資源網絡，落實更生保護輔導轉介或安置之準備。

17.3 性侵害犯罪受刑人在監輔導

一、性侵害犯罪在監輔導的發展背景

性侵害犯罪長久以來就是治安的一大隱憂，但在過去此議題卻未被嚴肅看待，直至 1996 年 11 月轟動一時的彭婉如命案，方促成社會大眾及政府正視性侵害事件的嚴重性，也終於在 1997 年催生《性侵害犯罪防治法》的立法，明訂政府應負起性侵害防治之方案、通報責任、被害人之醫療與輔導、性侵害加害人之社區輔導與監控、性侵害防治宣導教育等責任。

對於性侵害加害人進行處遇，主要區分為在獄中的「強制診療」以及在社區的「身心治療或輔導教育」，法務部在 1994 年曾頒訂「妨害風化罪受刑人強制診療實施要點」作為監獄治療之依據，後則於 1998 年頒訂《妨害性自主罪與妨害風化罪受刑人輔導及治療實施辦法》，在性侵害犯罪案件層出不窮的情況下，政府在 1999 年也進一步修正《刑法》，對於因觸犯性侵害案件之犯罪人附加保安處分，正式規範犯罪人必須進行強制治療（林明傑，2018；黃徵男、賴擁連，2015）。2005 年《性侵害犯罪防治法》再次進行重大修正，主要是解決出獄之加害人與社區處遇銜接之問題，將性侵害加害人建檔評估的時程往前推至在獄中處遇，亦即加害人在出獄前即應完成建檔評估，並提出社區處遇之建議。

除了 2012 年頒訂的《性侵害犯罪加害人身心治療及輔導教育辦法》，以及 2020 年進一步修正的《妨害性自主罪與妨害風化罪受刑人強制身心治療及輔導教育實施辦法》之外，根據《監獄行刑法》第 140 條也規定，性侵害犯罪者經鑑定、評估，認有再犯之危險，而有施以強制治療之必要者，監獄應於刑期屆滿前四個月，將受刑人應接受強制治療之鑑定、評估報告等相關資料，送請該管檢察署檢察官，檢察官至遲應於受刑人刑期屆滿前二月，向法院聲請出監後強制治療之宣告，此作法使強制治療更為周延，同時也讓相關法條及執行作業更臻完善（邱惟真，2018；黃徵男、賴擁連，2015）。

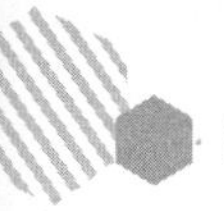

二、性侵害犯罪受刑人在監輔導的實施現況與困境

依據《監獄行刑法》及《刑法》相關規定，各監所應將性犯罪受刑人移送法務部指定監獄專區收容，並與公、私立醫療機構或團體簽約。實務上，性侵犯入獄一個月內即需由接收小組會同精神科醫師、臨床心理師及社工等專業人員進行調查並召開會議，評估及診斷施予強制治療或輔導教育，其中有矯治必要者，將聘請治療人員施予團體或個別心理治療，並於結束後召開治療評估會議，未通過者則需持續進行另一個療程，每一個療程皆約半年到一年，一旦認有需要接受獄中治療，非經強制診療結案不得假釋。受刑人於徒刑執行期滿前，接受過輔導或治療後，經鑑定、評估，認有再犯之危險者，應報請檢察官向法院聲請刑後強制治療，法院裁定受刑人受刑後強制治療處分後，應每年鑑定評估之，至再犯危險程度顯著降低為止（陳慈幸等，2013）。

即便法令與時俱進，性侵害犯罪事件的發生仍層出不窮，2019 年地方檢察署新收性侵害偵查案件計 4,473 件，較上年增加 5.1%，偵查終結起訴人數共 1,802 人，亦較上年增加 4.5%，法院裁判確定移送檢察機關執行有罪人數則有 1,430 人（法務部，2020），性侵害犯罪占入監受刑人數比例即便不算高，但在進行輔導時所面臨的問題卻顯得格外嚴峻（林茂榮、楊士隆，2016；陳慈幸等，2013）：

（一）**性侵犯受刑人對於治療的看法，大多懷有逃避與抗拒心態，在接受治療時也經常採取消極配合的態度。**

（二）**性侵害受刑人在監所中通常較缺乏地位，也容易受到其他受刑人鄙視，在監所中較易發生受欺凌之情事，甚至遭受私刑伺候。**

（三）**性侵害受刑人在監所的生活適應較其他人困難，尤其性侵害犯本身的獨特性格、情緒狀態，早年經驗及人際問題等眾多問題，易形成自我退縮與封閉的情況。**

（四）**監獄管教人員缺乏對於性罪犯診療之專業知能，容易造成診療工作無法銜接受刑人在獄中之生活適應及特殊次文化問題的情況，影響整體治療效果。**

（五）**性犯罪相關之專業監獄或診療醫院、以及專業治療人員數量和資格不足，輔導處遇往往無法落實，導致治療成效減半，甚而流於形式。**

（六）**性侵害團體成員異質性過大，團體中可能包含精神疾患、瘖啞、重聽者等，在進行團體治療時，容易降低治療成效，並造成團體運作的困難。**

為更有效因應性侵害犯罪受刑人的特性及其所面臨的問題，應可採取以下策略加以因應，降低可能問題產生並提供適當的處遇（法務部矯正署，2018；林茂榮、楊士隆，2016；陳慈幸等，2013）：

（一）建構專業合作模式，強化連續處遇機制

性侵害犯罪處遇涵蓋刑中治療、刑後強制治療以及社區處遇，因此過程中應整合矯正、衛政、社政、法務、警政等相關專業單位及人員，並納入更生保護系統，以提供更完整的資源與輔導處遇。同時藉由各單位的交流、資料傳達及研討機制等進行有效協調溝通，以提供更多資源並提高輔導處遇的效能。

（二）增加專業輔導能量，落實輔導處遇措施

培養獄所人員基本輔導觀念、增設臨床心理師及社工等專業人力，透過人力補充及能力的提升，提供受刑人適當及充足的輔導處遇措施，有效達到獄中治療效果並能適應獄中生活。

（三）落實專監及專區之設置，建置適當合宜的教化環境

除指定監所外，能提供專區或特定配套措施，除了施予治療輔導，也提供合宜的日常生活輔導環境、避免欺凌私刑事件發生、減少受刑人遭受敵視導致仇恨心態，方能達到較佳之治療及教化成效。

（四）鼓勵投資研究發展，提升輔導處遇專業

藉由獎勵措施及編列經費，鼓勵各界投入性侵害犯罪領域之研究，累積更加充沛的專業資訊與經驗，發展更多元的個別或團體等治療輔導措施。

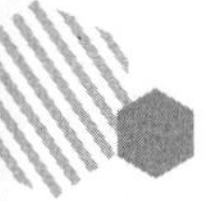

17.4 更生保護

一、更生保護的發展背景

更生保護制度源於 18 世紀末的英國，由一群充滿宗教情懷的熱心人士在各地設立民間組織「出獄罪犯援助會」（Discharged Prisoners' Aid Societies，簡稱 DPAS），在 1862 年《出獄罪犯法案》（Discharged Prisoners' Act）通過後，原先由民間資助型態開始對公費的依賴逐漸升高，到了 1950 年代，則轉變成幾乎全數仰賴政府公費挹注（McAllister et al., 1992），政府對於更生保護的主導角色也就更加確定。我國的更生保護制度則萌芽於日治時代，同樣也是由民間組織所發起，直至 1976 年《更生保護法》制定通過方有明確的法源依據。

國內更生保護工作主要是由財團法人臺灣更生保護會辦理，該組織的前身為 1946 年設立的「臺灣省司法保護會」，其於 1967 年更名為「臺灣更生保護會」，辦理各地方出獄人保護工作，為財團法人組織的公益慈善團體，自《更生保護法》通過進行改組，辦理更生保護事業，目前則由法務部保護司掌理更生保護業務之策進、規劃、指揮監督。目前全國共有十九個分會，皆設於各地方法院所在地，其下配置更生輔導員執行有關更生保護事項，更生輔導員為無給職，由轄區志工擔任。

更生保護的目的在協助出獄罪犯逐漸適應正常之社會生活，為近代刑事政策之新制度。由於刑罰手段已由消極的「懲罰」趨向於積極的「教育」，期待藉由矯治教育逐漸改正受刑人的行為以達到復歸社會的目的，因此在刑事處理程序的偵查、審判、執行之後，特別再增加「保護」階段，以協助輔導受刑人出獄後能自立生更生、重新適應社會，這種改變不但從社會防衛觀點出發，也對出獄的更生人予以協助、照顧，以達到預防再犯的目的，更生保護與犯罪矯治具有相輔相成之作用（林茂榮等，2020）。

二、更生保護的實施現況與困境

《更生保護法》第 1 條即揭示：「為保護出獄人及依本法應受保護之人，使其自立更生，適於社會生活；預防其再犯，以維社會安寧。」該法所欲保護之對象包括：

（一）**執行期滿，或赦免出獄者。**

（二）**假釋、保釋出獄，或保外醫治者。**

（三）**保安處分執行完畢，或免其處分之執行者。**

（四）**受少年管訓處分，執行完畢者。**

（五）**依《刑事訴訟法》第 253 條或《軍事審判法》第 147 條，以不起訴為適當，而予以不起訴之處分者。**

（六）**受免除其刑之宣告，或免其刑之執行者。**

（七）**受緩刑之宣告者。**

（八）**受徒刑或拘役之宣告，在停止執行中或經拒絕收監者。**

（九）**在觀護人觀護中之少年。**

（十）**在保護管束執行中者。**

目前我國出獄社會工作主要由兩個系統負責，其一為「觀護人室」，另一個則為「更生保護會」（林明傑，2018）。根據《刑法》第 93 條規定，假釋期間應付保護管束，因此期滿出獄者並無保護管束之規範，因此觀護人即無法介入輔導，主要是根據《更生保護法》由更生保護員提供服務，而更生保護的實施大致可分為三種方式：

（一）**直接保護：**以教導、感化或技藝訓練之方式行之，其衰老、疾病或身心障礙者，送由救濟或醫療機構安置或治療。

（二）**間接保護：**以輔導就業、就學或其他適當方式行之。

（三）**暫時保護：**以資送回籍或其他處所，或予以小額貸款或其他適當方式行之。

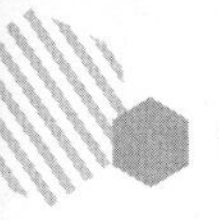

更生保護會在實施更生保護時，與當地法院、法院檢察處、監獄、警察機關、就業輔導、慈善、救濟及衛生醫療等機構保持密切聯繫，且必要時並得請予協助。目前更生保護會各地分會依據前述三種方式，主要提供的服務包括：

（一）**協助參加技能檢定：**提供報名參加技能檢定補助。

（二）**輔導就業：**採取入監輔導（宣導）及出監後一對一之認輔方式，針對更生人提供個別的就業服務、創業諮詢輔導，求職觀念培養，並在出獄後的認輔期間採取定期追縱方式，加強個案就業意願，並透過各種管道進行宣導或徵詢企業廠商提供更多就業職缺，以拓展更生人就業的機會。

（三）**輔導就學：**依更生人個別狀況，協助辦理入學、復學或轉學等手續，並依相關就學規定發放獎助學金及生活補助金。

（四）**其他協助：**包括急難救助、旅費或膳宿費用資助、醫藥費用資助、護送返家或其他適當處所安置、協助戶口申報、協助創業貸款申請等。

除了由更生保護會提供之服務外，《就業服務法》第 24 條也有相關規定，主管機關應對自願就業之更生受保護人，訂定計畫，致力促進其就業，並於必要時發給相關津貼或補助金；《就業服務法》第 31 條也有規定，公立就業服務機構應與更生保護會密切聯繫，協助推介受保護人就業或參加職業訓練。目前各地就業服務中心多設有專責就業輔導員提供個別化及專業化就業諮詢，進行更生人勞雇媒合，對於僱用失業更生人之雇主則提供僱用獎助津貼，參與公私立機構職業訓練且有經濟有困難的更生人，得以減免訓練費用，並酌以補助伙食費及零用金。目前各地就業服務中心與當地更生保護會、在地監所通常保持密切的合作關係，但明顯看出政府對於更生保護之輔導處遇，仍多著重在就業輔導為主；此外，也有部分民間宗教團體或社會服務性機構等，亦提供少部分的更生保護服務。

我國 2019 年申請保護之更生人為 7,646 人，較前一年增加 24.2%，其中由檢察官、觀護人或監獄人員通知更生保護會予以保護者計 5,032 人，占 65.8%，其餘則為自請保護者，該年度更生保護共執行 10 萬 306 人次，其中以輔導就業、就學、訪視等間接保護方式最多，其次為收容、技藝訓練等直接保護，少數則是資助旅費、膳宿費及小額貸款等暫時保護（法務部，2020）。

即便我國更生保護的推動已行之有年，但到目前為止仍面臨到許多問題（林明傑，2018；林茂榮等，2020；曾華源、白倩如，2009）：

（一）社會大眾對更生人的刻板印象及負面觀感，造成排斥及求職不易

受刑人在出獄後經常遭受社會及雇主拒絕排斥，導致生活適應及謀職求生困難，也因此容易重操舊業，再度落入犯罪之惡性循環，工作不穩定是再次犯罪的高危險群。

（二）專業人力及能力不足

更生保護會之定位既非司法機構，角色上也非一般民間社福機構，在人員編制上又無專任輔導人員，主要是由無給職志工擔任，雖仍有接受教育及實習訓練之規範，在矯治觀念及專業輔導能力難免良莠不齊，容易致使服務品質不穩定；另外，受限專業人力不足，接受服務者也僅占實際出獄人數之少數，難以照顧到絕大多數的更生人。

（三）家庭親友關係修補困難

受刑人特殊的性格及犯罪行為，對於其與親友的關係通常造成負面影響，加上服刑期間彼此間缺乏相處互動機會，更容易導致關係的疏離或衝突，受刑人出獄後不敢返家、不被接納、衝突不斷或冷漠對待的情事更是時有所聞。

（四）就業技能缺乏且未符合市場潮流

監所提供之技能訓練缺乏選擇性，且不見得符合受刑人興趣專長或外界人力市場需求，導致出獄後難以覓得適合工作。

（五）更生保護缺乏約束力

面對較不習慣主動求助或非自願的更生人，更生保護服務難以介入，雖然假釋期仍需交付保護管束，但一旦期滿出獄則未能有強制規範，更生保護就更難以推動。

(六) 聚焦就業服務，輕忽其他輔導處遇

雖然經濟與就業是更生人所面臨的首要問題，但若未能關注其身心狀況、家庭關係與其他社會支持等，則難以達到協助其重新適應社會之綜效。

受刑人出獄重返社會原本就會面臨重重難關，再加上政府資源的限制，為能落實更生保護之推動，可採取以下策略加以因應：

(一) 改善社會觀感，排除就業障礙

增加社會大眾對於更生保護之認識與宣導，以減少對更生人及其家人的污名化與標籤、降低受刑人重返社會之心理障礙，除特殊犯罪型態之更生人需特別規範外，應採取更多優惠及獎勵措施，鼓勵企業善盡社會責任，提供更生人更多就業機會，減少其重操舊業、落入再犯罪之惡性循環。

(二) 推動以「家庭」為中心，而非僅著重「個人」之輔導策略

持續提供個人心理及職涯輔導、有效評估家庭系統，適時提供關懷及福利措施，協助個人及家庭增權，藉以穩固個人適應及家庭關係。

(三) 強化個人就業能力，持續深化就業服務

提供合適且符合市場需求之專業訓練，持續推動就業輔導與媒合，同時關注就業媒合比率及就業穩定度。

(四) 提升專業輔導人力數量及品質，增加更生保護服務覆蓋率

增設具專業背景個案服務人員，並結合心理、醫療、教育等領域之專業人員，亦可結合近年來政府亟力推動之社會安全網之服務與人力，以規劃、執行矯治適當處遇方案。

(五) 檢視更生保護會之角色定位與實施方式

現行更生保護會在服務推動上缺乏公權力，也難以建制周延的角色職責、人力配置及服務系統，政府應審慎檢討政府在更生保護工作之角色，並負擔起更多權責。

問題思考

一、犯罪矯治模式的發展脈絡為何？有什麼新趨勢？

二、矯治社會工作主要可區分為哪些類型？

三、社工在監獄內可以扮演的角色為何？其在推動各項輔導處遇時，遭受到什麼樣的困境？

四、高齡受刑人在監獄中通常面臨哪些問題？可從哪幾個面向加以因應？

五、智能障礙與慢性精神病患受刑人在監獄中分別面臨哪些問題？有哪些適宜的處遇對策？

六、在進行性侵害犯罪受刑人輔導時，通常會面臨哪些問題？可以採取哪些策略加以因應？

七、更生保護實施的對象和方式為何？而我國更生保護推動迄今面臨哪些問題？又該如何進行因應？

參考文獻

李增祿（2012）。〈矯治社會工作〉，收錄於李增祿主編，《社會工作概論（修訂七版）》（頁479-496）。高雄：巨流。

林明傑（2018）。《矯正社會工作與諮商：犯罪心理學的有效應用（2 版）》。臺北：華都。

林茂榮、楊士隆（2016）。《監獄學：犯罪矯正原理與實務（9 版）》。臺北：五南。

林茂榮、楊士隆、黃維賢（2020）。《監獄行刑法（7 版）》。臺北：五南。

邱惟真（2018）。〈臺灣性侵害加害人處遇成效初探〉，《亞洲家庭暴力與性侵害期刊》，13（1），113-133。

法務部（2020）。〈法務統計年報〉，取自：http://www.rjsd.moj.gov.tw/rjsdweb/book/Book_Detail.aspx?book_id=408（上網日期：2020 年 10 月 15 日）。

法務部矯正署（2018）。〈矯正白皮書〉，取自：https://www.mjac.moj.gov.tw/4786/4905/4907/92698/post（上網日期：2020 年 7 月 20 日）。

張淑慧（2009）。〈司法社會工作概述〉，《社區發展季刊》，128，155-168。

莊俐昕、黃源協（2020）。〈新興議題社會工作〉，收錄於黃源協、莊俐昕主編，《社會工作概論（2 版）》（頁 299-427）。臺北：雙葉。

陳慈幸、林明傑、蔡華凱、陳慧女（2013）。《我國性侵犯矯正處遇政策之研究》。臺北：行政院研考會委託研究報告。

曾華源、白倩如（2009）。〈司法與社會工作實務〉，《社區發展季刊》，128，34-48。

黃永順、邱明偉（2006）。〈監獄社會工作角色定位與模式建構之芻議〉，《社區發展季刊》，113，173-184。

黃維賢（2011）。〈監獄行刑結合社會工作必要性之探討〉。《矯政期刊》，創刊號，71-100。

黃徵男、賴擁連（2015）。《21 世紀監獄學：理論、實務與對策（6 版）》。臺北：一品文化。

監察院（2020）。〈法務部矯正署以勞務承攬方式運用專業人力（社工及心理師）調查報告〉，取自：https://www.cy.gov.tw/CyBsBoxContent.aspx?s=17244（上網日期：2020 年 10 月 15 日）。

DuBois, B. & Miley, K. K.(2019). *Social Work: An Empowering Profession (9th ed.).* London: Pearson.

Lister, L. (1987). Contemporary direct practice roles. *Social work, 32*(5), 384-391.

McAllister, D., Bottomley, A. K., & Liebling, A. (1992). *From custody to community: Throughcare for young offenders*. Aldershot: Avebury.

APPENDIX

附　錄

附錄 1
SDM® 安全評估表

附錄 2
社工訪視（調查）報告之統一參考指標及格式

附錄 3
一般家事法庭席位

附錄 4
溝通式家事法庭席位

附錄 1

SDM® 安全評估表

案號：＿＿＿＿＿＿＿＿　結案評估：□否　□是

社工員：

評估日期：＿＿＿＿年＿＿＿＿月＿＿＿＿日

家戶：□父母　□祖父母　□其他親戚＿＿＿＿＿＿　□其他非親戚＿＿＿＿＿＿

列出被評估家戶中的每個照顧者，並指出監護權狀態和提供照顧的程度。

名字	關係	擁有監護權？	提供大部分的照顧？
		□是　□否	□是　□否
		□是　□否	□是　□否

（可自行新增欄位）

列出家戶中每一位接受評估的兒少，並指出兒少是否被觀察及訪問。

接受評估的兒少（姓名）	觀察	訪問
（案主）	□是　□否	□是　□否
	□是　□否	□是　□否
	□是　□否	□是　□否

（可自行新增欄位）

造成兒少無法自我保護，處在無助狀態的原因（凡符合下列情況，請填上家戶內該名小孩的姓名）：

	姓名	無助狀態
□		1. 6 足歲以下
□		2. 被診斷或鑑定出有生理或心理病症
□		3. 嚴重的行為及情緒或心理問題
□		4. 受限的發展及認知能力（例如：發展遲緩、語言損傷）
□		5. 受限的身體能力（例如：受損的移動能力、身體障礙）
□		6. 與社區隔離，或和其他成人、親友的接觸有限

第一部分：危險因素

評估家戶是否存在以下危險因素，如果依目前可得資訊評估危險確實存在，請勾選「是」；若「無」，請勾選「否」。

是	否	
□	□	1. 照顧者或家戶中成人對兒少造成嚴重的**身體傷害**，或是將對他們造成身體傷害，請勾適當的形容：（可複選）

是	否	
		□對兒少造成非意外的嚴重傷害。 □照顧者威脅要傷害兒少或進行報復。 □過度的管教及體罰。 □新生兒受物質濫用影響。 □成人家暴使兒少陷於身體傷害的危險中。
□	□	2. 照顧者對兒少**性侵害**，或有照顧者被懷疑對兒少**性侵害**。
□	□	3. 照顧者沒有滿足兒少的**基本需求**，以致對兒少已造成（或可能造成）嚴重的傷害。
□	□	4. **居住條件**不佳，且對於兒少的健康及安全有立即的威脅。
□	□	5. 照顧者的行為很可能造成兒少嚴重的**心理創傷**，且兒少已被觀察到有嚴重的心理或情緒創傷。
□	□	6. 當兒少遭受到他人嚴重傷害或可能遭受他人嚴重傷害時，照顧者沒有提供**適切的保護**。
□	□	7. 案家不提供讓社工與兒少接觸的管道，**阻礙或逃避**調查的進行，或是有其他理由認為案家有搬離的打算。
□	□	8. 照顧者對於兒少身上的傷害無法提出**合理的解釋**，或對於是哪一種類型的傷害，以及傷害如何形成前後回答不一致，表示兒少可能處在立即的危險當中。
□	□	9. **其他（請說明）**＿＿＿＿＿＿＿＿

安全決策

如果所有的危險因素都答否，請勾選此項：

□**安全**：依據目前可得的資訊，判斷兒少目前沒有遭受嚴重傷害的立即危險。安全評估已完成。

第二部分：安全計畫

2A：複合因素

照顧者是否符合本項	照顧者姓名	複合因素
□是　□否		1. 物質濫用
□是　□否		2. 心理健康
□是　□否		3. 身體狀況
□是　□否		4. 發展／認知障礙
□是　□否		5. 家庭暴力
□是　□否		6. 兒少保護通報紀錄
□是　□否		7. 其他（請具體說明）：

2B：保護行動與保護能力

請勾選所有符合的選項。

		保護行動
☐	1.	照顧者的行動直接減輕現存危險因素的威脅，只是尚未證明可長時間展現。
		保護能力
照顧者		
☐	2.	照顧者在此次通報事件前曾採取行動確保兒少免於類似的危險。
☐	3.	照顧者具有認知、生理、情緒上的能力可參與安全維護行動。
☐	4.	照顧者了解並接受危險。
☐	5.	照顧者證明過去有能力滿足兒少的身心需求，且承諾未來將繼續維護其身心健全。
☐	6.	有事實顯示照顧者與兒少有健康而良好的關係。
☐	7.	照顧者願意且能夠接受安全網絡成員的協助。
安全網絡成員		
☐	8.	至少有一位安全網絡成員參與安全計畫。
兒少		
☐	9.	兒少具有認知、生理、情緒上的能力，可參與安全維護行動。
☐	10.	其他（請說明）＿＿＿＿＿＿＿＿＿＿＿＿＿＿＿＿＿＿＿＿

根據本項保護行動與能力，請評估下列與被辨識出的危險因子相關的安全對策。必須勾選保護能力中的3、4、7、8項，才能考慮立即性安全計畫。

2C：安全對策

		留在家中的立即性安全對策
☐	1.	照顧者會採取行動來保護兒少： ☐ a. 造成傷害的照顧者會採取保護行動。 ☐ b. 造成傷害之人將離開家中。 ☐ c. 有照顧者可以保護兒少，使兒少遠離造成其傷害之人。 ☐ d. 照顧者將和兒少搬到安全的住所。 ☐ e. 照顧者將採取法律行動。 ☐ f. 其他在立即性安全計畫內的特定行動。
☐	2.	安全網絡成員將採取行動來保護兒少。
☐	3.	社工將參與立即性安全計畫的擬定與執行。
☐	4.	運用社區的機構或服務以維護兒少安全。
☐	5.	兒少將參與立即性安全計畫。
☐	6.	其他（請說明）

安全決策

如果至少有一位兒少將運用立即性安全計畫，請勾選此項。

☐**有計畫才安全**：有恰當的且將被監督的立即性安全計畫。

被納入立即性安全計畫的兒少：☐全部 ☐列出的兒少：名字________________

名字________________

家外安置		
如果沒有任何可讓兒少留在家中的安全對策，請選擇第 7 項，並執行緊急安置之程序。		
☐	7.	前述 1-6 項安全對策都無法充分確保兒少的安全，執行緊急安置（依《兒童及少年福利與權益保障法》第 56 條）

安全決策

如果至少有一位兒少被安置，請勾選此項。

☐**不安全**：兒少被移出家外以進行保護安置。

被安置的兒少：☐全部 ☐列出的兒少：名字 ____________、名字 ____________

安全計畫格式

兒少姓名：	家庭成員姓名：
案號：	社工人員姓名：
日期：	下次評估時間：
危險陳述：	

危險因素編號	什麼樣的危險？	應該怎麼做？	誰來執行？	如何得知在進行？	預定執行期間

我已收到並接受安全計畫的內容。

簽名代表我同意和社工一起努力保護孩子的安全。

（家長 / 照顧者簽名）　　　　（日期）

______________________　　____ / ____ / ____

資料來源：參考衛生福利部保護服務司（2021）修改。

附錄 2

社工訪視（調查）報告之統一參考指標及格式

<table>
<tr><td>法院案號</td><td>年　　字第　　　　號</td><td rowspan="3">訪視對象</td><td rowspan="3">□聲請人：＿＿＿＿（註明身分關係）
□相對人：＿＿＿＿（註明身分關係）
□其他關係人：＿＿＿＿（註明身分關係）
□未成年子女：＿＿＿＿</td></tr>
<tr><td>法院發文日期</td><td></td></tr>
<tr><td>收件日期</td><td>※ 實際辦理訪視之各地方政府或受委託訪視機構填寫</td></tr>
<tr><td>訪視日期</td><td colspan="3"></td></tr>
<tr><td>訪視社工</td><td colspan="3">（代碼）</td></tr>
<tr><td>訪視類型</td><td colspan="3">□ 1. 酌定親權　□ 2. 改定親權　□ 3. 酌定會面探視　□ 4. 改定會面探視</td></tr>
<tr><td>司法程序進度</td><td colspan="3">※ 本欄依訪視人員所知悉案件在法院進行情形及程度記載。例：法院已否進行調解程序、調解次數、有無家事調查官、有無選任程序監理人等</td></tr>
<tr><td colspan="4">□非本轄所管個案，請參照其他縣市的評估與調查</td></tr>
</table>

第一部分：訪視對象基本資料與聯繫過程

<table>
<tr><th colspan="5">（一）聲請人 / 相對人 / 其他關係人及未成年子女之基本資料
（請視個案狀況自行延伸表格使用）</th></tr>
<tr><td rowspan="11">聲請人 / 相對人 / 其他關係人</td><td>姓　名</td><td></td><td rowspan="5">族群屬性</td><td rowspan="5">□ 本國籍：
□ 一般
□ 原住民：族
□ 外裔：□大陸地區＿＿省（直轄）市
□ ＿＿＿＿國
□ 非本國籍：
□ 大陸地區＿＿省（直轄）市
□ ＿＿＿＿國</td></tr>
<tr><td>性　別</td><td>□男　□女</td></tr>
<tr><td>身分證統一編號</td><td>※ 請注意有無保密必要，並另以適當方式妥慎處理</td></tr>
<tr><td>年　齡</td><td></td></tr>
<tr><td>職　業</td><td></td></tr>
<tr><td>教育程度</td><td colspan="3"></td></tr>
<tr><td>戶籍地</td><td colspan="3">※ 請注意有無保密必要，並另以適當方式妥慎處理</td></tr>
<tr><td>聯絡處</td><td colspan="3">※ 請注意有無保密必要，並另以適當方式妥慎處理</td></tr>
<tr><td rowspan="2">電　話</td><td colspan="3">（室話）※ 請注意有無保密必要，並另以適當方式妥慎處理</td></tr>
<tr><td colspan="3">（手機）※ 請注意有無保密必要，並另以適當方式妥慎處理</td></tr>
<tr><td colspan="4"></td></tr>
<tr><td rowspan="6">未成年子女</td><td>姓　名</td><td></td><td rowspan="5">族群屬性</td><td rowspan="5">□ 本國籍：
□ 一般
□ 原住民：族
□ 外裔：□大陸地區＿＿省（直轄）市
□ ＿＿＿＿國
□ 非本國籍：
□ 大陸地區＿＿省（直轄）市
□ ＿＿＿＿國</td></tr>
<tr><td>性　別</td><td>□男　□女</td></tr>
<tr><td>身分證統一編號</td><td>※ 請注意有無保密必要，並另以適當方式妥慎處理</td></tr>
<tr><td>年　齡</td><td></td></tr>
<tr><td>教育程度</td><td></td></tr>
<tr><td>就讀學校</td><td>※ 請注意有無保密必要，並另以適當方式妥慎處理 重要他人</td><td>重要他人</td><td>（請說明關係：如老師、親友及保母等）
※ 請注意有無保密必要，並另以適當方式妥慎處理</td></tr>
</table>

	戶籍地	※ 請注意有無保密必要，並另以適當方式妥慎處理
	聯絡處	※ 請注意有無保密必要，並另以適當方式妥慎處理
	電話	(室話) ※ 請注意有無保密必要，並另以適當方式妥慎處理
		(手機) ※ 請注意有無保密必要，並另以適當方式妥慎處理
	居住地	☐ 同聲請人　☐ 同相對人　☐ 目前仍與兩造同住　☐ 安置中 ☐ 目前與其他親友同住（請說明關係：＿＿＿＿＿＿＿＿＿＿＿＿） ☐ 其他居住地與聯絡方式（室話：＿＿＿＿＿＿＿手機：＿＿＿＿＿＿）

(二) 聯繫紀錄
（如果有必要，請自行延伸表格使用）

日期	聯繫方式	聯繫對象	聯繫內容	約定訪視之地點
例：103/03/05	電訪 / 家訪 / 其他	父 / 母 / 父及母 / 其他	約上午 11 點，社工員撥打電話無人接聽	
例：103/03/08	電訪 / 家訪 / 其他	父 / 母 / 父及母 / 其他	約晚上 6 點，聯繫成功	與母方相約在其住處進行訪視

(三) 訪視情形
（各關係人之配合意願、態度、有無干擾或影響訪視之行為、是否曾意圖操控或影響未成年子女之意願表達及其他與親權判斷之相關情事等）

<table>
<tr><th colspan="2">（四）家族系統資料（家系圖暨生態圖）
（應盡量呈現到未成年子女之祖父母、外祖父母及其他家庭成員等親屬，與彼此關係及資源）</th></tr>
<tr><td colspan="2"></td></tr>
<tr><th colspan="2">（五）未成年子女目前與聲請人 / 相對人 / 其他關係人之生活居家環境</th></tr>
<tr><td>居住環境介紹（含住家外觀 / 內部 / 子女專屬空間或其他相關事項）
（請以文字說明，得併以照片輔助呈現。）</td><td>食：
住：
行：
育：
樂：
其他：（有無其他危險或不良環境因素）</td></tr>
</table>

第二部分：酌定親權 / 會面探視之訪視事項及評估

（一）聲請人 / 相對人 / 其他關係人之基本訪視內容與評估

※ 以可能影響到親職或照顧能力之事項為主；如為比較各關係人之狀況，得以對照表方式呈現

1. **個人背景與現況**

   （如年齡、人格特質、職業、學經歷、個人興趣嗜好、成長歷程中未完成事件、重大創傷、個人議題及其他可能影響親職能力之重要特殊事項）

2. **健康狀況**

   （有、菸酒或檳榔癮、熬夜、運動習慣、慢性疾病、精神心理疾病或其他特殊健康醫療問題影響照顧等）

3. **經濟狀況及就業史**

   （含工作性質、職稱、工作時間、收入、支出、存款、債務及扶養狀況等）

4. **資源或社會支持系統**

   （含同住或非同住親屬、朋友、鄰里狀況，能否在經濟、照顧教養、就醫或就學等各方面提供協助，彼等與未成年子女相處互動情形，以及有無正式資源連結狀況，包含是否曾接受政府補助、相關社會福利機構扶助或救助，或曾經主動或被動求助等）

5. **婚姻與社交狀況**

   （含過去及現在婚姻、交友狀況、未來再婚計畫、生育狀況等）

6. **對未成年子女未來居住環境之安排**

   （含未來能夠提供之居住處所、同住成員及房間安排等，並得以照片呈現居住環境）

7. **爭取擔任親權人之意願及動機**

   （含個人優 / 劣勢等）

8. **親職能力**

   (1) 子女照顧史（含過去、現在之照顧內容及主要照顧者之判斷）

   ① 對未成年子女生活照顧之經驗或分工（如準備餐食、衣物鞋襪之購買、洗滌、整理，使子女就寢、半夜探視、早晨喚醒，教導禮貌、如廁，外出時保母之確保等）

   ② 對未成年子女日常生活作息及其需求的瞭解（如清楚子女社團活動或人際交往，並時常關心協助；子女學費、健保等費用或零用錢之提供等）

   ③ 陪同未成年子女就醫或其臥病時之看護

   ④ 對未成年子女之教育（如教授讀、寫、計算等之基本技能、協助完成作業、上下學接送、聯絡簿簽名、參加學校活動等）

⑤ 對親子衝突的處理

⑥ 其他

(2) 有無善意父母之積極內涵

① 對未成年子女之撫育規劃（如提出親職教養照顧計畫，內含未成年子女照顧分工，包括同住時間、照護環境、就學規劃、接送；或交由其他親友照顧之預定人選、方式、時間、地點；或擔任主要照顧者時，後續如何處理孩子、自己與對方間之關係等；對未提出者，詳述其未能提出之原因及理由，並評估其是否適宜引導其提出照顧計畫）

② 對未成年子女與未同住方之會面探視規劃（如協助子女與非同住父或母進行會面探視，具體時間、方式、地點或其他條件等）

③ 扶養費用及金額與支付方式（如過去、現在之給付方式或對未來給付之期待等）

④ 其他

(3) 有無善意父母之消極內涵

(在親權酌定或改定事件中，父或母有無隱匿子女、將子女拐帶出國、不告知子女所在、虛偽陳述自己為主要照顧者、灌輸子女不當觀念、惡意詆毀他方以左右子女之意願、以不當方法妨礙社工訪視、妨礙家事調查官之調查等行為，並評估背後隱藏的原因)

(4) 對擔任親權有無正確之瞭解及認知

(含親權人應有之責任與義務、未任親權一方與子女會面交往必要性之瞭解及認知；父母於婚姻衝突、分居或離婚時，協助子女經歷家庭結構改變所扮演的角色；離婚後，關於未成年子女重大事項如出國、就學、就醫、保險等，如何與他方共同協商決定等)

(5) 親子互動之觀察與對照

(含未成年子女與父母親任何一方相處或與父母雙方共同相處時之互動狀況，亦須注意未成年子女是否已與父母親任何一方久未謀面，致無法觀察親子互動情狀，而適時建議法院裁定命未與未成年子女同住之一方與未成年子女間，進行結構式之親子會面觀察評估後，另提出觀察評估報告)

(6) 其他

9. **族群之傳統習俗、文化及價值觀**

（訪視人員應考量城鄉差距及各族群在不同文化、習俗、宗教信仰差異下，對子女教養之影響及期待之不同；以多元文化觀點，對未成年子女之最佳利益提供價值判斷、評估及建議；另探視未成年子女時，應參酌其祭典節日）

10. **其他**

(二)其他必要事項
1. 對未成年子女有無危害身心健康之不當言行（如遺棄、身心虐待、家暴、性侵、不當碰觸、酗酒、賭博等明顯危害子女身心健康之言行） 2. 對未成年子女有無照顧不當或疏忽情事（如管教過度、疏忽照顧、主要照顧者有重大身心障礙或疾病且狀況很不穩定，有自傷或傷人之虞，或嚴重影響日常生活食衣住行育醫等照顧功能等） 3. 有無涉及其他民、刑事案件仍繫屬於法院或已經法院終局判決確定案件（如社工於訪視時知悉其有民事保護令、公共危險罪、傷害罪、毒品罪、妨害性自主罪、違反保護令罪、家庭暴力罪等民刑事案件時，予以記載） 4. 有無因家庭暴力情事聲請保護令及其有效期限，或因違反《兒童與少年福利與權益保障法》等規定為主管機關要求接受強制親職教育等情事 5. 若兩造均不適於行使親權時，有無合適之第三人及該第三人之監護意願 (1) 第三人之姓名、年齡、職業、收入與未成年子女之關係 (2) 第三人之心理、身體、經濟與支持系統等狀況 (3) 第三人之監護意願與過去實際照顧未成年子女等狀況 (4) 第三人之教養規劃、費用來源、扶養費用請求等狀況 (5) 親子會面交往方案 6. 其他特殊事項：(含原住民、其他國家等不同族群間，其他應加以考量之事項；家庭成員中曾有自殺意圖、關係衝突嚴重或有離家出走之念頭者等，可能影響子女日常生活照顧者；未成年子女有繼承或其他原因擁有大量財產等情形)

第三部分：改定親權／會面探視之訪視事項及評估

有關改定未成年子女親權事件，依據《民法》第 1055 條第 2 項、第 3 項，《兒權法》第 71 條等規定之精神，訪視時應注意原親權人有無下列未盡保護教養之義務、對未成年子女不利或其他疏於保護、照顧情節嚴重之情事：

1. 個人情況
   (1) 健康狀況：(如患有重大疾病、精神疾病，難以保護教養子女等)
   (2) 經濟情況：(如無固定工作、負擔鉅額債務或其他情況，無法給予子女生活上之適當照顧或良好生活環境等)
   (3) 特殊情況：(如行蹤不明、在監服刑等)
2. 對未成年子女之保護教養情況
   (1) 生活照顧：(如未給予適當飲食、醫藥、就學，疏忽照顧或管教過度等)
   (2) 財產管理：(無故破壞未成年子女財產、無正當理由將未成年子女財產贈與或廉售與他人、使未成年子女負擔不當之債務等)
3. 對未成年子女之不當行為
   (1) 對未成年子女有無危害身心健康之不當言行（如遺棄、身心虐待、家庭暴力、性侵、酗酒、賭博等)
   (2) 使未成年子女從事危險或不當之行為（如帶領未成年子女進入有礙其身心健康之場所、強迫未成年子女行乞、工作或從事不正當之行為等)
4. 其他情況（請依實際訪視狀況填寫)

第四部分：未成年子女訪視內容與評估

※ 此部分務必要有適當的保密處理，可單獨以信封密封，並隨同訪視報告一併陳交法院參考

1. 未成年子女年齡：
   ☐ 0-3 歲以下　☐ 3-7 歲　☐ 7-12 歲　☐ 12-18 歲　☐ 18 歲以上，20 歲未滿
2. 未成年子女回答問題的能力或意願：
   ☐未成年子女還沒有語言能力，無法表達
   ☐未成年子女年齡過小，不懂親權意義，但可表達被照顧經驗及與被照顧者互動情形
   ☐未成年子女了解親權意義，且可表達被照顧的經驗以及與被照顧者互動的情形
   ☐未成年子女不願意表達對親權看法，也不願意表達被照顧經驗及與被照顧者間互動情形
   ☐其他：______________________________(請詳述具體情況)
3. 子女受照顧史（含過去、現在之受照顧經驗、內容、對主要照顧者之認知、未來期待等）
4. 子女自身狀況及需求（如健康狀況、發展狀況、精神狀況、因應改變及壓力的狀況、作息情形等）
5. 未成年子女意願及評估之探求重點
   (1) 外顯行為表現
   (2) 對父母婚姻或雙方關係的期待
   (3) 對父母離異 / 改定親權之認知、心理及情緒狀況
   (4) 情感依附情形（親子、手足、父母或其他重要他人的關係）
   (5) 對被管教、身心需求被滿足或受尊重的情形
   (6) 訪視當下心理、情緒狀況及專注情形
   (7) 對受監護照顧、會面探視、參與調解或出庭或在適當場所陳述之意願與態度（含適當的訊問時間、場域、方法及陪同人員，如未成年子女有身心受創情形，宜先經何種專業治療或輔導，再由法官詢問等）
   (8) 對父母的期待（含後續如何處理與非主要照顧者之關係、通信、通話等聯絡行為的期待等）
   (9) 對會面探視之意願、態度（包含對時間與方式之期待）
   (10) 對訪視內容是否公開或保密之理解與意願
   (11) 對本訪視所涉司法事件類型理解之程度
   (12) 其他符合未成年子女最佳利益之協助事項

(※ 有關子女對訪視內容保密及出庭表達意願與否，請視個案狀況自行決定是否使用附件意願書；另本表係一戶一張或一子女一張，由訪視人員視個案狀況自行決定)

第五部分：綜合評估及具體建議

(一) 綜合評估 ※ 含每項優劣勢和限制（高危險因子）評估，以及將來發展的評估；並宜針對兩造進行評估比較
1. 親權能力評估：(兩造目前之身、心健康狀況、經濟、支持體系及親職執行狀況等) 2. 親職時間評估：(兩造用以照護未成年子女之時間與子女互動等) 3. 照護環境評估：(兩造實際照護未成年子女之居家、社區、就學、就醫等環境) 4. 親權意願評估：(兩造對未成年子女之親權意願與持續扮演友善父母之態度等) 5. 教育規劃評估：(兩造對未成年子女過去、現在及未來之教育規劃與費用來源等) 6. 未成年子女意願之綜合評估： (※ 論述方式應特別注意對子女陳述內容及意願需要保密處理) (1) 未成年子女之陳述能力評估 (2) 訪視時之心理及情緒評估 (3) 訪視時之外顯行為表現評估 (4) 未成年子女意願表達之真實性評估 (5) 其他

（二）親權之建議及理由
□ 1. 建議由父母共同行使親權，並由＿＿＿＿＿＿＿＿擔任主要照顧者，且列舉需雙方同意之事項。 (請詳述理由) ※ (1) 建議由父母共同行使親權者，宜以父母確保「友善、合作」為前提，以免損及子女利益。 (2) 建議共同行使親權時，宜指定由較具善意之父母擔任主要照顧者，以減少子女與他方父母會面交往之心理負擔。並列舉宜由父母共同行使同意權之重大事項如重大醫療行為、就讀學校、出入境、移民、更改姓氏等，其餘可由主要照顧者單獨行使同意權。 □ 2. 建議引導父母進行具體教養計畫之會商及撰寫。(請詳述理由) □ 3. 建議由＿＿＿＿＿＿＿＿單獨行使親權。(請詳述理由，含數未成年子女由同一親權人單獨行使親權之情形) □ 4. 建議由＿＿＿＿＿＿＿＿為＿＿(子女姓名)＿＿親權人；由＿＿＿＿＿＿＿＿為＿＿(子女姓名)＿＿親權人。(請詳述理由) □ 5. 建議選任第三人＿＿＿＿＿＿＿＿為＿＿(子女姓名)＿＿之監護人。(請詳述理由) □ 6. 其他：＿＿＿＿＿＿＿＿＿＿＿＿＿＿＿＿ (如不適宜提出具體建議，或有其他建議內容，請勾此欄，並詳述理由)

（三）會面探視方案之建議及理由
□ 1. 一般探視。(請詳述具體方案及理由) □ 2. 依年齡或實際需要採漸進式或分階段探視。(請詳述具體方案及理由，如父母間仍有嚴重衝突，造成未成年子女身心創傷，此等情形宜先就未成年子女為心理諮商、認知改變後再進行親子會面探視，可向法院建議漸進式親子會面探視) □ 3. 由第三人監督探視。(請詳述具體方案及理由) □ 4. 尊重未成年子女意願。(請詳述具體方案及理由) □ 5. 限制或禁止非任親權之一方探視。(請詳述具體方案及理由) □ 6. 其他：____________________ (如不適宜提出具體建議，或有其他建議內容，請勾此欄，並詳述理由)

（四）其他具體建議
□ 1. 聲請人 / 相對人目前未與未成年子女會面交往，致無法瞭解未成年子女之意願，建議暫定會面交往方式與期間後，再行實施第 2 次訪視調查評估。
□ 2. 經多次聯繫，目前僅訪視到一造，致無法具體評估，建議自為裁定。
□ 3. 經多次聯繫，目前僅訪視到未成年子女，致無法具體評估，建議自為裁定。
□ 4. 建議尊重未成年子女意願。
□ 5. 建請兒少心理專家協助調查與評估。
□ 6. 建議通知直轄市、縣（市）主管機關指派社會工作人員或其他適當人員＿＿＿＿＿在場陪同未成年子女出庭陳述意見。
□ 7. 其他：＿＿＿＿＿＿＿＿＿＿＿＿＿＿＿＿＿＿＿＿＿＿＿＿ (請詳述具體建議內容及理由)

第六部分：檢附之相關資料

□ 1. 未成年子女希望保密之訪視內容密封信函或意願書＿＿＿＿＿封。

□ 2. 聲請人 / 相對人接受訪視調、錄音、錄影同意書。(錄音、錄影檔如光碟片)

□ 3. 扣繳憑單　□ 4. 存款證明　□ 5. 稅捐資料　□ 6. 不動產所有權狀

□ 7. 在職證明　□ 8. 健康檢查報告　□ 9. 警察刑事紀錄證明　□ 10. 股票

□ 11. 其他：＿＿。

※ 本表列舉檢附之相關資料，得由訪視人員酌情代為轉陳法院，作為訪視 (調查) 報告內容之參考資料，或請受訪者自行向法院提出。

填表人：(簽名、代碼或核章)

填表日期：　　年　　月　　日

註：

1. 本表係綜整各社會福利機構辦理法院酌（改）定未成年子女之親權人、親子會面探視事件時，應注意未成年子女最佳利益之相關事項，以及法院及社工人員處理前揭事件時之需求所訂定，以供辦理訪視（調查）時參考運用。
2. 各社會福利機構原慣用之訪視表格，仍得由訪視人員參酌本表所定指標內容，視個案需要調整使用。

資料來源：參考司法院全球資訊網（2014）修改。

附錄 3

一般家事法庭席位

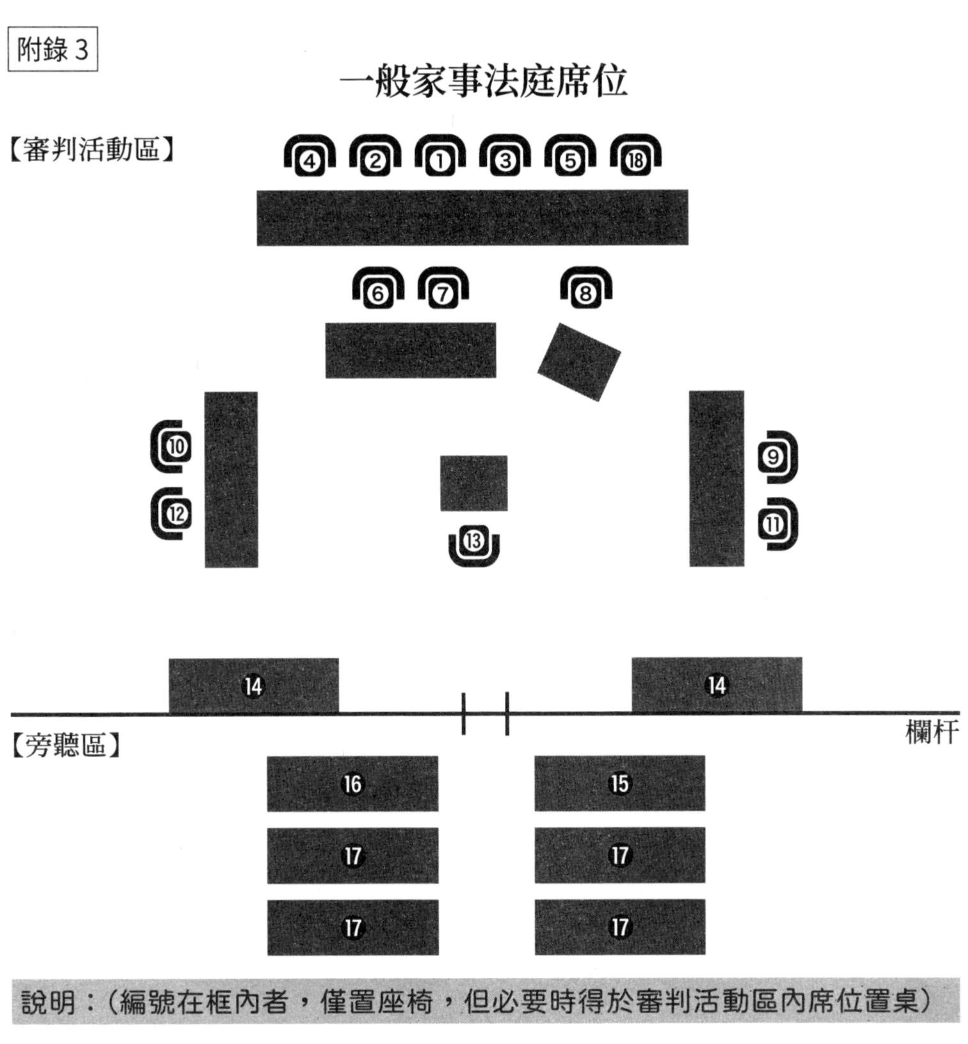

說明：(編號在框內者，僅置座椅，但必要時得於審判活動區內席位置桌)

①審判長席
②法官席
③法官席
④法官席
⑤法官席
⑥書記官席
⑦通譯、錄音、卷證傳遞席
⑧家事調查官

⑨原告（上訴人、聲請人、參加人）代理人（含程序監理人）席
⑩被告（被上訴人、相對人、參加人）代理人（含程序監理人）席
⑪原告（上訴人、聲請人、參加人）席
⑫被告（被上訴人、相對人、參加人）席
⑬應訊台（供當事人以外之人應訊用）
⑭證人、鑑定人、獨立參加人、關係人（含程序監理人）席
⑮學習法官（檢察官）席
⑯學習律師、記者席
⑰旁聽席
⑱調辦事法官席

註：陪同人坐於被陪同人之側

資料來源：參考《法庭席位布置規則》修改。

附錄 4

溝通式家事法庭席位

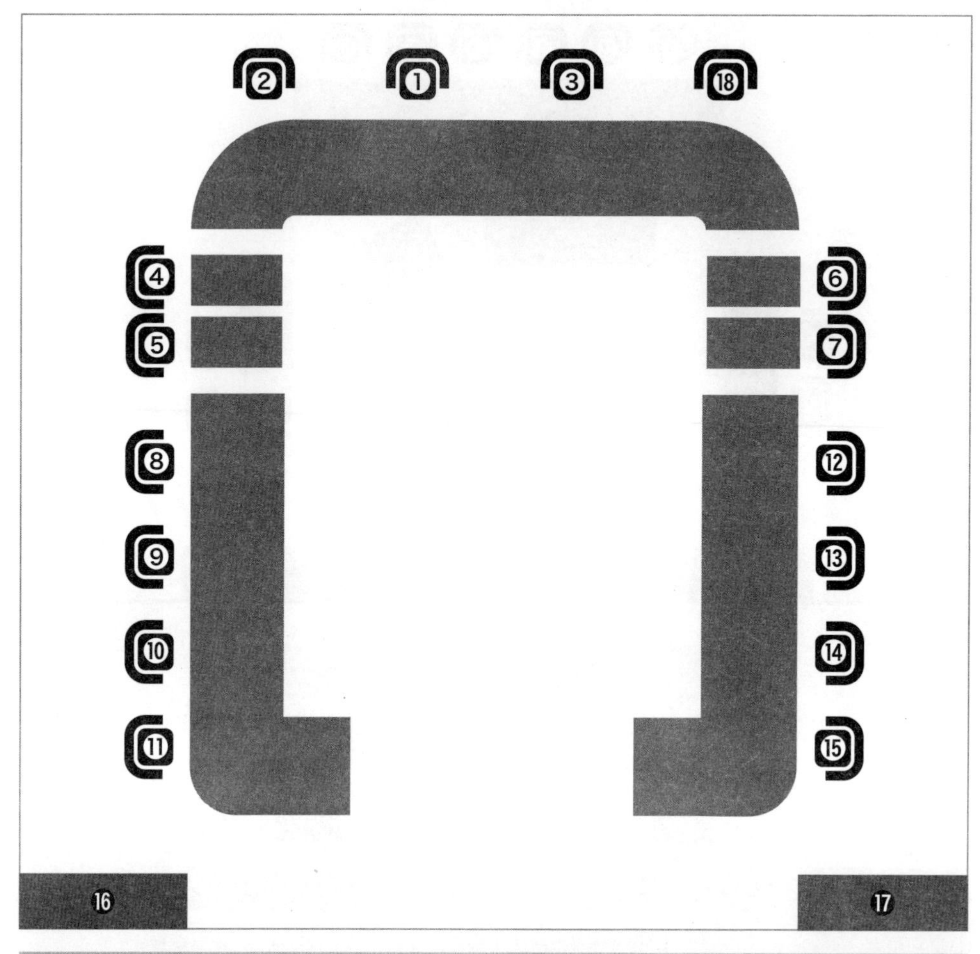

（全部席位均置於地面，無高度。實際尺寸依現場情形調整）

①審判長席
②法官席
③法官席
④書記官席
⑤通譯、錄音、卷證傳遞席
⑥家事調查官席
⑦關係人（證人、鑑定人）席
⑧原告代理人席
⑨原告（聲請人）席
⑩陪同社工席
⑪程序監理人席
⑫被告代理人席
⑬被告（相對人）席
⑭陪同社工席
⑮程序監理人席
⑯證人、鑑定人席
⑰關係人席
⑱調辦事法官席

資料來源：參考《法庭席位布置規則》修改。